高等院校经济管理类

基础会计

JICHU KUAIJI

主　编　高彩梅

副主编　何钦晖　哈青梅　姚　琼

重庆大学出版社

内容简介

本书从培养学生实践操作能力的角度出发,并结合现行的《企业会计准则》及相关法律法规,详细阐述了会计的基础知识和基本技能,在突出理论知识和会计实操的同时,力求在内容编写上做到精简易懂、生动丰富。

本书共10章内容,具体包括总论、会计要素与会计等式、账户与复式记账、制造业企业主要经济业务的核算、会计凭证、会计账簿、财产清查、财务报告、账务处理程序和会计工作组织。除了有基本内容外,本书在每章开头均设置了"学习目标"和"导入案例",以丰富教学内容和激发学生的学习兴趣;在每章中都设有"拓展阅读""思考与讨论""实战演练""课堂小测试""会计小故事"等环节,以提高学生分析问题、解决问题以及动手操作的能力;在每章结束后还设置了"自我检测""职业能力提升""课外项目"等环节,以强化学生对新知识的理解和把握。

本书可作为普通高等院校财会专业和其他经济管理类专业基础会计学课程的教材,也可作为企业从事经济管理工作人员的培训教材和参考书。

图书在版编目(CIP)数据

基础会计 / 高彩梅主编. --重庆:重庆大学出版社,2022.3
ISBN 978-7-5689-3063-5

Ⅰ.①基… Ⅱ.①高… Ⅲ.①会计学—高等学校—教材 Ⅳ.①F230

中国版本图书馆CIP数据核字(2021)第241907号

基础会计

主　编　高彩梅
副主编　何钦晖　哈青梅　姚　琼
策划编辑:尚东亮

责任编辑:尚东亮　　版式设计:尚东亮
责任校对:王　倩　　责任印制:张　策

*

重庆大学出版社出版发行
出版人:饶帮华
社址:重庆市沙坪坝区大学城西路21号
邮编:401331
电话:(023)88617190　88617185(中小学)
传真:(023)88617186　88617166
网址:http://www.cqup.com.cn
邮箱:fxk@cqup.com.cn(营销中心)
全国新华书店经销
重庆长虹印务有限公司印刷

*

开本:787mm×1092mm　1/16　印张:19.5　字数:453千
2022年3月第1版　2022年3月第1次印刷
印数:1—3 000
ISBN 978-7-5689-3063-5　定价:49.00元

前言

　　基础会计是高等院校经济管理类专业的专业基础课,也是许多非财会类专业的专业选修课,该课程在强化学生的综合素质教育和实践能力培养方面发挥着积极作用。随着人才培养需求的不断变化以及教育改革的不断深入,基础会计教材作为会计基本理论知识教与学的重要工具,其内容也需要跟随时代的发展脚步不断更新和完善。

　　本书以培养应用型人才为目标,以会计工作过程为主线,结合我国最新的会计准则及相关规范,对基础会计的知识内容进行了精心编排。每一章开始前都设有"学习目标"和"导入案例",让学生在开始学习之前对新知识有整体的认知和理解;每章内容中又设置了"思考与讨论""课堂小测试"等项目,引导学生在学习中思考,在思考中学习;在每一章节后都编设了"自我检测"题目,以检验学生对本章学习内容的掌握情况。具体来说,本书具有以下特点:

　　(1)时效性。本书依据一系列最新的会计规范及相关法律法规规定,对书中涉及的相关内容进行了相应调整,从而保证了本书的时效性和准确性,同时也有利于学生及时掌握最新的会计理论知识,为后续的学习打下良好的基础。

　　(2)应用性。为了满足应用型人才培养的教学需要,本书在编写中坚持理论与实践相结合,以会计理论基础为主线,以培养学生的实际操作能力为重点。在每一章节中设置"实战演练"以及在每一章节结束后设置"职业能力提升"和"课外项目"等实操性活动,提高学生的实践动手能力和解决问题的能力。

　　(3)趣味性。本书在编写过程中除了注重知识性和操作性外,同时还兼顾趣味性。在每章阐述相关知识的同时,穿插了"拓展阅读""会计小故事"等内容增加本书的可读性和丰富性,使学生在轻松愉悦的氛围中掌握相关知识。

本书共10章内容,由高彩梅担任主编,何钦晖、哈青梅和姚琼担任副主编共同完成。其中,第1章由姚琼编写,第2—6章由高彩梅编写,第7—8章由何钦晖编写,第9—10章由哈青梅编写。此外,还要感谢银川科技学院财经学院工商管理产教融合示范专业建设项目及校企合作单位给予的大力支持!

另外,为了方便教学,本书还配有习题答案、电子课件、教学大纲等教辅资料,请有此需要的读者与出版社联系。

为了编写出一本称心的基础会计学教材,本书的每一位编者都付出了极大的努力和心血,但是由于作者知识水平有限,书中可能仍存在一些不足之处,敬请读者朋友们提出批评和建议,我们后续将会对本教材的内容进行不断修改和完善。

编　者
2021年10月

目录

第一章　总论

┌─ 学习目标 ─────────────────────────────────
│ 1.了解会计的产生与发展,理解会计的含义、基本职能、对象、目标和会计信息使用
│ 者等相关内容;
│ 2.掌握会计假设及权责发生制和收付实现制;
│ 3.熟悉会计信息质量要求以及会计核算的基本方法。
└──

🎵 导入案例

　　会计学是应用性很强的专业,学生在踏入会计领域工作前,不仅需要具备专业素质和专业技能,还需要积累一定的实践经验。一些高校在教学过程中,会设置企业认识实习和顶岗实习,以帮助学生认识企业,了解企业的基本业务流程,为今后进一步学习会计专业知识奠定基础。2021年,某院校安排会计学专业的大一新生参观学习,李涛同学被安排到酒店进行学习,王子同学被安排到社区的物业公司进行学习,李桃同学被安排在秋林会计师事务所进行学习,沈清同学被安排到百货超市进行学习。实习结束,同学们回到学校,说起自己的实习收获以及对会计的认识,大家看法各有不同,同时也产生了疑问,那就是:什么是会计?

　　会计到底是什么? 会计的对象和基本职能是什么? 会计有哪些核算方法? 本章将会对相关内容进行讨论,以解决以上几个问题。

第一节　会计的产生与发展

　　人类赖以生存和发展的基础,也是人类最基本的实践活动——生产活动,它决定着人类所进行的其他一切活动,生产活动既创造出物质财富,取得一定的劳动成果,也会发生劳动耗费(包括人力、物力、财力等的耗费)。无论哪种社会形态,人们都会关心劳动成果和劳动耗费,并对它们进行比较,以便科学、合理地管理生产活动,提高经济效益。在比较的过程中产生了原始的计量、计算、记录行为,这是会计思想、会计行为的萌芽。可见,会计是为适应生产活动发展的需要而产生的。

为了适应生产的发展和经济管理的要求,会计也在不断发展。会计从简单到复杂、从低级到高级大致经历了古代、近代和现代三个阶段。

一、古代会计阶段

在原始社会,人们为了计算生产成果和生活需要,逐步产生了计数和计算的要求。在文字产生以前,这种计算是用"结绳记事""刻木记事"或凭人们的记忆来进行的。在文字产生以后,人们对物质资料生产与消耗开始了文字记载,于是就产生了会计。奴隶社会和封建社会的会计主要是用来核算和监督政府开支,为官方服务。最初,会计活动只是生产职能的附带部分,在出现剩余产品后,会计从生产职能中分离出来成为独立职能,采用的主要记账方法是单式簿记。从奴隶社会的繁盛时期到15世纪,单式簿记应运而生且得到了发展,一般将这一时期的会计称为古代会计。

思考与讨论

请上网查找我国古代会计的发展及应用情况,并将你找到的相关内容与其他同学进行分享。

二、近代会计阶段

随着商品货币经济的发展,特别是在欧洲产业革命以后,资本主义生产方式的发展,生产日益社会化,生产规模日趋扩大,更需要由会计从价值量上来全面、完整、系统地反映和监督生产经营的全过程。1494年,意大利数学家卢卡·帕乔利的著作《算术、几何、比及比例概要》问世,标志着近代会计的开端。在随后漫长的历史时期内,人们在古代单式簿记的基础上,创建了复式簿记,复式簿记在意大利迅速得到普及并不断发展和完善。随着美洲大陆的发现和东西方贸易的进行,加之各国建立了统一货币制度、阿拉伯数字取代了罗马数字、纸张的普遍使用等促使复式簿记传遍整个欧洲,后又传遍世界各国。

三、现代会计阶段

随着社会的不断发展,簿记开始慢慢向会计演变,簿记工作开始向会计工作演变,簿记学开始向会计学演变。这些都标志着会计发展史上簿记时代的结束,人类已经进入现代会计的发展时期。进入20世纪50年代以后,社会生产力进一步提高,科学技术迅猛发展,会计作为一门适应性学科也发生了相应的变化,主要表现为:(1)会计学基础理论的创立;(2)会计理论和方法逐渐分化成两个领域,即财务会计和管理会计;(3)审计基本理论的创立;(4)会计电算化的产生与应用。我们有理由相信,随着社会发展和科学技术的进步,会计也必然会取得更加引人注目的发展。

1992年,我国颁布了《企业会计准则——基本准则》;1993年开始了会计改革;2001年颁布了统一的《企业会计制度》,会计规范体系得到逐步完善。2006年2月,财政部正式对外发布了中国企业会计准则,包括1项基本准则和38项具体准则。至此,适应我国经济发展进程的、独立实施和执行的、与国际会计标准趋同的中国企业会计准则体系正式建立。随后,财政部于2014年又陆续修改并制定了7项具体准则。2017年,财政部陆续发布了修订后的《企业会计准则第22号——金融工具确认与计量》《企业会计准则第23号——金融资产转移》《企业会计准则第24号——套期会计》等6项具体准则。

第二节 会计的基本概念

一、会计的含义

什么是会计? 古今中外一直没有一个明确、统一的说法。人们对会计本质的认识存在着不同的看法,而不同的会计本质观对应着不同的会计含义。

📖 思考与讨论

你认为会计是什么? 是一种职业? 是账房先生? 还是一项与数字有关的活动? 查找在民间故事中、文学作品中、日常生活中会计的影子,感受会计的思维。

(一)会计信息系统论

会计信息系统理论最早起源于美国会计学家A.C.利特尔顿,他在1953年编写的《会计理论结构》一书中指出:"会计是一种特殊门类的信息服务","会计的显著目的在于对一个企业的经济活动提供某种有意义的信息"。具体地讲,会计信息系统是指在企业或其他组织范围内,旨在反映和控制企业或组织的各种经济活动,而由若干具有内在联系的程序、方法和技术所组成,由会计人员加以管理,用以处理经济数据、提供财务信息和其他有关经济信息的有机整体。

20世纪60年代后期,信息论、系统论和控制论快速发展,美国的会计学界和会计职业界倾向于将会计定义为会计信息系统。例如:1966年美国会计学会在其发表的《会计基本理论说明书》中明确指出:"会计是一个信息系统。"20世纪70年代以来,S.戴维森主编的《现代会计手册》一书的序言中以及凯索和威基恩特合著的《中级会计学》等著作有类似"会计是一个经济信息系统"的论述。1980年,我国会计学家余绪缨教授在《要从发展的观点看会计学的科学属性》一文中首先提出了会计是一个信息系统的这一观点。

(二)会计管理活动论

会计管理活动理论将会计作为一种管理活动,其实"会计管理"这一概念在西方管理理论学派中早已存在。古典管理理论学派的代表人物法约尔把会计活动列为经营的六种职能活动之一;美国学者卢瑟·古利克则把会计管理列为管理化功能之一;20世纪60年代后出现的管理经济会计学派则认为进行经济分析和建立管理会计制度就是管理。

我国最早提倡会计管理活动论的是杨纪琬、阎达五教授。1980年,他们在中国会计学会成立大会上,作了题为《开展我国会计理论研究的几点意见——兼论会计学的科学属性》的报告。报告中指出:无论从理论上还是从实践上看,会计本身就具有管理的职能,不仅是管理经济的工具,也是人们从事管理的一种活动。

讨论会计的本质,首先应明确"会计"是指什么?是指"会计学",还是指"会计工作"或是"会计方法"?"会计信息系统论"和"会计活动管理论"两种观点,前者将会计视为一种方法予以论证;后者则将会计视为一种工作,从而视为一种管理活动来加以论证。两者的出发点不同,怎么可能得出一致的结论呢?在本书中,我们将"会计"界定为"会计工作"。

综上所述,会计的定义是以货币作为主要计量单位,以凭证为依据,用一系列专门的技术方法,对一定主体的经济活动进行全面、综合、连续、系统的核算和监督,并向有关方面提供会计信息的一种经济管理活动。

二、会计的基本职能

会计职能就是会计在经济管理中所具有的功能或能够发挥的作用。具体来说,就是会计是用来做什么的。会计的职能很多,但其基本职能是对经济活动进行核算和监督。会计的核算职能就是为经济管理搜集、处理、存储和输送各种会计信息。会计监督是指通过调节、指导、控制等方式,对经济活动的合理、合法、有效性进行考核与评价,并采取措施施加一定的影响,以实现预期的目标。除了基本职能外,会计还兼具预测、决策、计划、分析、考核、控制等其他职能。

(一)会计核算职能

会计核算是会计的首要职能,是指会计能够按照公认会计准则的要求,通过一定的程序和方法,全面、系统、及时、准确地将一个会计主体所发生的会计事项表现出来,以达到揭示会计事项的本质,为经营管理提供经济信息的目的,它要求各单位必须根据实际发生的经济业务事项进行会计核算。其特点表现在以下的三个方面:

(1)会计核算主要是从价值量方面反映各经济主体的经济活动状况,主要是从数量而不是从质的方面进行核算。核算各单位经济活动时主要使用货币计量,实物量单位、其他指标及其文字说明等都处于附属地位。

(2)会计核算具有连续性、系统性和全面性。会计反映的连续性,是指对经济业务的记录是连续的,逐笔、逐日、逐月、逐年,不能间断;会计反映的系统性,是指对会计对象要按科学的方法进行分类,进而系统地加工、整理和汇总,以便提供管理所需要的各类信息;会计反映的全面性,是指对每个会计主体所发生的全部经济业务都应该进行记录和反映,不能有任何遗漏。

(3)会计核算应对各单位经济活动的全过程进行反映。随着商品经济的发展,市场竞争日趋激烈,会计在对已经发生的经济活动进行事中、事后的记录、核算和分析,反映经济活动的现实状况及历史状况的同时,发展到事前核算、分析和预测经济前景。

(二)会计监督职能

会计的监督职能是指会计按照一定的目的和要求,利用会计信息系统所提供的信息,对会计主体的经济活动进行控制,使之达到预期的目标。会计的监督职能就是监督经济活动按照有关的法规和计划进行。会计的监督职能主要具有以下特点：

（1）会计监督具有强制性和严肃性。会计监督是依据国家的财经法规和财经纪律来进行的，会计法不仅赋予会计机构和会计人员实行监督的权利，而且规定了监督者的法律责任，放弃监督，听之任之，情节严重的，给予行政处分，给公共财产造成重大损失，构成犯罪的依法追究刑事责任。因此，会计监督以国家的财经法规和财经纪律为准绳，具有强制性和严肃性。

（2）会计监督主要是通过价值量指标来进行监督。单位进行的经济活动，同时都伴随着价值运动，表现为价值量的增减和价值形态的转化。因此，会计通过价值指标可以全面、及时、有效地控制各个单位的经济活动。

拓展阅读

价值指标是以货币作为价值尺度来度量社会财富或劳动成果多少的一种总量指标。如商品销售额、工业总产值、利润额、负债额等。由于用价值指标来度量事物数量，使不能直接加总的经济现象的实物数量过渡到可以直接加总，具有较高的概括能力，所以价值指标是进行企业管理和国民经济核算的重要指标。

（3）会计监督包括事前、事中和事后的全过程的监督。事前监督是指会计部门或会计人员在参与制定各种决策以及相关的各项计划或费用预算时，需要依据有关政策、法规、准则等的规定对各项经济活动的可行性、合理性、合法性和有效性等进行审查，它是对未来经济活动的指导；事中监督是指在日常会计工作中，随时审查所发生的经济业务，一旦发现问题，及时提出建议或改进意见，促使有关部门或人员采取措施予以改正；事后监督是指以事先制定的目标、标准和要求为依据，利用会计反映取得的资料对已经完成的经济活动进行考核、分析和评价。会计事后监督可以为制订下期计划、预算提供资料，也可以预测今后经济活动的发展趋势。

会计核算与会计监督是相互作用、相辅相成的。核算是监督的基础，没有核算，监督就无从谈起；而监督是会计核算质量的保证。

三、会计的对象

会计的对象是指会计核算和监督的内容，即会计所要核算和监督的客体。凡是能够以货币表现的经济活动的特定对象，都是会计所核算和监督的内容。而能够用货币表现的经济活动，通常又称为价值运动或资金运动。因此，会计的对象可以概况为能用货币表现的经济活动或资金运动。

资金运动包括特定对象的资金投入、资金运用、资金退出等过程，而具体到企业、事业、行政单位，由于其各自的组织架构不同，资金运动也有较大的差异。下面以制造业企业为例说明资金运动的过程。

（一）资金投入

企业通过各种渠道和方式筹集经营活动所需要的资金，进入企业后资金形态变为货币形态、实物形态、技术等,资金的来源包括所有者投入的资金和债权人投入的资金两部分,前者属于企业所有者权益,后者属于企业债权人权益,即为企业的负债。

（二）资金循环

资金循环是指企业的经营资金从投入企业的货币资金形态开始,按照生产经营活动的顺序,通过供应、生产、销售三个阶段,依次转化为储备资金、生产资金、成品资金等各种形态,直到产品销售后,又回到货币资金的运动过程。在供应阶段,企业要用所筹集的货币资金购买各种原材料等物资,这时资金从货币资金形态转化为储备资金形态。在生产阶段,生产部门领用各种原材料并对其进行加工,这时资金从储备资金形态转化为生产资金形态。同时,用于支付职工的工资和其他生产费用,以及各种劳动资料的使用磨损,也形成生产资金。产品生产完工后,资金又从生产资金形态转化为成品资金形态。在销售阶段,产品销售出去并取得收入后,资金又从成品资金形态转化为货币资金形态。综上所述,资金的循环就是从货币资金开始依次转化为储备资金、生产资金、成品资金,最后又回到货币资金的过程,资金周而复始地循环称为资金的循环。

（三）资金退出

资金退出是指企业的资金不再参加循环与周转,使得这部分资金离开该企业,退出企业的资金循环与周转,包括偿还债务、上缴各项税金、向所有者分配利润等。

综上,制造业企业的资金运动过程如图1-1所示。

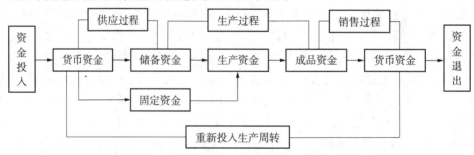

图1-1　制造业企业资金运动过程

上述资金运动的三阶段是相互支持、相互制约的统一体,没有资金的投入,就没有资金的循环与周转,就不会有债务的偿还、税金的上缴和利润的分配等;没有资金的退出,就不会有新一轮的资金投入,就不会有企业的进步发展。

思考与讨论

知道了会计核算对象,企业发生的一切经济活动都属于会计对象吗?另外,除了制造业企业,商品流通企业、服务业的业务流程和资金运动是什么样的?

四、会计信息使用者

会计能够为企业的经济管理活动提供一定的信息资料,而这些信息资料的使用人员就是会计信息使用者。会计信息使用者主要包括投资者、企业管理者、债权人、政府及其相关部门和社会公众等。

企业投资者通常关心企业的盈利能力和发展能力,他们需要借助会计信息等相关信息来决定是否调整投资、更换管理层和加强企业的内部控制等。

企业管理者是会计信息的重要使用者,他们需要借助会计信息等相关信息来管理企业,对企业进行控制、作出财务决策。

企业贷款人、供应商等债权人通常关心企业的偿债能力和财务风险,他们需要借助会计信息等相关信息来判断企业能否按约支付所欠货款、偿还贷款本金和支付利息等。

政府及其相关部门对于企业的某些活动享有法定活动,比如税收机构要求企业提交财务报表以计算纳税额、证券管理机构要求上市公司提交财务报表等。

五、会计目标

会计目标是指在一定的历史条件下,人们通过会计所要实现的目的或达到的最终结果。会计目标概括来讲就是设置会计的目的与要求。具体而言,会计目标就是对会计自身所提供经济信息的内容、种类、时间、方式及其质量等方面的要求。也就是说,会计目标是要回答会计应做些什么的问题,即对所从事的工作,首先要明确其应符合何时以何种方式提供合乎何种质量的何种信息。我国《企业会计准则》中对于会计核算的目标做了明确规定:会计的目标是向财务会计报告使用者提供与企业财务状况、经营成果和现金流量等有关的会计信息,反映企业管理层受托责任履行情况,有助于财务会计报告使用者作出经济决策。

会计目标指明了会计实践活动的目的和方向,同时也明确了会计在经济管理活动中的使命,成为会计发展的导向。制订科学的会计目标,可以把握会计发展的趋势,确定会计未来发展的步骤和措施,调动会计工作者的积极性和创造性,促使会计工作规范化、标准化、系统化。

课堂小测试1-1

1.(单选题)下列属于会计基本职能的是(　　)。

　　A.核算和预测　　　B.监督和分析　　　C.核算和监督　　　D.分析和控制

2.(多选题)下列属于会计信息使用者的是(　　)。

　　A.管理人员　　　　B.债权人　　　　　C.投资者　　　　　D.政府相关部门

第三节　会计假设与会计基础

一、会计假设

会计假设又称会计的前提,是指为保证会计工作的正常进行和会计信息的质量,对会计核算的范围、内容、基本程序和方法所做出的基本假定,并在此基础上建立会计原则。企业在组织会计核算时,国内外会计界多数人公认的应遵循的会计假设包括:会计主体假设、持续经营假设、会计分期假设和货币计量假设。

（一）会计主体

会计主体是指会计工作服务的特定单位,是企业会计确认、计量和报告的空间范围。为了向财务报告使用者反映企业财务状况、经营成果和现金流量,提供与其决策有用的信息,会计核算和财务报告的编制应当集中于反映特定对象的活动,并将其与其他经济实体区别开来,才能实现财务报告的目标。因此,明确会计主体对进行会计核算具有重要意义。

首先,明确会计主体,才能划定会计所要处理的各项交易或事项的范围。在会计工作中,只有那些影响企业本身经济利益的各项交易或事项才能加以确认、计量和报告,那些不影响企业本身经济利益的各项交易或事项则不能加以确认、计量和报告。会计工作中通常所讲的资产、负债的确认,收入的实现,费用的发生等,都是针对特定会计主体而言的。

其次,明确会计主体,才能将会计主体的交易或者事项与会计主体所有者的交易或者事项以及其他会计主体的交易或者事项区分开来。例如,企业所有者的经济交易或者事项是区别于企业所有者主体所发生的,不应纳入企业会计核算的范围,但是企业所有者投入企业的资本或者企业向所有者分配的利润,则属于企业主体所发生的交易或者事项,应当纳入企业会计核算的范围。

需要注意的是,会计主体不同于法律主体。一般来说,法律主体必然是一个会计主体。例如一个企业作为一个法律主体,应当建立财务会计系统,独立反映其财务状况、经营成果和现金流量。但是,会计主体不一定是法律主体。例如,独资企业和合伙企业都不具备法人资格,不是法律主体,但却都是经济实体,能够独立核算,必须将其作为会计主体,以便将企业的经济活动与其所有个人的经济活动以及其他实体的经济活动加以区分。又比如,会计主体可以是一个企业,也可以是企业中的内部单位或企业中的一个特定部分,如企业设立的分公司、企业设立的事业部;可以是单个企业,也可以是几个企业组成的联营公司或企业集团。

思考与讨论

沈先生是某企业的相关利益者,想了解企业的财务状况和经营成果,那么他希望企业在整个持续经营期间,是关门营业前提供一次相关会计信息给你,还是每年一次,或每月一次,或每旬、或每日一次,哪一种方式更容易满足你及时做出相关决策?

（二）持续经营

持续经营是指会计主体的生产经营活动将无期限地持续下去,在可以预见的将来不会倒闭、不会破产清算。在持续经营假设下,会计的确认、计量和报告都应当以企业持续、正常的生产经营活动为前提。

企业是否持续经营,在会计原则、会计方法的选择上有很大差别。一般情况下,应当假定企业将会按照当前的规模和状态继续经营下去。明确这个基本假设,就意味着会计主体将按照既定用途使用资产,按照既定的合约条件清偿债务,会计人员就可以在此基础上选择会计原则和会计方法。例如,采用历史成本计价,是假定企业在正常的情况下运用它所拥有的各种经济资源和依照原来的偿还条件偿付其所负担的各种债务,否则就不能继续采用历史成本计价。如果判断企业会持续经营,就可以假定企业的固定资产会在持续经营的生产经营过程中长期发挥作用,并服务于生产经营过程,固定资产就可以根据历史成本进行记录,并采用合理的折旧方法将历史成本分摊到各个会计期间或相关产品的成本中。如果判断企业不会持续经营,固定资产就不应采用历史成本进行记录并按期计提折旧。引用上例,在持续经营的前提下,企业取得机器设备时,能够确定这项资产在未来的生产加工活动中可以给企业带来经济利益,因此可以按支付的所有价款10万元作为固定资产的账面成本,其磨损的价值,在5年内按一定折旧方法计提折旧,并将其磨损的价值计入成本费用。如果企业面临清算,这固定资产只能按当时的公允价值,进行抵偿债务了。

由于持续经营是根据企业发展的一般情况所作的设定,企业在生产经营过程中缩减经营规模乃至停业的可能性总是存在的。为此,往往要求定期对企业持续经营这一前提作出分析和判断。一旦判定企业不符合持续经营前提,就应当改变会计核算的方法。当有确凿证据(通常是破产公告的发布)证明企业已经不能再持续经营下去的,该假设会自动失效,此时企业将由清算小组接管,会计核算方法随即改为破产清算会计。

(三)会计分期

会计分期又称为会计期间,是指将一个企业持续经营的生产经营活动划分为一个个连续的、长短相同的期间。这一假设是从第二个基本假设引申出来的,可以说是持续经营的客观要求。会计分期的目的是将持续经营的生产活动划分为连续、相等的期间,据以结算盈亏,按期编报财务报告,从而及时地向各方面提供有关企业财务状况、经营成果和现金流量信息。

根据持续经营前提,一个企业将要按当前的规模和状况继续经营下去。要最终确定企业的经营成果,只能等到一个企业在若干年后歇业的时候核算一次盈亏。但是,经营活动和财务经营决策要求及时得到有关信息,不能等到歇业时一次性地核算盈亏。为此,就要将持续不断的经营活动划分为一个个相等的期间,分期核算和反映。会计分期对会计原则和会计政策的选择有着重要影响。由于会计分期,产生了当期与其他期间的差别,从而出现权责发生制和收付实现制的区别,进而出现了应收、应付、递延、预提、待摊这样的会计方法。

会计期间一般可以按照日历时间划分,分为月度、季度、半年度和年度。最常见的会计期间是一年,按年度编制的财务会计报表也称为年报。在我国,会计准则明确规定采取公历年度,每年1月1日起至12月31日止。此外,国际上会计期间可以按实际的经济活动周期来划分,其周期或长或短于公历年度。

会计期间划分的长短会影响损益的确定,一般来说,会计期间划分得越短,反映经济活动的会计信息质量就越不可靠。当然,会计期间的划分也不可能太长,太长了会影响会计信息使用者及时使用会计信息的需要的满足程度,因此必须恰当地划分会计期间。由于会计分期,才产生了当期与以前期间、以后期间的差别,才使不同类型的会计主体有了记账的基准,进而出现了折旧、摊销等会计处理方法。

思考与讨论

在会计报表中,如果资产有两种反映方式:A方式是10台电脑,2条生产线,3项专利,3项长期投资;B方式是电脑50 000元,机器设备2 000 000元,专利100 000元,长期投资60 000元;你认为哪种计量方式更有利于综合反映企业财务状况,更有利于满足企业间对比?

(四)货币计量

货币计量是指企业在会计核算中要以货币为主要的计量单位,记录和反映企业生产经营过程和经营成果。会计主体的经济活动是多种多样、错综复杂的。为了实现会计目的,必须综合反映会计主体的各项经济活动,这就要求有一个统一的计量尺度。在会计的确认、计量和报告过程中之所以选择货币为基础计量单位进行计量,是由货币的本身属性决定的。货币是商品的一般等价物,是衡量一般商品价值的共同尺度,具有价值尺度、流通手段、贮藏手段和支付手段等特点。其他计量单位,如质量、长度、容积、台、件等,只能从一个侧面反映企业的生产经营情况,无法在总量上进行汇总和比较,不便于会计计量和经营管理。只有选择货币尺度进行计量才能充分反映企业的生产经营情况。所以,会计基本准则规定:"会计确认、计量和报告选择货币作为计量单位"。当然,统一采用货币尺度,也有不利之处。一方面,许多影响企业财务状况和经营成果的一些因素,并不是都能用货币计量的,比如企业经营战略、在消费者当中的信誉度、企业的地理位置、企业的技术开发能力等。为了弥补货币量度的局限性,要求企业采用一些非货币指标作为会计报表的补充。另一方面,在货币计量的背后隐含着币值不变的假设。会计业务中常常将不同时点的货币金额进行汇总比较,这是以币值不变为前提的,这在实际生活中受到持续通货膨胀的冲击,为解决这一问题,现在已诞生了通货膨胀会计。

在我国,要求采用人民币作为记账本位币,是对货币计量这一会计前提的具体化。考虑到一些企业的经营活动更多地涉及外币,因此规定业务收支以人民币以外的货币为主的单位,可以选定其中一种作为记账本位币,但是编报的财务会计报表应当折算为人民币。在以货币作为主要计量单位的同时,有必要也应当以实物量度和劳动量度作为补充。

拓展阅读

会计假设是人们从长期的会计实践中抽象出来的,是能体现会计活动基本特征的会计概念,也是当前条件下最合乎情理的判断。当然,会计假设也可能随着客观经济环境的变化而不断的修订。

二、会计基础

会计基础是指会计事项的记账基础,是会计确认的某种标准方式,也是单位收入和支出、费用的确认标准,具体包括权责发生制和收付实现制。不同的会计基础决定了单位取得收入和发生支出在会计期间的配比,并直接影响到单位工作业绩和财务成果。

(一)权责发生制

权责发生制又称"应收应付制",它是以本期会计期间发生的费用和收入是否应计入本期损益为标准,处理有关经济业务的一种制度。根据权责发生制原则处理会计业务时应做到以下两点:其一,凡本期内实际发生并应属本期的收入和费用,无论其款项是否收到或付出,均应作为本期的收入和费用处理;其二,凡不属于本期的收入和费用,即使款项已经收到或支付,亦不应作为本期的收入和费用予以处理。

【例1-1】万邦公司2021年9月10日,收到上个月销货款60 000元,存入银行。请分析在权责发生制下,该项经济业务的60 000元应该确认为几月份的收入?

分析:按照权责发生制,以权利和义务是否同时完成为标准,则认为该项经济业务中不管货款在几月份收到,销售商品的行为在上个月发生,即在8月份已经实现,因此销货款60 000元应该确认为8月份的收入。

采用权责发生制,在会计期末必须对账簿记录进行账项调整,才能够使本期的收入和费用存在合理的配比关系,从而可以正确地计算出企业的本期盈亏。

实行这种制度,核算手续虽然较为麻烦,但有利于正确反映各期的费用水平和盈亏状况,该制度主要适用于企业单位。

(二)收付实现制

收付实现制又称"收付实现基础"或"现收现付制",是"权责发生制"的对称。根据收付实现制原则处理会计业务时应做到以下两点:其一,凡本期内实际收到的收入和支付的费用,无论其是否应归属本期,均应作为本期的收入和费用处理;其二,凡本期未曾收到的收入和未曾支付的费用,即使应归属本期,亦不应作为本期的收入和费用予以处理。

【例1-2】万邦公司2021年9月25日,预付第四季办公用房租金18 000元。请分析在收付实现制下,该项经济业务中18 000元的租金应该确认为几月份的费用?

分析:按照收付实现制原则,以款项是否收付为标准,则认为该笔经济业务中18 000元的租金不管是几月份应承担的,但是在9月份支出,则应当确认为9月份的费用。

采用收付实现制的优点是期末无需对本期的收益和费用进行调整,核算手续比较简单,但是不能正确地计算和确定企业的当期损益,缺乏合理的收支配比关系。因此,它只适用于业务比较简单和应计收入、应计费用、预收收入、预付费用很少发生的企业以及行政事业单位。

📚**拓展阅读**

　　企业单位是以营利为目的独立核算的法人或非法人单位,特点是自收自支,通过成本核算,进行盈亏配比,通过自身的营利解决自身的人员供养,社会服务,创造财富价值,登记在工商行政管理部门进行。企业单位与职工签订劳动合同,发生劳动争议后,企业单位进行劳动仲裁。

　　行政事业单位是以政府职能、公益服务为主要宗旨的一些公益性单位、非公益性职能部门等。它参与社会事务管理,履行管理和服务职能,宗旨是为社会服务,主要从事教育、科技、文化、卫生等活动。上级部门多为政府行政主管部门或者政府职能部门,其行为依据有关法律,所做出的决定多具有强制力,其人员工资来源多为财政拨款。事业单位与职工签订聘用合同,发生劳动争议后,事业单位进行人事仲裁。

课堂小测试1-2

1.(单选题)确定会计核算工作空间范围的会计假设是( )。
  A.会计主体   B.会计分期   C.持续经营   D.货币计量
2.(判断题)某企业于4月初用银行存款3 600元支付第二季度房租,4月末仅将其中的1 200元计入本月的费用,这符合的会计基础是收付实现制。( )

第四节　会计信息质量要求

会计信息质量要求是对企业财务报告所提供会计信息质量的基本要求,是使财务报告所提供会计信息对投资者等信息使用者决策有用应具备的基本特征。财政部颁布《企业会计准则——基本准则》对会计信息质量要求的准则,主要包括可靠性、相关性、可理解性、可比性、实质重于形式、重要性、谨慎性、及时性。

思考与讨论

你认为具有什么特征的会计信息,能够满足会计信息使用者的需要?

(一)可靠性

可靠性要求企业应当以实际发生的经济业务及证明经济业务发生的合法凭证为依据,如实反映财务状况、经营成果,做到内容真实,数字准确,资料可靠。这一原则是对会计工作的基本要求。

这一要求包括两个内容:一是会计必须根据审核无误的原始凭证,采用特定的专门方法进行记账、算账、报账,保证所提供的会计信息内容完整、真实可靠。如果会计核算不是以实际发生的交易或事项为依据,为使用者提供虚假的会计信息,会误导信息使用者,使之做出错误的决策。二是会计人员在进行会计处理时应保持客观,运用正确的会计原则和方法,得出具有可检验性的会计信息。如果会计人员进行会计处理时不客观,同样不能为会计信息使用者提供真实的会计信息,也会导致信息使用者做出错误决策。

(二)相关性

相关性要求企业提供的会计信息应当与投资者等财务报告使用者的经济决策需要相关,有助于投资者等财务报告使用者对企业过去、现在或者未来的情况作出评价或者预测。

会计信息是否有用,是否具有价值,关键是看其与使用者的决策需要是否相关,是否有助于决策或者提高决策水平。相关的会计信息应当能够有助于使用者评价企业过去的决策,证实或者修正过去的有关预测,因而具有反馈价值。相关的会计信息还应当具有预测价值,有助于使用者根据财务报告所提供的会计信息预测企业未来的财务状况、经营成果和现金流量。相关性是以可靠性为基础的,两者之间并不矛盾,不应将两者对立起来。需要企业在确认、计量和报告会计信息的过程中,充分考虑使用者的决策模式和信息需要。也就是说,会计信息在可靠性前提下,尽可能地做到相关性,以满足投资者等财务报告使用者的决策需要。

（三）可理解性

可理解性也称明晰性,要求企业提供的会计信息应当清晰明了,便于投资者等财务报告使用者理解和使用。

企业编制财务报告、提供会计信息的目的在于使用,而要使使用者有效地使用会计信息,应当能让其了解会计信息的内涵。弄懂会计信息的内容,要求会计记录应当准确、清晰,填制会计凭证、登记会计账簿必须做到依据合法、账户对应关系清楚、文字摘要完整;在编制会计报表时,项目勾稽关系清楚、项目完整、数字准确。要求会计信息简明、易懂,能够简单明了地反映企业的财务状况、经营成果和现金流量,只有这样,才能提高会计信息的有用性,实现财务报告的目标,满足向投资者等财务报告使用者提供决策有用信息的要求。

（四）可比性

可比性要求企业提供的会计信息应当相互可比。主要包括两层含义:一是同一企业不同时期可比。为了便于投资者等财务报告使用者了解企业财务状况、经营成果和现金流量的变化趋势,比较企业在不同时期的财务报告信息,全面、客观地评价过去、预测未来,从而作出决策。此外,会计信息质量的可比性要求同一企业不同时期发生的相同或者相似的交易或者事项,应当采用一致的会计政策,不得随意变更。二是不同企业相同会计期间可比。为了便于投资者等财务报告使用者评价不同企业的财务状况、经营成果和现金流量及其变动情况,会计信息质量的可比性要求不同企业同一会计期间发生的相同或者相似的交易或者事项,应当采用规定的会计政策,确保会计信息口径一致、相互可比,以使不同企业按照一致的确认、计量和报告要求提供有关会计信息。一旦作出变更,也要在会计报告附注中作出说明。如存货的实际成本计算方法有先进先出法、加权平均法等。如果确有必要变更,应当将变更情况、变更原因及其对企业财务状况和经营成果的影响在财务会计报告附注中说明。

（五）实质重于形式

实质重于形式要求企业应当按照交易或者事项的经济实质进行会计确认、计量和报告,不仅仅以交易或者事项的法律形式为依据。

这里所讲的形式是指法律形式,实质是指经济实质。企业发生的交易或事项在多数情况下,其经济实质和法律形式是一致的。但在有些情况下,会出现不一致,例如以融资租赁方式租入的资产,虽然从法律形式来讲企业并不拥有其所有权,但是由于租赁合同中规定的租赁期相当长,接近于该资产的使用寿命;租赁期结束时承租企业有优先购买该资产的选择权;在租赁期内承租企业有权支配资产并从中受益等。因此,从其经济实质来看,企业能够控制融资租入资产所创造的未来经济利益,在会计确认、计量和报告上就应当将以融资租入方式租入的资产视为企业的资产,列入企业的资产负债表。

（六）重要性

重要性要求企业提供的会计信息应当反映与企业财务状况、经营成果和现金流量有关的所有重要交易或者事项。

重要性的应用依赖于职业判断,从项目的性质(质)和金额大小(量)两方面判断。在实务中,如果会计信息的省略或者错报会影响投资者等财务报告使用者据此作出决策的,该信息就具有重要性。重要性的应用需要依赖职业判断,企业应当根据其所处环境和实际情况,从项目的性质和金额大小两方面加以判断。

在此要求下,企业在选择会计方法和程序时,要考虑经济业务本身的性质和规模,根据特定的经济业务决策影响的大小,来选择合适的会计方法和程序。如果一笔经济业务的性质比较特殊,不单独反映就有可能遗漏一个重要事实,不利于所有者以及其他方面全面掌握这个企业的情况,就应当严格核算,单独反映,提醒注意;反之,如果一笔经济业务与通常发生的经济业务没有特殊之处,不单独反映,也不至于隐瞒什么事实,就不需要单独反映和提示。并且如果一笔经济业务的金额在收入、费用或资产总额中所占的比重很小,就可以采用较为简单的方法和程序进行核算,甚至不一定严格采用规定的会计方法和程序;反之,如果金额在收入、费用或资产总额中所占的比重较大,就应当严格按照规定的会计方法和程序进行。

（七）谨慎性

谨慎性要求企业对交易或者事项进行会计确认、计量和报告应当保持应有的谨慎,不应高估资产或者收益、低估负债或者费用。

在市场经济环境下,企业的生产经营活动面临着许多风险和不确定性,如应收款项的可收回性、固定资产的使用寿命、无形资产的使用寿命、售出存货可能发生的退货或者返修等。会计信息质量的谨慎性要求,需要企业在面临不确定性因素的情况下作出职业判断时,应当保持应有的谨慎,充分估计到各种风险和损失,既不高估资产或者收益,也不低估负债或者费用。例如,要求企业对可能发生的资产减值损失计提资产减值准备、对售出商品可能发生的保修义务等确认预计负债等,就体现了会计信息质量的谨慎性要求。

谨慎性的应用也不允许企业设置秘密准备。如果企业故意低估资产或者收益,或者故意高估负债或者费用,将不符合会计信息的可靠性和相关性要求,损害会计信息质量,扭曲企业实际的财务状况和经营成果,从而对使用者的决策产生误导,这是不符合会计准则要求的。

（八）及时性

及时性要求企业对于已经发生的交易或事项,应当及时进行会计确认、计量和报告,不得提前或延后。

　　会计信息的价值在于帮助所有者或者其他方面作出经济决策,具有时效性。即使是可靠、相关的会计信息,如果不及时提供,就失去了时效性,对于使用者的效用就大大降低,甚至不再具有实际意义。在会计确认、计量和报告过程中贯彻及时性,一是要求及时收集会计信息,即在经济交易或者事项发生后,及时收集整理各种原始单据或者凭证;二是要求及时处理会计信息,即按照会计准则的规定,及时对经济交易或者事项进行确认或者计量,并编制财务报告;三是要求及时传递会计信息,即按照国家规定的有关时限,及时地将编制的财务报告传递给财务报告使用者,便于其及时使用和决策。

　　在实务中,为了及时提供会计信息,可能需要在有关交易或者事项的信息全部获得之前即进行会计处理,这样就满足了会计信息的及时性要求,但可能会影响会计信息的可靠性;反之,如果企业等到与交易或者事项有关的全部信息获得之后再进行会计处理,这样的信息披露可能会由于时效性问题,对于投资者等财务报告使用者决策的有用性将大大降低。这就需要在及时性和可靠性之间作相应权衡,以最好地满足财务报告使用者的经济决策需要为判断标准。

第五节　会计核算的基本方法

　　会计核算方法是指对会计主体已经发生的经济活动进行连续、系统和全面地反映和监督所采用的方法。会计核算方法是用来反映和监督会计对象的,由于会计对象的多样性和复杂性,就决定了用来对其进行反映和监督的会计核算方法不能采取单一的方法形式,而应该采用方法体系的模式。因此,会计核算方法由设置账户、复式记账、填制和审核凭证、登记账簿、成本计算、财产清查和编制会计报表等七种具体方法构成。这七种方法构成了一个完整的、科学的方法体系。

　　(一)设置账户

　　设置账户是对会计核算的具体内容进行分类核算和监督的一种专门方法。由于会计对象的具体内容是复杂多样的,要对其进行系统的核算和经常性监督,就必须对经济业务进行科学的分类,以便分门别类地、连续地记录,据以取得多种不同性质、符合经营管理所需要的信息和指标。每个会计账户只能反映一定的经济内容,将会计对象的具体内容划分为若干项目,即设置若干个会计账户,就可以使所设置的账户既有分工,又有联系地反映整个会计对象的内容。

　　(二)复式记账

　　复式记账是指对所发生的每项经济业务,以相等的金额,同时在两个或两个以上相互联系的账户中进行登记的一种记账方法。它对每项经济业务都必须以相等的金额,在相互关联的两个或两个以上账户中进行登记,使每项经济业务所涉及的两个或两个以上的账户之间产生对应关系;同时,在对应账户中所记录的金额又平行相等;通过账户的对应关系,可以了解经济业务的内容;通过账户的平行关系,可以检查有关经济业务的记录是否正确。复式记账可以相互联系地反映经济业务的全貌,也便于检查账簿记录是否正确。例如,用银行存款5 000元购买材料,采用复式记账法就要同时在"原材料"账户和"银行存款"账户分别反映材料增加了5 000元,银行存款减少了5 000元,这样就能在账户中全面核算并监督会计对象。采用复式记账方法,可以全面反映每一笔经济业务的来龙去脉,而且可以防止差错和便于检查账簿记录的正确性和完整性,是一种比较科学的记账方法。

(三)填制和审核凭证

填制和审核凭证是指为了审查经济业务是否合法、合理,保证账簿记录正确、完整而采用的一种专门方法。原始凭证要送交会计进行审核,审核其填制内容是否完备、手续是否齐全、业务的发生是否合理合法等,经审核无误后,才能据以编制记账凭证。记账凭证是记账的依据,原始凭证和记账凭证统称为会计凭证。会计凭证是记录经济业务,明确经济责任,作为记账依据的书面证明,是登记账簿的重要依据。正确填制和审核会计凭证,是核算和监督经济活动财务收支的基础,也是做好会计工作的前提。

(四)登记账簿

登记会计账簿简称记账,是以审核无误的会计凭证为依据在账簿中分类、连续、完整地记录各项经济性业务,以便为经济管理提供完整、系统的会计核算资料。会计账簿具有一定的结构、格式,应该根据审核无误的会计凭证序时、分类地进行登记。在账簿中应该开设相应的账户,把所有的经济业务记入账簿中的账户后,还应定期计算和累计各项核算指标,并定期结账和对账,使账证之间、账账之间、账实之间保持一致。账簿记录是重要的会计资料,是进行会计分析、会计检查的重要依据。

(五)成本计算

成本计算是按照一定对象归集和分配生产经营过程中所发生的各种费用,以便确定各对象的总成本和单位成本的一种专门方法。成本计算通常是指对工业产品进行的成本计算。例如,按工业企业供应、生产和销售三个过程分别归集经营所发生的费用,并分别与其采购、生产和销售材料、产品的品种、数量联系起来,计算它们的总成本和单位成本。通过成本计算,可以考核和监督企业经营过程中所发生的各项费用是否节约,以便采取措施,降低成本,提高经济效益。产品成本是综合反映企业生产经营活动的一项重要指标。正确地进行成本计算,可以考核生产经营过程的费用支出水平,同时又是确定企业盈亏和制订产品价格的基础,并为企业进行经营决策,提供重要数据。

(六)财产清查

财产清查是指通过盘点实物,核对账目,以查明各项财产物资实有数额的一种专门方法。在日常会计核算过程中,为了保证会计信息真实正确,必须定期或不定期地对各项财产物资、货币资金和往来款项进行清查、盘点和核对。在清查中,如果发现账实不符,应及时查明原因,调整账簿记录,使账存数额同实存数额保持一致,做到账实相符。通过财产清查,可以提高会计记录的正确性,保证账实相符。同时,还可以查明各项财产物资的保管和使用情况以及各种结算款项的执行情况,以便对积压或损毁的物资和逾期未收到的款项,及时采取措施,进行清理和加强对财产物资的管理。

（七）编制会计报表

编制会计报表是指以特定表格的形式,定期并总括地反映企业、行政事业单位的经济活动情况和结果的一种专门方法。会计报表主要以账簿中的记录为依据,经过一定形式的加工整理而产生一套完整的核算指标,是用来考核、分析财务计划和预算执行情况以及编制下期财务和预算的重要依据。

以上会计核算的七种方法,虽各有特定的含义和作用,但并不是独立的,而是相互联系,相互依存,彼此制约的。它们构成了一个完整的方法体系。在会计核算中,应正确地运用这些方法。一般在经济业务发生后,按规定的手续填制和审核凭证,并应用复式记账法在有关账簿中进行登记;一定期末还要对生产经营过程中发生的费用进行成本计算和财产清查,在账证、账账、账实相符的基础上,根据账簿记录编制会计报表。

上述会计核算的方法是相互联系、密切配合,构成了一个完整的核算方法体系,它们之间的联系如图1-2所示。在会计对经济业务进行记录和反映的过程中,不论是采用手工处理方式,还是使用计算机数据处理系统方法,对于日常所发生的经济业务的处理顺序一般是:①经济业务发生后,取得和填制会计凭证;②按会计科目对经济业务进行分类核算,并运用复式记账法在有关会计账簿中进行登记;③对生产经营过程中各种费用进行成本计算;④对账簿记录通过财产清查加以核实,保证账实相符;⑤期末,根据账簿记录资料和其他资料,实行必要的加工计算,编制会计报表。

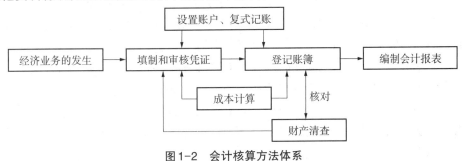

图1-2　会计核算方法体系

课堂小测试1-3

1.(单选题)要求同一企业在不同会计期间的纵向可比的会计信息质量要求是(　　　)。

　A.及时性　　　　B.谨慎性　　　　C.可比性　　　　D.实质重于形式

2.(多选题)下列属于会计核算方法的是(　　　)。

　A.财产清查　　　B.复式记账　　　C.经营规划　　　D.填制和审核会计凭证

本章小结

本章主要介绍了会计的产生与发展以及会计的概念、基本职能、会计假设、会计基础、会计信息质量要求和核算方法等内容。

1.会计发展经历了古代会计、近代会计和现代会计三个阶段。

2.会计是经济管理活动的重要组成部分,是以货币作为主要计量单位,以凭证为依据,用一系列专门的技术方法,对一定主体的经济活动进行全面、综合、连续、系统的核算和监督,并向有关方面提供会计信息的一种经济管理活动。

3.核算和监督是会计的两大基本职能,会计的目标是提供满足企业内外部信息使用者需要的会计信息。

4.会计主体、持续经营、会计分期、货币计量是会计的四大基本假设。收付实现制和权责发生制是会计的核算基础。

5.会计信息质量要求主要包括可靠性、相关性、可理解性、可比性、实质重于形式、重要性、谨慎性和及时性。

6.会计的基本方法是设置会计科目与账户、复式记账、填制和审核会计凭证、登记账簿、成本计算、财产清查、编制会计报表的核算方法体系。

📖 自我检测

一、单项选择题

1.会计监督主要是利用( )职能提供的各种价值指标进行的货币监督。

    A.核查　　　　　　B.核算　　　　　　C.计算　　　　　　D.控制

2.企业7月26日确认销售产品90 000元,8月15日收到货款并存入银行,按照权责发生制核算,该项收入应属于( )。

    A.7月份　　　　　B.8月份　　　　　C.7月份或8月份　D.视业务内容定

3.会计任务的提出取决于会计职能和经济管理的要求,并受( )特点的制约。

    A.会计方法　　　　B.会计程序　　　　C.会计主体　　　　D.会计对象

4.收付实现制基础是以收到或支付( )作为确认收入和费用的依据。

    A.权利　　　　　　B.责任　　　　　　C.现金　　　　　　D.成本

5.下列各项中,不属于会计核算方法的是( )。

    A.复式记账　　　　　　　　　　　B.财产清查

    C.填制和审核会计凭证　　　　　　D.编制财务预算

6.下列各项中,"银行存款缴纳税金"业务属于资金运动中( )。

    A.资金投入　　　　B.资金周转　　　　C.资金退出　　　　D.资金运用

二、多项选择题

1.会计假设有( )。

    A.会计主体　　　　B.会计分期　　　　C.持续经营　　　　D.货币计量

2.制造业企业的生产经营活动分为( )三个阶段。

    A.供应阶段　　　　B.储存阶段　　　　C.生产阶段　　　　D.销售阶段

3.以下关于事中监督描述正确的是( )。

    A.事中监督是指在日常会计工作中,对已发生的问题提出建议,促使有关部门和人

员采取改进措施

　　B.事中监督是对经济活动的日常监督和管理

　　C.事中监督是指以事先制定的目标,利用会计核算提供的资料,对已发生的经济活动进行的考核和评价

　　D.事中监督是对未来经济活动的指导

4.会计期间可以分为(　　　)。

　　A.月度　　　　　　B.季度　　　　　　C.半年度　　　　　　D.年度

5.下列项目中属于会计信息质量要求的是(　　　)。

　　A.可靠性　　　　B.相关性　　　　C.简化性　　　　D.可理解性

三、判断题

1.一般来说,法律主体往往是一个会计主体,而会计主体则不一定都是法律主体。
　　　　　　　　　　　　　　　　　　　　　　　　　　　　　　　　　　(　　)

2.会计核算提供的信息应当以实际发生的经济业务为依据,如实反映财务状况和经营成果,这符合会计信息质量要求的重要性原则。　　　　　　　　　　(　　)

3.持续经营假设是假设企业可以一直持续经营下去,在可预见的未来不会倒闭。
　　　　　　　　　　　　　　　　　　　　　　　　　　　　　　　　　　(　　)

4.会计的监督职能是会计人员在进行会计核算的同时,对特定会计主体经济活动的合法性、合理性进行审查。　　　　　　　　　　　　　　　　　　　　(　　)

5.资金的退出是指资金离开本企业,退出资金的循环与周转,主要包括偿还各项债务、上交各项税金以及向所有者分配利润等。　　　　　　　　　　　　(　　)

6.业务收支以外币为主的单位,也可以选择某种外币作为记账本位币,并按照记账本位币编制财务会计报告。　　　　　　　　　　　　　　　　　　　(　　)

职业能力提升

　　[目的]关于权责发生制和收付实现制的比较。

　　[资料]腾飞公司2021年10月发生以下经济业务:

　　(1)10月2日销售商品一批,10月7日收到货款50 000元,存入银行;

　　(2)10月4日销售商品一批,货款100 000元,将于11月7日收回;

　　(3)10月11日支付第四季度房屋租赁费60 000元;

　　(4)10月13日购买办公用品30 000元,全部交付使用,款项11月支付;

　　(5)10月15日支付本月的工资费用为200 000元;

　　(6)10月16日预收货款80 000元存入银行,11月份交付商品;

　　(7)10月16日收回上月货款88 000元,存入银行;

　　(8)10月16日以银行存款支付上季度经营性租入的设备租赁费52 000元。

　　[要求]在权责发生制和收付实现制的基础上分别计算腾飞公司10月份的收入和费用。

表1-1　腾飞公司2021年10月份的收入和费用

经济业务序号	权责发生制		收付实现制	
	收入	费用	收入	费用
(1)				
(2)				
(3)				
(4)				
(5)				
(6)				
(7)				
(8)				

课外项目

[**实训项目**] 认识企业业务流程

[**项目任务**] 利用课余时间到学校附近了解一家企业或一家小店的业务或工作内容，了解企业或小店的企业性质以及业务流程。

[**成果展示**] 每个学生调查完后绘制企业或小店的业务流程图，并分享给班里的其他同学，全班学生互评。

第二章 会计要素与会计等式

导入案例

大学生张乐毕业后打算在学校附近开一家打印社,总共需要投入资金150 000元。张乐自己拥有100 000元,因自有资金不足,又向银行贷款50 000元。资金筹集好后,张乐开始为打印社的开张做准备:首先花30 000元买了五台电脑,40 000元买了四台打印复印一体机;又购买各种纸张以及桌椅等其他用品花了20 000元,最后还剩下60 000元用于以后的经营活动支出。此外,张乐又雇用了一名工作人员,每月工资3 000元。开始营业后,打印社每天的营业收入大约为600元。

结合以上资料,请思考张乐打印社进行日常账务处理时需要对哪些项目进行核算?打印社的资金主要来源于哪里?资金又去了哪里?打印社资金的来源与去向有何关系?通过本章的学习,你将会找到这些问题的答案。

第一节 会计要素

一、会计要素的概念

会计对象是社会再生产过程中能够以货币表现的经济活动,也可简称为资金运动或价值运动。这一概念涉及的内容非常广泛且比较抽象,不便于进行会计核算。因此,为了更好地对不同经济业务实施会计核算,需要对会计对象做进一步的分类,划分后的类别就称为会计要素。简单来说,会计要素就是对会计对象按经济特征进行的基本分类,是会计对象的具体化。

我国《企业会计准则——基本准则》将会计要素按其性质不同,分为资产、负债、所有者权益、收入、费用和利润六大类。其中资产、负债和所有者权益三个要素能够反映企业的财务状况,是构成资产负债表的基本单位;而收入、费用和利润三个要素能够反映企业的经营成果,是构成利润表的基本单位。

企业的资金运动具有相对静止状态和显著运动状态。企业要进行生产经营活动,首先需要拥有可供利用的物质资源,这些物质资源具体表现为企业的资产。而企业的物质资源有着不同的取得来源,如果是向债权人借入的,则被称为负债;如果是投资者投入的,则被称为所有者权益。资产、负债和所有者权益就反映了某一时点上企业资金相对静止的状态,因而也将这三个要素称为静态的会计要素。此外,企业经过一段时间运营,资产将发生一定的耗费,会有经济利益流出企业,即表现为企业的费用,如支付广告费、设备维修费等;当企业将生产完工的产品销售出去以后,又会有一定的经济利益流入企业,则表现为企业的收入;收入和费用之间的差额就形成了企业的利润。这个过程是企业资金的运动状态,因而收入、费用和利润也被称为动态的会计要素。

实战演练

上了大学的你成为一个独立的个体,你的学杂费中可能有父母出的,也有贷款或向周围亲戚朋友借的。在学校生活,你会买一些生活、学习用品等,你可能为了减轻家里的经济负担而在外面勤工俭学,有一些收入。一学期结束,你有多少资产,还欠别人多少钱,自己有多少本钱?这反映了你的财务状况,在会计上用资产、负债和所有者权益来表示。一学期中你勤工俭学收入是多少,学习和生活的开支成本是多少?剩余多少?这体现了你的经营成果,在会计中用收入、费用和利润来反映。

假定你是一个会计主体,请在笔记本上记录下自己在上个月月初有多少资产?有多少负债?资产扣除负债之后的净资产有多少?上月的收入和支出大约各是多少?并将记录下的结果与班里的同学分享。

二、反映财务状况的会计要素

财务状况是指企业在某一时点上资产、负债和所有者权益的情况,是资金运动相对静态时的表现。资产、负债和所有者权益三个会计要素可以反映企业的财务状况,是资产负债表的构成要素,又称为资产负债表要素。

(一)资产

资产是指企业过去的交易或者事项形成的,由企业拥有或者控制的,预期会给企业带来经济利益的资源。资产是企业从事生产经营活动必须具备的物质资源,如银行存款、机器设备、原材料等都是企业的资产。除了具有实物形态的资产外,以债权形态出现的各种应收款项及以特殊权利形态出现的商标权、专利权等不具有实物形态的资产也都属于企业的资产。

1.资产的特征

从定义上来看,资产具有以下三方面的特征:

(1)资产是由企业过去的交易或者事项形成的。企业预期在未来发生的交易或事项不能形成资产,资产一定是企业过去已经发生的交易或事项所产生的结果,过去的交易或事项包括购买、生产、建造行为等。例如,公司预计明年要构建新的厂房,由于新厂房的建造行为尚未发生,不属于过去的交易或事项形成的,因此不能确认为企业的资产。这里的交易是指会计主体与外界一切单位或个人发生的往来,比如购买材料、销售产品、向银行借款、吸收投资等;事项是指会计主体内部各部门之间发生的资金活动,比如领用材料、计提固定资产折旧、分配水电费等。

(2)资产必须是由企业所拥有或者控制的。一项资源要作为企业的资产,应该由企业拥有或控制。对资源的拥有是指企业享有此项资源的所有权,通常表明企业能够排他性地从资产中获取经济利益。对资源的控制是指对于一些以特殊方式取得的资产,企业虽然不享有所有权,但能够被企业控制,则也应作为企业的资产进行确认,例如融资租入的固定资产,企业虽不具有对该项资产的所有权,但企业实质上享有了该项资产所带来的经济利益,拥有其控制权,根据实质重于形式的原则,企业应将其作为一项固定资产进行核算和管理。

拓展阅读

融资租赁和经营租赁

租赁按其性质和形式不同可分为融资租赁和经营租赁两种。融资租赁是指在实质上转移了与资产所有权有关的主要风险和报酬的一种租赁。经营租赁是指为满足承租人临时或季节性使用资产的需要而安排的"不完全支付"式租赁。

融资租赁与经营租赁相比,其特点和区别主要体现在:(1)租期较长(一般达到租赁资产使用年限);(2)租约一般不能取消;(3)支付的租金包括了设备的价款、租赁费和借款利息等;(4)租赁期满,承租人有优先选择廉价购买租赁资产的权利。也就是说,在融资租赁的方式下,与租赁资产有关的主要风险和报酬已由出租人转移给承租人。

(3)资产预期会给企业带来经济利益。这是资产最本质的特征,是指资产具有直接或间接导致现金和现金等价物流入企业的潜力。例如,一批损坏的且无价值的原材料,虽然在实物上仍然存在,但是它不能再用于生产产品,未来不能给企业带来经济利益,所以该批原材料不应再确认为企业的资产。

2.资产的确认条件

将一项资源确认为企业的资产,除了需要符合资产的定义与特征外,还应同时满足下列两个条件:

(1)与该资源有关的经济利益很可能流入企业。在现实生活中,由于经济环境瞬息万变,与资源有关的经济利益能否流入企业带有不确定性,如果与资源有关的经济利益很可能流入企业,就应当将其作为企业的资产予以确认,否则不能确认为企业的资产。

（2）该资源的成本或价值能够可靠计量。只有当有关资源的成本或价值能够可靠计量时，才能进一步进行记录和报告，也才能作为资产予以确认。例如，企业购置的厂房或机器设备等，只有实际发生的成本或生产成本能够可靠计量时，才符合资产的确认条件。

思考与讨论

根据本章导入案例的资料内容，请判断下列哪些项目是张乐打印社的资产？
①打印社计划在一个月后购买的电脑；②打印社租用的房屋；③已经购买的打印机；④雇用的工作人员；⑤已经损坏不能再使用只能扔掉的打印纸。

3.资产的分类

资产按其流动性不同，可以分为流动资产和非流动资产。这里的流动性主要是指资产变现或被耗用所需的时间或难易程度。

（1）流动资产，是指企业在1年以内（包括1年）或超过1年的一个正常营业周期内能够变现或被耗用的资产，主要包括货币资金、交易性金融资产、预付账款、应收账款、应收票据、应收利息、应收股利、存货等。

拓展阅读

企业的营业周期

营业周期通常是指企业从购买用于加工的资产起至实现现金或现金等价物流入所经历的时间。例如，一个制造业企业的营业周期通常包括购买材料、生产产品、销售商品、收回现金这段时间。正常的营业周期通常短于1年，在1年内有若干个营业周期。但是也存在营业周期超过1年的情况，如房地产开发企业建造的房屋、轮船制造业企业生产的大型船只等，这些产品的生产周期往往超过1年，但仍应将这些产品划分为企业的流动资产。当正常的营业周期不能确定时，应当以1年作为正常营业周期。

货币资金是指企业拥有的、以货币形式存在的资产，包括库存现金、银行存款和其他货币资金。其中，库存现金是指企业持有的现款，也称现金，库存现金主要用于支付日常发生的小额、零星的费用或支出；银行存款是指企业存入某一银行账户的款项，该银行称为企业的开户银行，企业的银行存款主要来自投资者投入的资本、负债融入的款项、销售商品的货款等；其他货币资金是指企业除现金、银行存款以外的其他各种货币资金，比如外埠存款、银行汇票存款、银行本票存款、信用卡存款、信用证保证金存款等。

交易性金融资产是指企业为了近期内出售而持有的金融资产，如企业以赚取差价为目的而购入的股票、债券、基金等。企业持有此类金融资产的主要目的是低买高卖，获取差价。

预付账款是指企业为了购买产品或服务等，按照合同的规定预先支付给供应单位的款项。预付账款之所以属于企业的资产，是因为在企业产生预付账款时，虽然款项已经支付，但是预收款方尚未提供产品，该款项的所有权仍属于预付款企业，因而将预付账款确认为企业的资产。

应收账款是指企业在正常的经营过程中因销售产品或提供劳务等应向购买单位收取而尚未收到的款项,是企业的一项债权资产。

应收票据是指企业因销售产品、提供劳务等而收到的商业汇票。

应收利息是指短期债券投资实际支付的价款中包含的已到付息期但尚未领取的债券利息。

应收股利是指企业应收取的现金股利和应收取其他单位分配的利润。

其他应收款是指企业除应收票据、应收账款、预付账款、应收股利和应收利息以外的其他各种应收及暂付款项,具体包括应收的各种赔款和罚款、应收的出租包装物租金、应向职工收取的各种垫付款项等。

存货是指企业在日常生产经营过程中持有的以备出售的产成品或商品、处在生产过程中的在产品、在生产过程或提供劳务过程中耗用的材料或物料等,主要包括各类材料、在产品、半成品、产成品或库存商品以及包装物、低值易耗品等。

(2)非流动资产是指企业不能在1年内或超过1年的一个正常营业周期内变现或被耗用的资产,主要包括长期股权投资、固定资产、无形资产等。

长期股权投资是指企业持有时间超过1年(不含1年)、不能变现或不准备随时变现的股票投资和其他投资。企业进行长期股权投资的主要目的是获得较为稳定的投资收益或者对被投资企业实施控制或影响。

固定资产是指企业为生产产品、提供劳务、出租或者经营管理而持有的,使用寿命超过1个会计年度的有形资产,包括房屋、建筑物、机器设备、运输设备以及工具器具等。

无形资产是指企业拥有或控制的没有实物形态的可辨认的非货币资产,主要包括专利权、非专利技术、商标权、著作权、土地使用权等。

课堂小测试2-1

1.(单选题)下列各项中,不符合资产定义及确认条件的是(　　)。

　A.库存的原材料　　　　　　　　B.销售商品,尚未收回的货款

　C.企业的商标权　　　　　　　　D.库存的霉烂变质的产品

2.(单选题)下列各项中,属于流动资产的是(　　)。

　A.预付账款　　　B.预收账款　　　C.短期借款　　　D.固定资产

(二)负债

负债是指企业过去的交易或事项形成的,预期会导致经济利益流出企业的现时义务。企业通常可以通过负债而取得扩大规模所需的资金,或以赊销的方式购买商品物资。因此,大多数企业都会存在负债,即使是非常成功的企业。

1.负债的特征

从定义上来看,负债具有以下三个特征:

(1)负债是由企业过去的交易或者事项形成的。企业在未来发生的承诺、签订的合同

等交易或事项,不形成负债。例如,企业计划下年向银行借款100万元,由于借款行为尚未发生,故而这100万元不能确认为企业的负债。

(2)负债是企业承担的现时义务。现时义务是指企业在现行条件下已承担的义务。例如,企业购入原材料款项未付,则在现行条件下承担了需要向卖方支付货款的义务;如果货款已经支付,则企业不再承担付款的现时义务,也就不再确认为企业的负债。

(3)负债预期会导致经济利益流出企业。无论负债以何种形式出现,企业必须在未来某一时日,通过交付资产或提供劳务等方式加以清偿,履行清偿义务则会导致经济利益流出企业。例如,企业用银行存款偿还所欠的购货款、用现金支付欠职工的工资等,负债的减少会导致经济利益流出企业。

2.负债的确认条件

将一项现时义务确认为企业的负债,除了需要符合负债的定义和特征外,还需要同时满足以下两个条件:

(1)与该义务有关的经济利益很可能流出企业。如果有确凿的证据表明,与现时义务有关的经济利益很可能流出企业,就应将其作为负债予以确认;如果导致经济利益流出企业的可能性已经不存在,就不应将其作为负债来确认。例如,债权人将企业所欠的一笔债务转为对企业的投资,与该笔债务有关的经济利益就不会流出企业,就不能将其继续确认为企业的负债。

(2)未来流出的经济利益的金额能够可靠计量。负债的确认在考虑经济利益流出的同时,对于未来流出的经济利益的金额应当能够可靠计量。

> **思考与讨论**
>
> 根据本章导入案例的资料内容,请判断下列哪些项目是张乐打印社的负债?
> ①已买到的电脑和打印机;②向银行借入的3年期借款50 000元;③打印社打算2个月后再借入30 000元;④尚未收回的打印费;⑤打印社拖欠的职工工资。

3.负债的分类

负债按其流动性分为流动负债和非流动负债。这里的流动性主要是指偿还负债所需的时间或难易程度。

(1)流动负债,是指预计在1年(含1年)或者超过1年的一个营业周期内偿还的债务,主要包括短期借款、预收账款、应付账款、应付票据、应付职工薪酬、应交税费、应付利息、应付股利、其他应付款等。

短期借款是指企业向银行或其他金融机构借入的期限在1年以内的各种借款。

预收账款是指企业由于销售商品等根据有关约定预先向购买方收取的款项。与预付账款相对应,预收账款之所以是企业的负债,是因为企业在向对方收款后应承担向预付款方提供产品的义务,在没有履行义务之前,该款项的所有权仍属于预付款企业,虽然预收企业已经实际收到款项,但只能将其确认为企业的一项债务。

应付账款是指企业因购买材料、商品或接受劳务等而应该支付给供应单位的款项。

应付票据是指企业因购买材料、商品或接受劳务等而开给收款人或持票人特定金额和期限的商业汇票。

应付职工薪酬是指企业根据有关规定应该支付给职工的各种薪酬。员工每工作一天,企业就欠员工一天薪酬。薪酬费用一般按月计算,且大多数企业都是在次月支付上月的工资。因此,在企业实际发放工资之前,就会形成一项流动负债。

应交税费是指企业按照税法等规定计算出的应该向国家缴纳而尚未缴纳的各种税费,如应交增值税、应交所得税等。

应付利息是指企业按照合同约定应该支付而尚未支付的利息。

应付股利是指企业应该支付给投资者的现金股利或利润,主要包括应付给国家、其他单位以及个人的投资股利或利润。

其他应付款是指企业除应付票据、应付账款、应付工资、应付利润等以外的应付、暂收其他单位或个人的款项,如应付租入固定资产和包装物的租金、职工未按期领取的工资等。

(2)非流动负债是指偿还期在1年或超过1年的一个营业周期以上的债务,主要包括长期借款、应付债券、长期应付款等。

长期借款是指企业从银行或其他金融机构借入的期限在1年以上的各种借款,主要用于长期工程建设、研究开发等。

应付债券是指企业采用发行长期债权方式筹集资金时,按规定应支付给购买者的本金和利息而形成的负债。

长期应付款是指除长期借款和应付债券以外的其他长期应付款项,主要包括应付引进设备款、融资租入固定资产应付款等。

课堂小测试2-2

1.(多选题)下列各项中,关于负债说法正确的是(　　　)。

A.偿还负债会导致经济利益流出企业　　B.未来筹划的交易事项,也会产生负债

C.流动负债的偿还期在1年以上　　　　D.长期借款属于非流动负债

2.(多选题)下列各项中,属于流动负债的是(　　　)。

A.应付账款　　　　B.应付债券　　　　C.应付票据　　　　D.应付利息

(三)所有者权益

所有者权益是指企业资产扣除负债后由所有者享有的剩余权益,即企业投资者对企业净资产的所有权,在数值上等于企业全部资产减去全部负债后的余额。例如,若有一个企业的资产总额是200万元,负债总额是80万元,则该企业的所有者权益为120万元。公司制企业的所有者权益又称为股东权益。

1.所有者权益的特点

企业资产形成的资金一般来源于所有者和债权人,所有者对企业资产的要求权形成所有者权益,债权人对企业资产的要求权形成负债。所有者权益相对于负债而言,具有以

下特点：

（1）所有者权益一般不需要偿还。由于所有者权益是企业投资人承担的经济责任，因此除非发生减资、清算或分派现金股利，一般情况下企业不需要归还给投资者，而负债则需要定期偿还。

（2）所有者无优先清偿权。企业在破产清算时，只有在清偿了所有的负债之后，所有者权益才能返还给投资者。

（3）所有者权益有参与企业利润分配的权利。所有者凭借所有者权益能够分享企业的利润，而负债则不能参与利润分配。

2. 所有者权益的来源构成

所有者权益的来源主要包括所有者投入的资本、其他综合收益、留存收益等。其中，所有者投入的资本是指所有者投入到企业的资本部分，包括实收资本（股本）和资本公积；留存收益是指企业历年实现的利润中提取或形成的留存于企业的内部积累，包括盈余公积和未分配利润。具体内容如下：

（1）实收资本（或股本），是指企业按照章程规定或合同、协议约定，接受投资者投入企业的资本。在股份有限公司中，实收资本表现为实际发行股票的面值，也称为股本。因此，股本和实收资本本质上一样，只是二者使用的范围不同，股本用于股份制公司，而实收资本用于有限责任公司。实收资本的构成比例或股东的股份比例，是确定所有者在企业所有者权益中份额的基础，也是企业进行利润或股利分配的主要依据。

（2）资本公积，是企业收到投资者出资额超过其在注册资本（或股本）中所占份额的部分以及其他资本公积等，是企业所有者权益的重要组成部分。资本公积本质上讲属于投入资本的范畴，但是由于我国采用注册资本制度，要求企业的实收资本与其注册资本相一致，因此将投资者投入的超过注册资本的部分记入资本公积。

资本公积主要包括资本溢价（股本溢价）和其他资本公积等。资本溢价是指有限责任公司投资者交付的出资额大于按合同、协议所规定的出资比例计算的部分。股本溢价是指超过股本面值的投入资本。例如，股票面值为10元，发行价格为每股12元，其中10元则计入股本，超过股本的部分2元则计入股本溢价。资本公积归所有者享有，属于公积金性质的资本，可以按照法定程序转增为实收资本或股本。

（3）其他综合收益，是指企业根据会计准则规定未在当期损益中确认的各项利得和损失。

📚 **拓展阅读**

企业的利得和损失

企业的利得和损失分为两种：一种是直接计入所有者权益的利得和损失，另一种是直接计入当期利润的利得和损失。利得或损失具体会涉及非常多的业务，如盘盈利得、捐赠利得、盘亏损失、公益性捐赠支出等，这些属于企业营业之外且与所有者投入资本或者向所有者分配利润无关的利得和损失，一般用"营业外收入""营业外支出"科目来核算，可以计入当期损益。还有一类利得或损失，不能直接计入当期损益，比如长期持有股票的公允价值变动,如果立即确认损益的话,就会导致利润的"虚增"或"虚减",毕竟没有实际的现金流入或流出,只是资本市场上的价格波动而已。但是这样的价格波动,给外界的感觉是"赚到钱了"。比如公司持有的股票,买入价是100元,现在的市价是150元。看起来公司赚了50元,实际上这些钱并没有到账,只有等公司实际出售这只股票时,把这50元钱赚到手了,那才是真正的收入。这类利得和损失,计入"其他综合收益"。

(4)盈余公积,是指企业按照有关规定从净利润中提取的公积金,包括法定盈余公积金和任意盈余公积金。法定盈余公积是指企业按照《公司法》规定的比例从净利润中提取的盈余公积金;任意盈余公积是指企业按照股东会或股东大会决议提取的盈余公积。企业提取的盈余公积经批准后可用于弥补亏损、转增资本或发放现金股利或利润等。

(5)未分配利润,是指企业实现的净利润经过弥补亏损、提取盈余公积和向投资者分配利润后留存在企业的历年结存的利润,尚未指定用途,可以在以后年度向投资者进行分配。

3.所有者权益的确认条件

所有者权益体现的是所有者在企业的剩余权益,因此所有者权益的确认和计量主要取决于资产和负债的确认和计量。例如,企业接受投资投入的一台机器设备,在该设备符合企业资产确认条件时,也相应地符合了所有者权益的确认条件。当该设备的价值能够可靠计量时,所有者权益的金额也就能够得以确定。

三、反映经营成果的会计要素

经营成果是企业在一定会计期间从事生产经营活动所取得的最终成果,是资金运动的动态表现。收入、费用和利润三个会计要素反映企业的经营成果,它们是利润表的构成要素。

(一)收入

收入是指企业在日常活动中形成的、会导致所有者权益增加的、与所有者投入资本无关的经济利益的总流入。对于企业来说,收入是补偿费用、取得盈利的源泉,是企业经营活动取得的经营成果。

1.收入的特征

(1)收入是企业在日常活动中形成的。日常活动是指企业为了完成其经营目标而从事的经常性活动以及与之相关的其他活动。例如,制造业企业制造并销售产品、服务性企业提供服务等均属于企业的日常经营活动。在日常活动中取得的经济利益的流入,属于企业的收入。有些经营活动也能为企业带来经济利益,但是并不是从企业的日常活动中产生的,而是由非日常活动引起的,比如罚款收入、捐赠利得等,就不属于企业的收入,而称为利得。

(2)收入会导致企业所有者权益的增加。收入的增加必然会导致资产的增加或负债的减少,或者二者兼而有之。例如,企业销售商品收到银行存款,在销售收入发生的同时企业的资产增加;如果以商品或劳务抵偿债务,则表现为负债的减少。资产的增加或负债的减少最终导致所有者权益的增加。

(3)收入是与所有者投入资本无关的经济利益总流入。收入是企业经营现有资产的所得,而并非所有者投入资本带来的经济利益的流入。所有者向企业投入资本虽然也可以导致所有者权益的增加,但它不是企业日常经营的成果,因此不能作为收入核算。

2.收入的确认条件

企业收入的来源渠道多种多样,不同收入来源的特征虽然有所不同,但其收入确认条件却是相同的。当企业与客户之间的合同同时满足以下条件时,企业应当在客户取得相关商品控制权时确认收入:

(1)合同各方已批准该合同并承诺将履行各自义务;

(2)该合同明确了合同各方与所转让商品或提供劳务相关的权利和义务;

(3)该合同有明确的与所转让商品或提供劳务相关的支付条款;

(4)该合同具有商业实质,即履行该合同将改变企业未来现金流量的风险、时间分布或金额;

(5)企业因向客户转让商品或提供劳务而有权取得的对价很可能收回。

📖 思考与讨论

根据本章导入案例的资料内容,请判断下列哪些项目是张乐打印社的收入?

①打印社与他人发生纠纷获得赔偿5 000元;②打印社当月打印资料获得收入15 000元;③支付给雇员工资3 000元;④卖给其他打印店部分A4打印纸获得500元;⑤收到朋友的投资款50 000元。

3.收入的分类

(1)按照经营活动的主次不同,收入可分为主营业务收入和其他业务收入。

主营业务收入是指企业为完成其经营目标而从事主要经营活动所取得的收入,例如制造业企业销售产品的收入、汽车修理厂提供修理劳务取得的收入等;其他业务收入是指企业除主营业务以外从事其他业务活动所取得的收入,例如销售材料、出租资产等取得的收入。

(2)按照经营活动的性质不同,收入可分为销售商品收入、提供劳务收入和让渡资产使用权收入。

销售商品收入是指企业销售所生产的商品取得的收入;提供劳务收入是指企业通过提供运输、服务等劳务方式取得的收入;让渡资产使用权收入是企业通过提供本企业的资产供他人使用而取得的收入,例如借款利息收入、出租固定资产或无形资产取得的收入。

✏ 课堂小测试2-3

1.(多选题)企业收入的发生可能会引起(　　　)。

A.负债减少　　　　B.资产减少　　　　C.资产增加　　　　D.所有者权益增加

2.(多选题)下列各项中属于其他业务收入的是(　　　)。

A.出售商品的收入　　　　　　B.出售原材料的收入

C.出租固定资产的收入　　　　D.罚款收入

(二)费用

费用是企业在日常活动中发生的、会导致所有者权益减少的、与向所有者分配利润无关的经济利益的总流出。费用和收入是相对应的概念,是企业为了取得收入而付出的代价,是企业经营现有资产的耗费。

1.费用的特征

(1)费用是企业日常活动中发生的。这里日常活动的界定与收入中有关日常活动的界定是一致的,日常活动形成的经济利益的流出才能称为费用,如支付给职工的薪酬、计提的折旧费用、利息支出等。对于非日常活动中产生的经济利益总流出不能确认为费用,而是属于企业的损失,损失是企业无法控制的事项所产生的,如罚款支出、非常损失等。

(2)费用会导致所有者权益减少。费用的发生表现为资产的减少、负债的增加或二者兼有之。例如,企业用现金购买办公用品,费用发生的同时减少了资产;再比如企业当期发生借款利息但尚未支付,费用发生的同时也增加了负债。由于费用的发生会导致利润的减少,不论表现为资产减少还是负债增加,最终都会导致所有者权益的减少。

(3)费用是与向所有者分配利润无关的经济利益的总流出。企业向所有者分配股利或利润也会导致经济利益流出企业,但是此类经济利益的流出属于给予投资者的投资回报,是所有者权益的减少,并不是发生了费用。因此向所有者分配利润,尽管企业的资产也减少了,但是这种减少不是企业的日常经营活动所产生的,因而不能确认为费用。

2.费用的确认条件

将一些经济利益流出确认为企业的费用,除了应当符合费用的定义外,还应该同时满足下列三个条件:

(1)与费用相关的经济利益很可能流出企业;

(2)经济利益流出企业的结果会导致资产的减少或者负债的增加;

(3)经济利益的流出数额能够可靠计量。

思考与讨论

根据本章导入案例的资料内容,请判断下列哪些项目是张乐打印社的费用。

①发生火灾打印社损失10 000元;②每月需交纳的各种税费500元;③支付给雇员的工资3 000元;④年末向朋友分配利润10 000元;⑤向银行清偿借款30 000元。

3.费用的分类

制造业企业日常活动中发生的费用,按其与成本的关系可划分为生产费用和期间费用。

(1)生产费用。生产费用是指为生产产品、提供劳务等发生的费用,应计入产品成本、劳务成本,一般包括直接材料、直接人工和制造费用。

直接材料是指企业生产产品和提供劳务的过程中所消耗的、直接用于产品生产、构成产品实体的各种材料及主要材料、外购半成品以及有助于产品形成的辅助材料等。

直接人工是指企业在生产产品和提供劳务过程中,直接从事产品生产的工人工资、津贴、补贴和福利费以及社保等。

制造费用是指企业为生产产品和提供劳务而发生的各项间接费用,包括企业生产部门(如生产车间)发生的水电费、固定资产折旧、管理人员的职工薪酬、劳动保护费、国家规定的有关环保费用、季节性和修理期间的停工损失等。

(2)期间费用。期间费用是指不应计入成本而直接计入当期损益的费用,包括销售费用、管理费用和财务费用。

销售费用是指企业销售商品和材料、提供劳务的过程中发生的各种费用,主要包括企业在销售商品过程中发生的保险费、包装费、展览费、广告费、运输费、装卸费以及为销售本企业商品而专设的销售机构(含销售网点,售后服务网点等)的职工薪酬、业务费、折旧费等各种经营费用。

管理费用是指企业行政管理部门为组织和管理生产经营活动而发生的各项费用,主要包括企业董事会和行政管理部门发生的职工薪酬、办公费、差旅费、咨询费、业务招待费等。

财务费用是指企业为筹集生产经营所需资金等而发生的费用,包括利息净支出、汇兑净损失、金融机构相关的手续费等。

费用的内容和分类如图2-1所示。

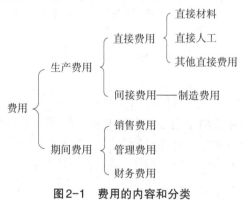

图2-1　费用的内容和分类

课堂小测试2-4

1.(单选题)给银行支付的借款利息属于(　　　)。

　A.制造费用　　　　B.财务费用　　　　C.管理费用　　　　D.销售费用

2.(多选题)下列各项中属于期间费用的是(　　　)。

　A.制造费用　　　　B.财务费用　　　　C.管理费用　　　　D.销售费用

(三)利润

利润是指企业在一定会计期间的经营成果,它包括在一定会计期间内实现的收入减去费用后的净额、直接计入当期利润的利得和损失等。利润反映的是企业经营业绩情况,是业绩考核的重要指标,也是投资人、债权人做出决策的重要参考指标。

1.利润的特征

(1)利润是企业一定会计期间的经营成果。经营成果是指企业在一定期间获得的利润或者发生的亏损。在该期间内,如果收入大于费用,企业的经营成果就是利润;反之,则为亏损。

(2)利润包括直接计入当期利润的利得和损失等。企业的利润主要来自其日常经营活动,但是企业日常经营活动之外的一些事项对企业利润也有一定的影响。按照相关规定,企业的利得和损失也应该直接计入相应会计期间的利润。

2.利润的组成内容

利润是一个综合性指标,包括营业利润、利润总额和净利润。

(1)营业利润,包括企业日常经营活动产生的和投资活动产生的投资收益。其中,营业收入是指企业经营业务所确认的收入总额,包括主营业务收入和其他业务收入;营业成本是指企业经营业务所发生的实际成本总额,包括主营业务成本和其他业务成本。营业利润的计算公式具体如下:

营业利润=营业收入-营业成本-税金及附加-销售费用-管理费用-财务费用-信用减值损失-资产减值损失+公允价值变动收益(-公允价值变动损失)+投资收益(-投资损失)+其他收益+资产处置收益(-资产处置损失)

(2)利润总额是指营业利润加上营业外收入,减去营业外支出后的金额。营业外收入是指企业发生的与其日常活动无直接关系的各项利得;营业外支出是指企业发生的与其日常活动无直接关系的各项损失。

利润总额=营业利润+营业外收入-营业外支出

(3)净利润是指利润总额减去所得税费用后的金额。其中,所得税费用是指企业确认的应从当期利润总额中扣除的所得税。

净利润=利润总额-所得税费用

营业利润、利润总额和净利润三个指标层层递进,也体现了利润形成的具体计算过程。

3.利润的确认条件

利润反映的是企业一定会计期间的收入减去费用后的净额,再加上当期利得减去当期损失的最终结果。利润的确认主要依赖于收入、费用以及利得、损失的确认,其金额的确定也主要取决于收入、费用、利得和损失金额的计量。

会计小故事

生活中的会计

会计赵强最近终于要将谈了三年恋爱的晓丽娶回家了,他多年的积蓄20万元就成了家庭所有者权益中的"实收资本",晓丽也贡献了5万元。结婚时,朋友们随礼收到8万元,赵强将这笔钱列为"其他应付款",以后是要礼尚往来的。双方父母总共支持了15万元，赵强判定这笔钱不属于负债，由两人共同拥有，因此就将它列入了"资本公积"中。

结婚后的一个月，赵强和晓丽坐在一起总结家庭开支情况。俩人月工资总额是15 000元，列入"主营业务收入"，赵强同时在一家公司兼职财务顾问收入6 000元，列入"其他业务收入"，一个月花掉水电费500元，电视、电话费、上网费800元，油米酱醋茶2 200元，招待朋友费1 000元，其他杂费500元，支出总计5 000元（费用），本月最后还剩余16 000元（利润）。小两口越算越开心，生活就是要共同努力才能幸福如花一样！

四、会计要素的计量

会计要素计量简称会计计量，是为了将符合确认条件的会计要素登记入账并列报于财务报表而确定其金额的过程。企业应当按照规定的会计要素属性进行计量，并确定相关的金额。会计计量属性主要包括历史成本、重置成本、可变现净值、现值和公允价值。

思考与讨论

小明一年前购买了一部手机花了3 000元；若现在在市场上购买型号、新旧程度等条件与小明手机相同的手机价格是1 800元；如果现在马上卖掉手机，则可以卖得1 600元。现在小明打算做账核算自己所拥有的资产价值，那么你认为他的手机入账的金额应该是多少？

（一）历史成本

历史成本又称为实际成本，是指取得或制造某项财产物资时所实际支付的现金或现金等价物。采用历史成本计量时，资产按照其购置时支付的现金或现金等价物的金额，或者按照购置资产时所付出的代价的公允价值计量。负债则按照因承担现时义务而实际收到的款项或者资产的金额，或者承担现时义务的合同金额，或者按照日常活动中为偿还负债预期需要支付的现金或者现金等价物的金额计量。例如，企业在3年前，以银行存款100万元购进一台设备，则该机器设备的历史成本就是100万元。

（二）重置成本

重置成本又称为现行成本，是指按照当期市场条件，重新取得同样一项资产所需要支付的现金或者现金等价物金额。在重置成本计量下，资产按照现在购买相同或者相似资产所需支付的现金或者现金等价物的金额计量。负债按照现在偿付该项负债所需支付的现金或者现金等价物的金额计量。比如，盘盈一台八成新的设备，该设备当前的市场价为10万元，则盘盈的这台设备的重置成本就是 $10 \times 80\% = 8$ 万元。

（三）可变现净值

可变现净值是指在生产经营过程中，以预计售价减去进一步加工成本和销售所必需的预计税金、费用后的净值。采用可变现净值计量时，资产按照其正常对外销售所能收到现金或者现金等价物的金额，扣减该资产至完工时估计将要发生的成本、估计的销售费用及其相关税费后的金额计量。例如，一批库存商品采购时的成本是50万元，预计下月末的市场售价为45万元,估计销售该批商品需要2万元的销售费用,则该批商品的可变现净值为45 – 2 = 43万元。

(四)现值

现值是指对未来现金流量以恰当的折现率进行折现后的价值。在现值计量下,资产按照预计从其持续使用和最终处置中所产生的未来净现金流入量的折现金额计量。负债按照预计期限内需要偿还的未来净现金流量的折现金额计量。

(五)公允价值

公允价值是指资产和负债按照在公平交易中,熟悉市场情况的交易双方自愿进行资产交换或者债务清偿所支付的价格。比如,企业因经营需要准备购买一台旧的生产设备,企业的目标价位是8万元,卖方的目标价位是8.5万元,最后双方以8.3万元成交,那么这台生产设备的公允价值就是8.3万元。

表2-1 会计计量属性

计量属性	对资产的计量	对负债的计量
历史成本	按购置时的金额	按承担现时义务时的金额
重置成本	按现在购买的金额	按现在偿还的金额
可变现净值	按现在出售可获得的现金净额	—
现值	按将来的金额折现	
公允价值	按交易双方自愿进行交易的金额	按交易双方自愿进行债务清偿的金额

我国《企业会计准则——基本准则》规定:企业对会计要素进行计量时,一般应当采用历史成本计量,采用重置成本、可变现净值、现值和公允价值计量的,应当保证所确定的会计要素金额能够取得并可靠计量。

第二节 会计等式

各个会计要素之间并不是各自孤立、单独存在的,它们之间存在着一定数量上的关系,这种关系不仅体现在交易或事项发生时会导致相关要素之间产生此增彼减或同增同减等变化,而且体现在它们在某一时点或一定会计期间在金额上的数量关系。

思考与讨论

请结合本章导入案例资料,思考张乐打印社的资金来源于哪里?资金又去了哪里?打印社的资金来源与去向从数量上看有何关系?

一、会计等式的表现形式

会计等式又称为会计恒等式或会计平衡公式,是表明各会计要素之间基本关系的等式。会计等式包括三种:财务状况等式、经营成果等式和综合会计等式。

（一）财务状况等式

财务状况等式,又称为基本会计等式或静态会计等式,反映企业某一特定时点资产、负债和所有者权益三者之间的平衡关系。

企业要进行正常的生产经营活动,必须要拥有或控制一定数量和质量的资产。企业资产最初的来源有两个途径:一是由企业的所有者提供;二是企业向债权人借入。所有者和债权人将其拥有的资产提供给企业使用,因此他们对企业的资产就享有一定的要求权,在会计上把债权人或所有者对企业资产的要求权统称为"权益"。其中,属于债权人的权益称为"负债",属于所有者的权益称为"所有者权益"。由此可见,资产和权益是企业经济资源的两个不同方面:资产表明企业拥有什么经济资源和拥有多少经济资源;权益表明企业经济资源的来源渠道,即谁提供了这些经济资源。也就是说,一定数额的资产必然对应相同数额的权益,而一定数额的权益也必然对应着相同数额的资产。

例如,导入案例中张乐打印社的资金主要来源于张乐自己投入和向朋友借入,总共150 000元,自己投入的100 000元属于所有者权益,向朋友借入的50 000元属于负债。这些资金最后都变为打印社的资产,包括电脑、打印机、银行存款等共150 000元,打印社的资金来源和去向在数量上是相等的。因此,资产和权益之间在数量上存在恒等关系,即:

$$资产=权益$$

由于权益由债权人的要求权"负债"和所有者的要求权"所有者权益"两部分构成,因此上述等式又可以表示为:

$$资产=负债+所有者权益$$

这一等式反映了企业在某一特定时点资产、负债和所有者权益三者之间的平衡关系,因此将该等式称为财务状况等式。它不仅说明了企业全部资产和权益在总量上相等的数量关系,而且也揭示了其中包含的经济关系。这一会计等式是复式记账法的理论基础,也是编制资产负债表的依据。

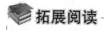拓展阅读

"资产-所有者权益=负债"吗?

"资产=负债+所有者权益"这一反映财务状况的会计等式,除了体现一种数量关系以外,还体现一种产权关系,即"资产-负债=所有者权益",这一等式表明债权人的利益优先得到保护,所有者权益是企业全部资产抵减全部负债后的剩余部分。因此,所有者权益也被称为"剩余权益",这一术语形象、贴切地说明了企业所有者对企业所享有的权益和风险:当企业经营成功,不断实现利润时,剩余权益就越来越大;反之,如果企业经营失败,不断出现亏损,剩余权益就会越来越小;当企业资不抵债时,剩余权益就为零或负数。因此,从数量关系上看,"资产-所有者权益=负债"是成立的,但是从经济关系的角度来看,该等式则是错误的,它违背了"负债的求偿能力高于所有者权益"的经济常识。

（二）经营成果等式

经营成果等式，又称为动态会计等式，反映企业在一定时期收入、费用和利润三者之间的等量关系。

企业成立以后，其资产肯定不会闲置，会将资产投入生产经营当中，使其不断的改变自身形态，为企业带来经济利益。企业在生产经营活动中，一方面通过销售商品或提供劳务，取得收入；另一方面也会相应地消耗各种资产，发生费用。收入和费用之间的差额就形成了企业在一定会计期间的利润。在不考虑利得和损失的情况下，收入、费用和利润之间的关系可以用公式表示为：

$$利润=收入-费用$$

这一会计等式反映了资金在动态运动下，收入、费用和利润之间的关系，即反映企业在某一会计期间内的经营成果，是编制利润表的理论依据。企业在一定会计期间取得的收入扣除发生的各项费用后的余额，表现为利润或亏损。利润是收入与费用进行配比后的结果，收入大于费用的差额为企业实现的利润；反之为亏损。利润随收入的增减发生同向变化，随费用的增减发生反向变化。

（三）综合会计等式

综合会计等式也称为扩展的会计等式，反映企业一定时期资产、负债、所有者权益、收入、费用和利润六个要素平衡关系的会计等式。

随着经营活动的开展，企业会获得利润，增加资产。此外，从产权关系上分析，企业的利润最终将归属于企业的所有者，即企业取得的利润会增加所有者权益和资产，如果发生亏损则会减少所有者权益和资产。因此，六项会计要素之间是有关联关系的，其关系用公式表示为：

$$资产=负债+所有者权益+利润$$
$$资产=负债+所有者权益+（收入-费用）$$

为了更清晰地体现该等式中会计要素之间的依存关系，可以将等式中的"费用"移到左边，就形成了下列等量关系：

$$资产+费用=负债+所有者权益+收入$$

该等式反映的是企业资金两个不同侧面的扩展。会计等式左边的"费用"是资产被消耗后的一种形态，可以看成是资产的一种特殊存在形态；右边的"收入"可以看成是一种新的资金来源渠道，即企业通过完成经营活动而获得的资金。

这一综合的会计等式把企业的财务状况和经营成果的内在联系直接表示出来，说明了经营成果对资产和所有者权益的影响。在会计期末，将收入与费用相减得出企业的利润或亏损后，企业会按规定的程序将实现的利润分配给投资者或者留存到企业，此时综合会计等式又可还原为"资产=负债+所有者权益"。所以不管会计六大要素如何转变，最终都要回归到"资产=负债+所有者权益"，因此也将"资产=负债+所有者权益"这一等式称为会计恒等式。

二、经济业务对会计等式的影响

企业在日常的生产经营过程中,会发生各种各样的经济业务,经济业务是指在企业生产经营过程中发生的、能够使会计要素增减变化的交易或事项。经济业务的发生是否会破坏会计等式"资产=权益"的平衡关系呢?

思考与讨论

本章导入案例中,张乐打印社期初有资产 150 000 元,负债 50 000 元,所有者权益 100 000 元。后来,打印社越做越好,张乐想扩大经营规模,可是资金不够,于是他又向母亲借了 50 000 元。向母亲借钱之后,张乐又购买了部分打印器材,花费 20 000 元,剩下的钱存入了银行。

请问以上两项经济业务的发生分别会导致张乐打印社的哪些会计要素发生变化?会计恒等关系是否被破坏?

企业在生产经营过程中发生大量的经济业务会引起会计要素发生增减变动,从而可能导致资产和权益总额发生增减变化,但是都不会破坏"资产=权益",即"资产=负债+所有者权益"的恒等关系。企业发生的经济业务对会计恒等式的影响有四种情况:

(1)经济业务的发生引起会计等式左右两边等额增加,即资产增加,负债和所有者权益同时等额增加,会计恒等式保持平衡。

(2)经济业务的发生引起会计等式左右两边等额减少,即资产减少,负债和所有者权益同时等额减少,会计恒等式保持平衡。

(3)经济业务的发生引起会计等式左边各项目之间发生增减变化,增减额相等,等式左右两边的金额不变,即资产类项目一个增加一个减少,会计恒等式保持平衡。

(4)经济业务的发生引起会计等式右边各项目之间发生增减变化,增减额相等,等式左右两边的金额不变,即负债类项目之间、所有者权益项目之间或者负债类项目和所有者权益类项目之间此增彼减,会计恒等式保持平衡。

企业的经济业务尽管种类繁多、千变万化、内容不一,但从它们的发生引起资产、负债和所有者权益的变化,又可将以上四种情况细分为九小类:

(1)资产和负债要素同时等额增加;

(2)资产和负债要素同时等额减少;

(3)资产和所有者权益要素同时等额增加;

(4)资产和所有者权益要素同时等额减少;

(5)负债和所有者权益要素不变,资产要素内部一增一减;

(6)资产和所有者权益要素不变,负债要素内部一增一减;

(7)资产和负债要素不变,所有者权益要素内部一增一减;

(8)资产要素不变,一项负债增加,一项所有者权益减少;

(9)资产要素不变,一项负债减少,一项所有者权益增加。

上述九类基本经济业务的发生均不会影响会计登记的平衡关系,为了方便记忆,以上的经济业务也可用会计恒等式表示,见表2-2。

表2-2 企业经济业务对会计等式的影响

经济业务	资产=负债+所有者权益			资产与权益总额
	资产	负债	所有者权益	
1	+	+		增加
2	-	-		减少
3	+		+	增加
4	-		-	减少
5	+-			不变
6		+-		不变
7			+-	不变
8		+	-	不变
9		-	+	不变

【例2-1】万邦公司2021年12月初有关资产、负债和所有者权益的简要情况见表2-3,该公司12月份发生下列经济业务,请分析每项经济业务的发生对哪些会计要素有影响?

表2-3 万邦公司2021年12月相关账户期初余额

资产	金额	负债及所有者权益	金额
库存现金	5 000	短期借款	60 000
银行存款	120 000	应付账款	40 000
原材料	55 000	长期借款	100 000
库存商品	100 000	实收资本	400 000
固定资产	420 000	资本公积	100 000
总计	700 000	总计	700 000

从上表可以看出,万邦公司12月初所拥有的资产总额为700 000元,负债和所有者权益总额为700 000元,此时资产总额和权益总额双方相等。

①购入材料12 000元货款尚未支付,材料已入库。

分析:该项经济业务的发生会使资产"原材料"增加12 000元,负债"应付账款"也增加12 000元,即资产和负债总额同时增加12 000元,会计等式平衡关系保持不变。

②以银行存款偿还所欠的短期借款60 000元。

分析:该项经济业务的发生使资产"银行存款"减少60 000元,同时使负债"短期借款"也减少60 000元,即资产和负债总额同时减少,会计等式平衡关系保持不变。

③收到投资人投入货币资金1 000 000元,存入银行。

分析:该项经济业务的发生使资产"银行存款"增加1 000 000元,同时所有者权益"实收资本"增加1 000 000元,即资产和所有者权益总额同时增加,会计等式平衡关系保持不变。

④按法定程序减少注册资本100 000元,用银行存款退还投资者的投资。

分析:该项经济业务使资产"银行存款"减少100 000元,同时所有者权益"实收资本"减少100 000元,即资产和所有者权益总额同时减少,会计等式平衡关系保持不变。

⑤购入一台机器设备价值80 000元,用银行存款支付。

分析:该项经济业务使资产"固定资产"增加80 000元,同时资产"银行存款"减少80 000元,即资产内部一增一减,资产总额不变,会计恒等关系保持平衡。

⑥向银行借入短期借款60 000元,直接用于偿还所欠的购货款。

分析:该项经济业务使负债"短期借款"增加60 000元,同时负债"应付账款"减少60 000元,即负债内部一增一减,负债总额不变,会计恒等关系是平衡的。

⑦经批准,用资本公积50 000元转增为实收资本。

分析:该项经济业务使所有者权益"实收资本"增加50 000元,同时使所有者权益"资本公积"减少50 000元,即所有者权益内部一增一减,所有者权益总额不变,会计恒等关系不变。

⑧向投资人宣告分配现金股利80 000元。

分析:该项经济业务使负债"应付股利"增加80 000元,同时所有者权益"未分配利润"减少80 000元,即负债和所有者权益一增一减,会计恒等式保持平衡。

⑨经与银行协商,将所欠银行的100 000元长期借款转为银行对甲公司的投资。

分析:该项这项经济业务使负债"长期借款"减少100 000元,同时使所有者权益"实收资本"增加100 000元,即负债和所有者权益一减一增,会计恒等式关系保持不变。

将上面发生的九项经济业务对会计要素和会计等式的影响情况汇总见表2-4。

表2-4 企业经济业务对会计等式的影响

经济业务	资产=负债+所有者权益			资产与权益总额
	资产(700 000)	负债(200 000)	所有者权益(500 000)	
1	+12 000	+12 000		增加
2	−60 000	−60 000		减少
3	+1 000 000		+1 000 000	增加
4	−100 000		−100 000	减少
5	±80 000			不变
6		±60 000		不变

续表

经济业务	资产＝负债＋所有者权益			资产与权益总额
	资产(700 000)	负债(200 000)	所有者权益(500 000)	
7			±50 000	不变
8		+80 000	−80 000	不变
9		−100 000	+100 000	不变
合计	1 552 000	132 000	1 420 000	增加

　　通过汇总计算可以看出,九项经济业务发生后,万邦公司的资产总额变为1 552 000元,负债总额变为132 000元,所有者权益总额变为1 420 000元,但是负债和所有者权益总额之和为1 552 000元,仍然等于资产总额1 552 000元。可见,经济业务的发生会使会计等式中的各个会计要素出现增减变动情况,但是都不会影响会计基本等式的恒等关系。

　　通过对多项经济业务的分析中可以看到,交易或事项的发生必然会引起会计等式中会计要素发生增减变动。这种变动具体表现为等式左右两边会计要素同时增加相等的金额,或者等式左右两边会计要素同时减少相同的金额,或者等式左边会计要素此增彼减相等的金额,或者引起等式右边会计要素此增彼减相等的金额。但是企业无论发生何种经济业务,引起了会计要素发生怎样的变化,都不会破坏会计等式的平衡关系。

本章小结

　　本章主要介绍了会计要素的概念、分类、确认条件和会计等式种类以及经济业务对会计等式的影响,具体内容如下:

　　1.会计要素是对会计对象的进一步分类,我国将其分为资产、负债、所有者权益、收入、费用和利润六大类。

　　2.资产、负债和所有者权益是反映财务状况的会计要素,收入、费用和利润是反映经营成果的会计要素。

　　3.会计等式有:财务状况等式、经营成果等式和综合会计等式。不同的经济业务会引起会计要素的增减变动,但是都不会破坏"资产＝负债＋所有者权益"这一恒等关系。

自我检测

一、单项选择题

1.下列关于资产说法错误的是(　　)。

　　A.由企业过去的交易或者事项形成的　　B.必须是有形的

　　C.预期会给企业带来经济利益　　D.由企业拥有或者控制的资源

2.下列属于非流动负债的是(　　)。

A.短期借款　　　　B.应付债券　　　　C.应付股利　　　　D.应付账款

3.下列选项中,不属于费用的是(　　)。

　A.库存商品因自然灾害发生的损失　　B.行政部门员工差旅费

　C.支付给银行的贷款利息　　　　　　D.销售人员差旅费

4.企业月初负债总额为100万元,本月收回应收账款20万元存入银行,用银行借款直接偿还前欠购料款30万元,用银行存款支付所欠职工薪酬10万元,则月末负债总额是(　　)。

　A.60万元　　　　　B.70万元　　　　　C.80万元　　　　　D.90万元

5.下列各项经济业务中,会引起企业资产内部一增一减的是(　　)。

　A.从银行提取现金　　　　　　B.赊购材料

　C.用银行存款偿还银行借款　　D.接受股东投资

6.关于"资产=负债+所有者权益"这一会计等式的表述中错误的是(　　)。

　A.等量关系不受经济业务的影响　　B.是复式记账的理论依据

　C.是编制资产负债表的理论依据　　D.金额不会受经济业务的影响

二、多项选择题

1.下列属于反映企业财务状况的会计要素有(　　)。

　A.资产　　　　　B.负债　　　　　C.所有者权益　　　D.利润

2.关于所有者权益说法正确的是(　　)。

　A.金额等于企业的资产减去负债

　B.一般年末须要返还给投资者

　C.所有者在企业盈利的情况下能获得企业利润

　D.资本公积属于所有者权益

3.企业发生费用可能会引起的变化有(　　)。

　A.资产减少　　　B.负债增加　　　C.资产的增加　　　D.所有者权益减少

4.下列选项中,属于所有者权益的是(　　)。

　A.在建工程　　　B.资本公积　　　C.实收资本　　　D.盈余公积

5.下列要素的等量关系成立的有(　　)。

　A.利润=收入−费用　　　　　　　　B.资产=负债+所有者权益

　C.资产=负债+所有者权益−利润　　D.资产+费用=负债+所有者权益+收入

三、判断题

1.应收票据、应收账款和预收账款均属于资产。　　　　　　　　　　　　　(　　)

2.负债是一种现时义务,预期会导致经济利益流出企业。　　　　　　　　　(　　)

3.我国会计准则规定"企业对会计要素进行计量时只能采用历史成本计量"。(　　)

4.食品生产厂销售原材料取得的收入是其他业务收入。　　　　　　　　　　(　　)

5.债权人和投资者对企业资产均有要求权,债权人的要求权称为"负债",投资者的要求权称为"权益"。　　　　　　　　　　　　　　　　　　　　　　　　　　(　　)

6.会计恒等式左边总资产增加,则等式右边的负债和所有者权益必然也会等额增加。

（　　）

职业能力提升

1.[目的]熟练会计要素的分类。

[资料]2021年1月31日,宇翔有限公司的资产、权益以及一些交易和事项见表2-5。

[要求]判断以下项目属于哪类会计要素,在表格中相应的位置打钩。

表2-5　宇翔公司的会计要素情况

序号	项目	资产	负债	所有者权益	收入	费用	利润
1	企业购买的非专利技术						
2	投资者的投入						
3	企业自有的厂房						
4	应付给供应商的货款						
5	预收的客户的货款						
6	从银行借入的6个月期限的借款						
7	日常发生的设备维修费						
8	行政部门承担的水电费						
9	出售多余的材料取得的收入						
10	销售商品获得的收入						
11	企业正在生产的产品						
12	企业当月实现的利润						

2.[目的]熟悉交易或事项类型及其对会计等式的影响。

[资料]宇翔有限公司2021年3月1日负债总额为500 000元,所有者权益总额为1 500 000元。3月份发生如下经济业务:

(1)从北方公司购入一批材料,价款35 000元,货款尚未支付。

(2)收到投资投入的货币资金500 000元,已存入银行。

(3)经与协商,债权人将200 000元长期借款转为对万宇公司的投资。

(4)以银行存款偿还短期借款90 000元。

(5)收到购货单位所欠账款80 000元,存入银行。

[要求]根据资料,判断上述各项经济业务涉及的会计要素及其增减变动并计算出宇翔有限公司2021年3月31日的资产、负债和所有者权益总额。

表2-6　宇翔公司的资产、负债和所有者权益的变动情况

经济业务	资产	负债	所有者权益
期初余额			
（1）			
（2）			
（3）			
（4）			
（5）			
合计			

课外项目

[实训项目] 对企业会计要素和经济业务的进一步认知。

[项目任务] 利用课余时间到学校附近调查一家企业或一家小店的资产和权益状况，说明哪些是企业或小店资产、负债和所有者权益？企业或小店的日常收入和费用有哪些？调查企业或小店近一个月发生了哪些经济业务？对会计等式有什么样的影响？（鉴于企业对商业数据资料的保密性，可不搜集具体数据金额）

[成果展示] 每个学生调查完后整理成文档分享给班级其他同学，全班学生进行互评。

第三章　账户与复式记账

学习目标

　　1.理解会计科目的概念以及分类,熟记常用的会计科目,了解会计账户与会计科目之间的关系;

　　2.重点掌握各类账户的结构、会计分录的编制以及试算平衡的原理;

　　3.熟练应用借贷记账法处理一些简单的经济业务,为后续的学习奠定坚实基础。

导入案例

　　一天,新来的出纳员小张和财务部长刘梦刚从车间回来,两人的话题谈到了会计中两个重要概念"会计科目和会计账户"。

　　小张:刘老师,刚才我们在厂里转了一圈,看到了崭新的厂房和机器,成堆的原料,工人师傅们热火朝天的工作场面,还看到了刚生产完工的拉丝机,好像工厂的经营不需要我们这些会计人员。

　　刘部长:小张,你说得不对啊,你只是看到了事物的表面。我问你,这个工厂运作的目的是什么?

　　小张:当然是为了赚钱呀!

　　刘部长:是啊,你刚才只是从实物的角度看到了那些厂房、机器、材料、商品等,从会计的角度看,这些实物都是有价值的,也称资金。会计就是要从资金的角度来核算各项经济活动,算好账,看看最后能实现多少利润。

　　小张:那我们怎样才能算好账呢?

　　刘部长:要算好账,我们要用专门的方法。你刚才看到的厂房、原料等,都是资产,在会计上我们称为会计要素!会计要素再进行分类、细化就叫会计科目,会计科目只是一个名称,比如你熟悉的银行存款,就是一个会计科目,但是银行存款会有增减变动,我们用账户来记录这种增减变化和结果。

　　小张和刘部长的谈话中涉及了会计科目和会计账户的一些问题,那么什么是会计科目? 什么是会计账户? 会计要素、会计科目和会计账户之间又有什么样的关系? 我们如何记录会计要素的增减变动? 通过本章的学习,我们将会找到相关问题的答案。

第一节　会计科目

一、会计科目的概念

会计以能够用货币表现的经济活动为核算对象,而该类经济活动的内容在会计上又被分解为会计要素,会计要素是对会计对象的基本分类,但是会计要素的内容也是多种多样、错综复杂。例如企业的货币资金、各项债权、存货等都是资产,如果以资产要素进行笼统的核算,就不能清楚地反映企业内部各项经济业务活动的增减变化,因而有必要将会计要素做进一步的划分,比如可以把资产要素进一步划分为银行存款、原材料、无形资产、应收账款等这样一些具体化了的项目,这些具体化的项目就称为会计科目。

简而言之,会计科目就是对会计要素的具体内容进行分类核算而确定的项目,是企业设置会计账户、填制会计凭证、登记会计账簿、编制财务报表的依据。会计对象、会计要素和会计科目之间的关系如图3-1所示。

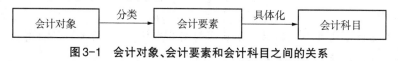

图3-1　会计对象、会计要素和会计科目之间的关系

二、设置会计科目的原则

会计科目的设置和使用必须遵循会计法和国家统一会计制度的规定,企业在设置会计科目时应当遵循以下基本原则。

(一)合法性原则

中华人民共和国财政部对企业所使用的会计科目作出了统一规范,以保证不同企业提供的会计信息口径统一、相互可比。因此,企业在设置会计科目时,应当遵循国家会计准则的统一规定,以便于利用会计信息对企业的经济活动过程及财务状况进行综合的分析和评价。

(二)相关性原则

会计科目的设置要达到全面且概括地反映企业财务活动情况的目的,同时要便于清晰地提供有用的会计信息,以满足对外报告与对内管理的要求。例如,制造业企业需要设置"生产成本""制造费用"等科目,来反映生产业务的耗费情况;一般企业都需要设置"主营业务收入""主营业务成本""管理费用""销售费用""本年利润"等会计科目,用来反映企业盈亏的形成,以满足会计信息使用者了解企业经营成果的需要。

(三)实用性原则

会计科目是由财政部统一制定颁发的,但在不影响会计核算的要求和财务报表指标的汇总以及对外提供统一财务报告的前提下,各单位可以根据自身实际情况自行增设、删减或合并某些会计科目,设置符合企业需要的会计科目。企业不存在的交易或事项,可以不设置相关的会计科目。例如,预收账款不多的企业,可以不设置"预收账款"科目,而是通过"应收账款"科目进行核算。

三、会计科目的设置

《企业会计准则——应用指南》中设置了160多个会计科目,企业在不违反会计准则相关规定的前提下,可以根据各单位的实际情况自行增设、删减或合并某些会计科目。为了便于学习,现将常用的会计科目列于表3-1,其中加"★"的为本书涉及的重点会计科目。

会计科目除了有名称外,还需要按照国家规定的会计制度进行统一编号,以便于填制会计凭证,登记账簿,查阅账目,实行会计电算化。会计科目编号是分类管理思想的体现,用数字表示会计科目所属的类别及其在该类别中的位置。常用的会计科目表中的会计编号一般采用4位数字,其中每个数字表示的含义不同。例如,银行存款的编号为1002,第一个数字1表示资产,第二数字0表示货币资金,后面的数字02表示银行存款,以此类推。

表3-1 常用会计科目表

序号	编号	会计科目名称	序号	编号	会计科目名称
一、资产类			17	1411	周转材料
1	1001	★库存现金	18	1471	存货跌价准备
2	1002	★银行存款	19	1511	长期股权投资
3	1012	其他货币资产	20	1512	长期股权投资减值准备
4	1101	交易性金融资产	21	1531	长期应收款
5	1121	★应收票据	22	1601	★固定资产
6	1122	★应收账款	23	1602	★累计折旧
7	1123	★预付账款	24	1603	固定资产减值准备
8	1131	应收股利	25	1604	★在建工程
9	1132	应收利息	26	1605	★工程物资
10	1221	★其他应收款	27	1606	★固定资产清理
11	1231	坏账准备	28	1701	★无形资产
12	1401	★材料采购	29	1702	累计摊销
13	1402	★在途物资	30	1703	无形资产减值准备
14	1403	★原材料	31	1801	长期待摊费用
15	1404	★材料成本差异	32	1901	★待处理财产损溢
16	1405	★库存商品			

续表

序号	编号	会计科目名称	序号	编号	会计科目名称
二、负债类			五、成本类		
33	2001	★短期借款	53	5001	★生产成本
34	2201	★应付票据	54	5101	★制造费用
35	2202	★应付账款	55	5201	劳务成本
36	2203	★预收账款	六、损益类		
37	2211	★应付职工薪酬	56	6001	★主营业务收入
38	2221	★应交税费	57	6051	★其他业务收入
39	2231	★应付利息	58	6101	公允价值变动损益
40	2232	★应付股利	59	6111	★投资收益
41	2241	其他应付款	60	6117	其他收益
42	2501	★长期借款	61	6301	★营业外收入
43	2502	应付债券	62	6401	★主营业务成本
44	2701	长期应付款	63	6402	★其他业务成本
三、共同类			64	6403	★税金及附加
45	3101	衍生工具	65	6601	★销售费用
46	3201	套期工具	66	6602	★管理费用
四、所有者权益类			67	6603	★财务费用
47	4001	★实收资本	68		信用减值损失
48	4002	★资本公积	69	6701	资产减值损失
49	4003	其他综合收益	70	6711	★营业外支出
50	4101	★盈余公积	71	6801	★所得税费用
51	4103	★本年利润	72	6901	以前年度损益调整
52	4104	★利润分配			

备注:尚未有相关规范明确"信用减值损失"的科目编号。

四、会计科目的分类

会计科目按其反映的经济内容以及按照详细程度进行分类,可以划分成不同的类别。

(一)按经济内容分类

会计科目根据其反映的经济内容不同,可以划分为资产类、负债类、共同类、所有者权益类、成本类和损益类科目。这种按经济内容的分类是最主要的,也是最基本的分类,其中每一类别所含有的会计科目见表3-1。

会计要素分为资产、负债、所有者权益、收入、费用和利润六大类。相应地,会计科目也可分为资产类科目、负债类科目、所有者权益类科目、收入类科目、费用类科目和利润类科目。其中,收入类科目和费用类科目用于反映企业的盈亏情况,为了便于计算企业的利润或亏损,将二者合并为损益类科目。不管企业实现利润还是发生亏损,最终由所有者承担,因此将利润类科目归入所有者权益类科目。此外,为了满足制造业企业对各类成本核算的要求,将资产要素中的一部分科目单独出来专门设立成本类科目。

每个会计科目在核算上具有专门的用途,各自反映特定的经济内容。将会计科目按照经济内容分类,不仅便于设置相应的会计科目来核算和监督经济活动,也便于取得编制会计报表所需的综合会计信息资料。

(二)按详细程度分类

各企业在进行经营管理时,不仅需要会计提供总括的数据信息资料,同时也需要一些更为详细、具体的数据信息资料。因此,会计科目还可以从另外一个角度进行划分,即按其提供会计信息指标的详细程度,分为总分类科目和明细分类科目。

1.总分类科目

总分类科目,亦称为一级科目或总账科目,是对会计要素具体内容进行总括分类形成的项目,也是进行总分类核算的依据,一般由财政部统一版本制定。利用总分类科目设置的账户可以提供总括的会计信息,例如"库存现金""银行存款""原材料""固定资产"等。其中,"原材料"科目就是总账科目,可以为企业管理提供总括的有关企业全部材料的情况。

2.明细分类科目

明细分类科目也称为明细科目,是对总分类科目所反映的经济内容做进一步详细分类所形成的项目,以提供更为详细和具体的会计信息。例如,"原材料"是总账科目,但是各种不同使用价值的材料不能进行直接相加汇总,所以该类科目只能以货币为计量单位。但只靠"原材料"科目提供企业材料的情况是不够的,因为企业还必须了解各种不同材料的库存以及增减变动情况,因此需要在"原材料"下面设置更为详细的明细科目,可在原材料下面按照类别设置"原料及主要材料""辅助材料""燃料"等明细分类科目,以加强对"原材料"的核算和管理。一般情况下,企业可根据自身经济管理的具体需要来设置明细分类科目。

如果某一总分类科目所辖的明细分类科目比较多,则可以在总分类科目下面设置二级明细分类科目,在二级明细分类科目下面也可以设置三级明细分类科目,以此类推。例如,一级科目"生产成本"下,可按生产车间类别设置"第一车间""第二车间"等二级明细科目;在"第一车间"下面再根据生产产品种类不同,设置"甲产品""乙产品"等三级明细科目,具体设置见表3-2。

表3-2　"生产成本"总分类科目和明细分类科目

总分类科目(一级科目)	明细分类科目	
	二级科目(子目)	三级科目(细目)
生产成本	第一车间	甲产品
		乙产品

续表

总分类科目(一级科目)	明细分类科目	
	二级科目(子目)	三级科目(细目)
生产成本	第二车间	丙产品
		丁产品

总分类科目和明细分类科目核算的内容是一致的,只是提供的信息详细程度不同而已。二级科目对总分类科目的内容做补充说明,而三级科目对二级科目的内容作更为详细的补充说明。值得注意的是,并非所有的一级科目都要设置二级或三级科目,主要是根据实际需要而设立,例如,"库存现金"为一级科目,就没有必要对其开设二级或三级科目。

📖 课堂小测试3-1

1.(多选题)下列会计科目中,属于损益类科目的是(　　)。

A.生产成本　　　B.制造费用　　　C.财务费用　　　D.应付账款

E.所得税费用

2.(多选题)下列会计科目中,不属于总账科目的是(　　)。

A.应交税费　　　B.甲材料　　　C.固定资产　　　D.应交增值税

E.短期借款

第二节　会计账户

一、会计账户的概念

会计科目只是对会计要素的具体内容进行了详细分类,并不能通过其本身把这些具体内容的数量增减变动情况表现出来,故而还需设置会计账户,对发生的各项经济业务进行详细记录,以全面、完整、系统地反映和监督企业一定期间的经济活动情况及结果。

会计账户是根据会计科目设置的,具有一定格式和结构,用来分类、连续地记录经济业务,反映会计要素增减变动过程及其结果的一种工具。设置账户是会计核算的专门方法之一,通过设置账户可以对企业各种经济业务发生的情况以及经济业务引起的各项资金变化情况进行分门别类地核算和监督,以便提供日常经营管理所需的各种核算指标。

与会计科目的分类相对应,会计账户按其所反映经济内容不同可以分为资产类账户、负债类账户、共同类账户、所有者权益类账户、成本类账户和损益类账户;按其提供信息的详细程度不同,可以分为总分类账户和明细分类账户。

思考与讨论

　　会计科目与会计账户之间有什么区别？会计账户中需要记录哪些内容？请用手机上网查找一张会计账户的图片仔细观察其构成内容，并与班里的同学分享你的观点。

二、会计账户的结构

　　会计账户的结构是指账户的基本组成部分及其相互关系。为了全面、清晰地记录各项经济业务，每一个会计账户既要有明确的经济内容，又要有一定的结构，即账户的具体格式。企业发生的各项经济业务引起的资金变动尽管错综复杂，但从数量上来看，不外乎增加和减少两种情况。以"原材料"为例，其账户需要记录本期原材料入库了多少，即增加了多少；本期原材料被领用了多少，即减少了多少；最后账户中原材料还有没有剩余，即余额。综上，会计账户的结构中必须要有三个基本部分，分别记录会计要素的增加额和减少额，以及增减相抵后的差额，即为余额。

　　在实际工作中，为了详细反映经济业务的内容，账户除了具有增加、减少、余额基本的结构外，还要有账户的名称、日期、摘要、凭证号数等内容。具体来说，会计账户所记载的主要内容一般包括：

　　(1)账户的名称：即会计科目，便于了解账户记录的是哪一类经济业务。

　　(2)记录经济业务的日期：将账户的日期与实际发生的经济业务的日期进行核对，可以分析出会计处理是否及时。

　　(3)凭证号数：是账户记录的来源和依据，通过凭证号数可以查找到相应的会计凭证。

　　(4)摘要：对账户所记录经济业务内容的简要说明。

　　(5)增加额、减少额及余额：是账户中的最主要内容，反映会计要素的增减变动情况。

　　会计账户的结构与记账方法有很大的关系，在借贷记账法下，虽然会计账户的基本结构仍然由记录"增加""减少""余额"三个部分构成，但是在具体表现形式上却通过"借方""贷方"和"余额"三个部分来体现，会计账户的一般结构见表3-3。

表3-3　账户名称(会计科目)

年		凭证字号		摘要	借方	贷方	余额
月	日	字	号				

　　为了便于学习，也为了便于日常业务进行汇总和试算平衡，会计账户的结构通常采用简化的T形账户(也称为丁字形账户)，具体如图3-2所示。

图3-2　借贷记账法下的T形账户结构

在借贷记账法下,T形账户的左方称为借方,右方称为贷方,分别用来记录经济业务的增加额和减少额。"借"和"贷"是记账符号,自身不具有实际意义。具体记账中,账户的借、贷两方,究竟哪一方登记增加额,哪一方登记减少额,则取决于各账户所记录的经济业务内容和所采用的记账方法。

经济业务发生后,账户中需要登记会计要素的增加额与减少额。账户中登记的本期增加的合计数,称为本期增加发生额;登记的本期减少的合计数,称为本期减少发生额;按照时间的不同,余额可以分为期初余额和期末余额。期初余额、本期增加发生额、本期减少发生额、期末余额之间的基本关系如下:

期末余额=期初余额+本期增加发生额-本期减少发生额

账户本期的期末余额转到下一期即成为下一期的期初余额。账户的期初、期末余额一般情况下与增加方一致。

【例3-1】某公司2021年1月31日结账时,原材料月末余额为30 000元,2月份发生了以下与原材料相关的经济业务,请根据下列资料内容登记关于原材料账户的T形账户。

(1)2月3日,用银行存款购买原材料10 000元;

(2)2月6日,车间领用原材料5 000元;

(3)2月15日,接受乙公司投入的原材料40 000元;

(4)2月27日,车间领用原材料30 000元。

根据上述资料,"原材料"账户的T形账户具体登记过程如图3-3所示。

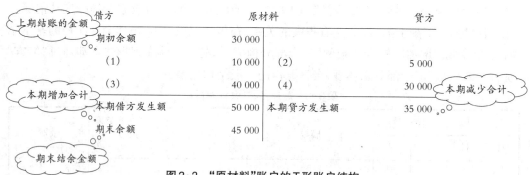

图3-3　"原材料"账户的T形账户结构

实战演练

长城公司2021年3月1日,银行存款月初余额为120 000元,3月份发生了以下与银行存款相关的经济业务:

(1)3月10日,从银行提取了现金10 000元;

(2)3月16日,收到销售货款350 000元存入银行;

(3)3月21日，用银行存款购入一台机器设备价值50 000元；

(4)3月28日，向银行借入短期借款100 000元。

已知银行存款账户的借方表示增加，贷方表示减少，请根据上述资料的内容登记关于"银行存款"账户的T形账户。

三、会计科目和会计账户的联系与区别

会计科目与会计账户二者之间既有联系又有区别。它们的联系在于：会计科目是设置账户的依据，也是会计账户的名称；会计账户是会计科目的具体应用，会计科目所反映的经济内容就是会计账户所要登记的内容。它们的区别在于：会计科目只是账户的名称，本身不存在结构；而会计账户具有一定的结构，可以记录经济业务的增减变化及其结果。

在实际工作中，由于账户是根据会计科目开设的，且二者的称谓及核算内容一致，因此人们常常把会计科目视为账户的同义词，相互通用，不作严格区分。

第三节　复式记账法

为了核算和监督会计对象的具体内容，各企业需要根据会计科目设置相应的会计账户，但是账户仅仅是记录经济业务的载体，如何将会计要素的增减变动情况登记到账户中，还需要采用一定的记账方法。而记账方法就是依据记账原理和记账规则，使用一定的记账符号，将各项经济业务登记到账簿中的一种专门方法。按照记录经济业务方式的不同，记账方法可以分为单式记账法和复式记账法。

一、单式记账法

单式记账法是对发生的每一项经济业务，只在一个账户中进行登记的记账方法，通常只登记现金和银行存款的收付业务，以及应收、应付款的结算业务，而不登记实物的收付业务。例如，企业用银行存款10 000元购入一批原材料，在单式记账法下只记录银行存款减少数，而不记录原材料的增加，这种情况会导致无法辨认这笔资金去了哪里，用于哪方面的支出，如图3-4所示。

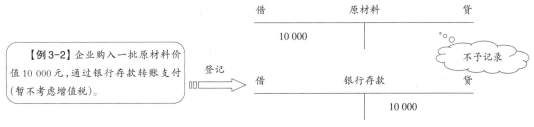

【例3-2】企业购入一批原材料价值10 000元，通过银行存款转账支付（暂不考虑增值税）。

图3-4　单式记账法记账示意图

单式记账法相对来说比较简单,但是记录内容不完整,采用这种记账法,账户之间不能形成相互的对应关系,无法全面、系统地反映各项经济业务的来龙去脉,同时也不便于检查账户记录的正确性。由于单式记账法自身存在的缺点,目前已很少有企业使用。

二、复式记账法

会计工作中的记账方法,最初采用单式记账法,但是随着社会经济的发展,单式记账法逐渐被复式记账法所取代。

(一)复式记账法的概念

复式记账法是对企业发生的每一项经济业务,都以相等的金额在两个或两个以上相互联系的账户中进行登记的一种记账方法。例如,行政管理部门采购办公用品花费800元,用现金支付。该项经济业务在复式记账法下,既要记录库存现金的减少,又要记录管理费用的增加,多记一个账户,就能准确地反映经济业务的来龙去脉:库存现金减少,是支付了行政管理部门采购办公用品的费用;行政管理部门采购的办公用品费用是用库存现金支付的,如图3-5所示。

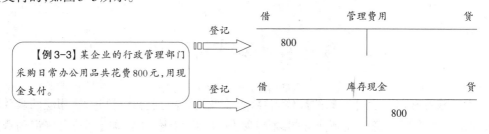

图3-5 复式记账法记账示意图

(二)复式记账法的记账原理

复式记账法以会计等式"资产=负债+所有者权益"作为理论依据,在应用过程中需要遵循以下原则:

(1)对于每一项经济业务,都必须在两个或两个以上相互有联系的账户中进行记录。企业发生的每一项经济业务都会引起资金的增减变动,这种增减变动必然会导致会计等式中至少有两个要素或同一要素中至少有两个项目发生等量变动。为了反映这种变动关系,在会计中就必须在两个或两个以上的账户中进行记录,不能有所遗漏。例如,购入一批原材料45 000元,款项尚未支付,假设暂不考虑增值税的问题,那么该项业务会导致原材料增多,则需要在"原材料"账户中记录增加额,原材料的增加必然会引起其他要素的变化,由于款项尚未支付,则企业的负债会增加,那么就需要在"应付账款"账户也记录增加额。因此,该项业务必须要在"原材料"和"应付账款"两个账户中进行登记。

(2)对于每一项经济业务,必须以相等的金额进行记录。由于经济业务发生引起的资金增减变动会导致会计等式中至少有两个要素或同一要素中至少两个项目等量变动,因此在相互联系的账户中记录的金额必然是相等的。例如,从银行提取现金10 000元,则"银行存款"账户减少10 000元,"库存现金"账户增加10 000元,两个账户记录的金额相等,都记10 000元。

(三)复式记账法的优点

复式记账法作为一种科学的记账方法,一直被广泛应用,是因为与单式记账法相比,复式记账法自身具有显著的优点,具体体现在以下两个方面:

(1)复式记账法既可以全面、系统地反映经济业务的来龙去脉,也可以清楚地反映经济活动的过程和结果,有利于企业加强对资金的管理。

(2)复式记账法对每一项经济业务都以相等的金额在两个或两个以上相互联系的账户中进行登记,这样使账户之间形成相互对应的平衡关系,如果记账发生错误,这种平衡关系就会被打破。因此,采用复式记账法,可以通过试算平衡来检查账户的记录是否正确。

综上所述,复式记账法是一种科学、全面、系统地反映经济业务的记账方法,具体包括借贷记账法、增减记账法和收付记账法。但是增减记账法和收付记账法已经成为历史,借贷记账法被世界各国广泛采用,成为通用的商业语言。我国《企业会计准则》规定:"企业应当采用借贷记账法记账。"

 课堂小测试3-2

1.(多选题)下列项目中,属于账户结构内容的是(　　　)。

　A.账户的名称　　　　B.日期和摘要　　　C.增减金额　　　　D.凭证号数

2.(多选题)以下关于复式记账法说法正确的是(　　　)。

　A.能够反映经济业务的内容和资金运动的来龙去脉

　B.现代会计运用复式记账法

　C.不登记实物资产的增减变动情况

　D.能够进行试算平衡,便于查找和对账

第四节　借贷记账法

借贷记账法是以会计等式作为记账原理,以"借""贷"作为记账符号,用来记录和反映经济业务增减变动的一种复式记账方法,其基本内容包括记账符号、账户结构、记账规则、会计分录和试算平衡。

拓展阅读

借贷记账法的产生与发展

借贷记账法起源于13—14世纪的意大利,当时由于海上贸易的不断发展,所使用的货币种类、重量和成色等日益复杂,通过银行进行转账结算便受到人们的普遍欢迎。银行为了办理转账结算业务,设计了"借"和"贷"两个记账方向,将债权记入"借方",将债务记入"贷方"。但是随着商品经济的发展,"借"和"贷"两个字失去了其本来的含义,变成了纯粹的记账符号。随后借贷记账法传遍欧洲、美洲等世界各地,成为世界通用的记账方法。20世纪初,借贷记账法由日本传入我国,目前已成为我国法定的记账方法。

一、记账符号

记账符号是指会计核算中指明发生的经济业务应当记入账户哪一方向的符号标记。借贷记账法是以"借""贷"二字作为记账符号,以表明经济业务应记入有关账户的记账方向。借方在左,贷方在右,反映会计要素的增减变化。这里的"借"和"贷"没有实际的文字含义,纯粹是抽象的记账符号。在账户登记中,由于账户的性质不同,借贷方增减变化情况不同。具体在不同的会计账户中,借贷记账法的记账符号增减变化情况见表3-4。

表3-4　借贷记账法的记账符号在不同会计账户中的含义

符号	资产类	费用类(成本类)	负债类	所有者权益类	收入类
借	增加	增加	减少	减少	减少
贷	减少	减少	增加	增加	增加

借增贷减　　　　　　　　　　　　借减贷增

在会计恒等式和资产负债表中,由于资产列在左边,而负债和所有者权益则列在右边。按照这一惯例,资产的余额应在账户的左边,即借方;而所有者权益、负债的余额则应列在账户的右边,即贷方。所以资产的增加额一般应记在账户的借方,而所有者权益、负债的增加额一般就记在账户的贷方。会计要素之间具有以下联系:

资产+费用=负债+所有者权益+收入

通过对比观察表3-4和综合会计等式可以发现,会计等式左边的项目一般借增贷减,等式右边的项目一般借减贷增。因此,可依据会计等式来方便记忆"借""贷"符号的增减变化。在实际运用的过程中,要准确判断各类账户"借""贷"记账符号的增减变化情况,以保证记账内容的正确性。

会计小故事

有一位老会计,他每天上班做的第一件事就是打开他座位右边第一个抽屉看一下,然后再关起来。有时工作到一半,又会打开抽屉再看一下。很多同事都注意到了,非常好奇但是又不好意思问。终于有一天,老会计要退休了。大家依依不舍,一起为他开了惜别会。惜别会结束后,大家一起来到老会计的办公桌前,激动万分的打开了那个抽屉,结果里面赫然写着几个大字:"借方在左,贷方在右"。

二、账户结构

在借贷记账法下,账户的基本结构分为借方和贷方两个部分,一般"借"代表账户的左方,"贷"代表账户的右方。记账时,账户的借方和贷方必须做相反方向的记录,如果一个账户的借方用来登记增加额,则贷方就用来登记减少额;相反,如果借方登记减少额,则贷方就登记增加额。在不同性质的账户中,"借"和"贷"所表示的记账方向不同,至于账户哪方登记增加额,哪方登记减少额,由账户的性质和反映的经济内容来决定。

（一）资产类账户的结构

资产类账户主要记录资产要素的增减变动情况。在借贷记账法下,资产类账户的借方一般登记增加额,贷方登记减少额,期末余额一般在借方。例如"银行存款"账户,企业收到货款,银行存款增加,应记录在"银行存款"账户的借方;用银行存款购入机器设备,银行存款减少,则记录在"银行存款"账户的贷方;期末余额在借方,表示企业银行存款现有的实际数额。资产类账户的期末余额计算公式为:

期末借方余额=期初借方余额+本期借方发生额-本期贷方发生额

资产类账户的结构用T形账户表示如图3-6所示。

借方　　　　　　　　　　　资产类账户　　　　　　　　　　　贷方	
期初余额	
本期增加额	本期减少额
本期增加发生额合计	本期减少发生额合计
期末余额	

图3-6　资产类账户的结构

（二）负债类和所有者权益类账户的结构

负债类和所有者权益类账户分别记录负债和所有者权益要素的增减变动情况。在借贷记账法下,负债类和所有者权益类账户的结构与资产类刚好相反,借方登记减少额,贷方登记增加额,期末余额一般在贷方。例如"应付账款"账户,企业购入原材料,款项未付,应付款项增加,应记录在"应付账款"账户的贷方;当企业偿还欠款时,应付款项减少,则记录在"应付账款"账户的借方;期末余额在贷方,表示企业因购买材料、商品或接受劳务等经营活动尚未支付的款项。负债类和所有者权益类账户的期末余额计算公式为:

期末贷方余额=期初贷方余额+本期贷方发生额-本期借方发生额

负债类和所有者权益类账户的结构用T形账户表示如图3-7所示。

借方　　　　　　　　负债类、所有者权益类账户　　　　　　　　贷方	
	期初余额
本期减少额	本期增加额
本期减少发生额合计	本期增加发生额合计
	期末余额

图3-7　负债类和所有者权益类账户的结构

（三）损益类账户的结构

损益类账户按其反映的内容不同,分为收入类账户和费用类账户。收入类账户主要核算企业在生产经营过程中销售产品所形成的经济利益流入情况的增减变动;费用类账户主要核算企业为了获得收入所发生的经济资源耗费情况的增减变动。两类账户"借"方和"贷"方的增减方向正好相反。收入类账户借方登记减少额,贷方登记增加额;费用类账户借方登记增加额,贷方登记减少额。由于在会计期末,各项收入和费用都要转入"本年利润"账户核算企业当期的利润。因此,收入类和费用类账户的期末一般都没有余额,这两类账户的结构分别如图3-8和图3-9所示。

借方	费用类账户	贷方
本期增加额	本期减少额	
本期增加发生额合计	本期减少发生额合计	

图3-8　费用类账户的结构

借方	收入类账户	贷方
本期减少额	本期增加额	
本期减少发生额合计	本期增加发生额合计	

图3-9　收入类账户的结构

(四)成本类账户

成本类账户在这里主要涉及的是"生产成本"和"制造费用"账户,其结构与资产类账户相似,借方登记增加额,贷方登记减少额。"生产成本"账户期末如果有余额,一般在借方,表示期末在产品的生产成本;"制造费用"账户期末一般经过分配后转入"生产成本"账户,经结转后期末一般没有余额。成本类账户的期末余额计算公式为:

期末借方余额=期初借方余额+本期借方发生额-本期贷方发生额

成本类账户的结构用T形账户表示如图3-10所示。

借方	成本类账户	贷方
期初余额		
本期增加额	本期减少额	
本期增加发生额合计	本期减少发生额合计	
期末余额		

图3-10　成本类账户的结构

课堂小测试3-3

判断下列说法是否正确,并说明原因。

1."主营业主收入""库存商品"和"财务费用"账户期末一般没有余额。　　　(　　)

2.借贷记账法中,资产类、负债类和费用类账户的增加额一般记入借方。　　(　　)

综合以上对各种账户结构的阐述,现将全部账户的借方和贷方所记录的经济内容以及期末余额的方向见表3-5。

表3-5　借贷记账法下各类账户的结构

账户类别	借方	贷方	期末余额方向
资产类	增加	减少	一般在借方
负债类	减少	增加	一般在贷方
所有者权益类	减少	增加	一般在贷方
收入类	减少(结转)	增加	一般无余额
费用类	增加	减少(结转)	一般无余额
成本类	增加	减少	如果有,余额在借方

📚 **拓展阅读**

记账方向之歌

借增贷减是资产,权益和它正相反。成本资产总相同,细细记牢莫弄乱。

损益账户要分辨,费用收入不一般。收贷费借是增加,反方结转是减少。

在借贷记账法下,各单一性质账户的期末余额一般都和增加额一个方向。例如,银行存款、库存现金、原材料等资产类账户的增加额在借方,则期末余额一般也在借方;短期借款、应付职工薪酬、实收资本等负债和所有者权益类账户的增加额在贷方,则期末余额一般也在贷方。但是有一些特殊账户,其结构会发生变化,比如"累计折旧"和"坏账准备"等账户虽然也是资产类账户,但是账户结构与负债类相同,借方登记减少额,贷方登记增加额,期末余额在贷方。又如,"本年利润""应交税费"等账户的期末余额一般在贷方,但是也可能在借方。其中,"本年利润"账户如果期末余额在贷方,表示企业实现利润,如果在借方,则表示发生亏损;"应交税费"账户如果期末余额在贷方,表示应该交纳但尚未交纳的税费,如果在借方,则表示多交纳的税费。

除了单一性质的账户外,为了简化会计核算手续,在借贷记账法下还可以设置具有双重性质的账户。所谓双重性质账户是指在同一个账户中同时记录两个会计要素的增减变动情况。比如具有资产和负债双重性质的账户,就是在同一个账户中既可以核算资产,也可以核算负债。例如,某企业由于规模较小,不设置"预付账款"账户,以"应付账款"来代替,此时"应付账款"就作为双重性质的账户使用,其借方记录预付账款的增加额或应付账款的减少额,贷方则记录应付账款的增加额或预付账款的减少额。该账户的期末余额如果在借方,表示资产"预付账款"的余额;如果期末余额在贷方,表示负债"应付账款"的余额。可见,双重性质账户通过账户期末余额的方向才可以判断该账户的性质。

📖 **实战演练**

已知某企业2021年6月末部分账户的期初余额、发生额见表3-6,请根据账户的性质确定各账户期末余额的方向并计算出结果填写入相应的空格中。

表3-6 某企业2021年6月末总分类账户的发生额及余额

账户名称	期初余额		本期发生额		期末余额	
	借方	贷方	借方	贷方	借方	贷方
银行存款	200 000		90 000	60 000		
应收账款	56 000		40 000	50 000		
短期借款		9 000	30 000	100 000		
管理费用			5 000	5 000		
盈余公积		20 000	50 000	60 000		

三、借贷记账法的记账规则

记账规则是指采用某种记账方法记录经济业务增减变化时必须遵循的规定。借贷记账法是一种复式记账法,要求对于企业发生的每一项经济业务,都必须以相等金额在两个或两个以上相互有联系的账户中进行记录,来全面反映经济业务中资金运动的来龙去脉。基于此,借贷记账法的记账规则可以用一句话概括:"有借必有贷,借贷必相等"。

【例3-4】长城公司收到某投资单位投入的资本500 000元存入银行。

分析:该项经济业务一方面使企业的资产"银行存款"增加,另一方面使企业的所有者权益"实收资本"增加。在借贷记账法下,应分别记入"银行存款"账户的借方和"实收资本"账户的贷方,金额均为500 000元,具体登记T形账户结果如下:

【例3-5】长城公司用银行存款100 000元偿还前欠某企业的账款。

分析:偿还前期欠款一方面会使企业的资产"银行存款"减少,另一方面会使企业的负债"应付账款"减少。在借贷记账法下,应分别记入"银行存款"账户的贷方和"应付账款"账户的借方,借、贷方金额均为100 000元,具体登记T形账户结果如下:

(1)有借必有贷:是指每一项经济业务发生之后,采用借贷记账法时,如果一个(或几个)账户是登记在借方,那么与其对应的另一个(或几个)账户肯定是登记在贷方,不能出现同一笔交易或事项的发生额都记录在两个(或几个)账户借方的情况,也不能出现同一笔交易或事项的发生额都记录在账户贷方的情况。比如例题3-4中,"银行存款"账户的500 000元记入借方,则"实收资本"账户的500 000元必须登记到贷方,不能都记入两个账户的借方或都记入两个账户的贷方。

(2)借贷必相等:是指记录一笔交易或事项时,一个(或几个)账户登记在借方的金额,必须与登记在相对应的另外一个(或几个)账户贷方的金额相等。比如例题3-5中,"银行存款"账户借方登记的金额和"应付账款"账户贷方登记的金额必须相等,都是100 000元。

在实际运用借贷记账法的记账规则记录一项经济业务时,要从以下三个方面分析:首先,要根据该经济业务的内容,确定它所涉及的账户;其次,要分析所发生的经济业务引起的有关账户金额是增加还是减少;最后,根据账户的基本结构确定其记账方向以及金额。

实战演练

请依据借贷记账法的记账规则,完成下列两项经济业务的T形账户登记,只登记借、贷方的发生额即可。

1.南方公司收到应收账款60 000元存入银行。

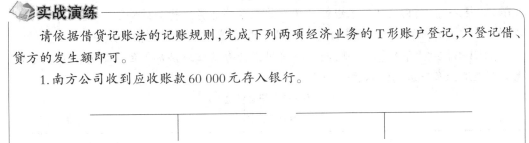

2.南方公司用现金向员工发放上月的工资共计30 000元。

四、账户的对应关系与会计分录

(一)账户的对应关系

运用借贷记账法记录一项经济业务时,都会涉及两个或两个以上的账户,这些相关账户之间就会形成应借应贷的相互对应关系,这种关系称为账户的对应关系,存在对应关系的账户称为对应账户。例如,从银行借入短期借款的经济业务,要记入"银行存款"账户的借方和"短期借款"账户的贷方,则"银行存款"账户和"短期借款"账户之间就形成了相互对应关系,"银行存款"账户和"短期借款"账户互为对应账户。

根据账户之间的对应关系,既可以了解经济业务的内容及来龙去脉,也可以判断经济业务的处理是否合理合法。比如,企业某项经济业务发生后,"原材料"账户和"应付账款"账户之间形成对应关系,且分别在借方和贷方进行了记录,看到这样的账户借贷对应关系,就可以确定这笔经济业务的内容是:企业购入原材料,但款项尚未支付。

思考与讨论

某企业"无形资产"账户记录增加60万元,"实收资本"账户记录也增加了60万元,请判断该企业发生了什么经济业务。

(二)会计分录

由于账户的对应关系可以反映经济业务的内容,因此为了保证会计记录的准确性,在运用借贷记账法记录经济业务前,首先应当编制会计分录以确定其所涉及的账户及其对应关系。

1.会计分录的含义

会计分录简称分录,是表明某项经济业务应借、应贷账户的名称及其金额的一种书面记录。会计分录由账户的名称、记账方向和记账金额三部分组成,这三部分也称会计分录的三要素。

编制会计分录是会计工作的初始阶段,在实际工作中一般是通过填制记账凭证来完成的,见表3-7。编制会计分录也就意味着要对经济业务进行会计确认,为登记账户提供依据。因此,为了确保账户记录的真实性和正确性,必须准确编制会计分录。

【例3-6】2021年11月11日,南方公司用银行存款归还供应单位前期欠款50 000元,则该项经济业务可编制记账凭证如下:

表3-7 记账凭证

2021年11月11日   记字第25号

摘要	会计科目		借方金额										贷方金额										√	
	总账科目	明细科目	千	百	十	万	千	百	十	元	角	分	千	百	十	万	千	百	十	元	角	分		附件
归还前期欠款	应付账款				5	0	0	0	0	0	0	0												
	银行存款															5	0	0	0	0	0	0		1
																								张
合计				¥	5	0	0	0	0	0	0	0		¥	5	0	0	0	0	0	0	0		

会计主管:李明   记账:张清   审核:沈科   出纳:王笑   制单:高宇

2.会计分录的编制

会计分录具有其独特的书写格式,在编制会计分录时应注意:(1)先借后贷,上借下贷,借贷分行;(2)"借"和"贷"字后加冒号,后面跟会计科目和金额;(3)"贷"字与借方科目的首个文字对齐,贷方金额与借方金额适当错开;(4)金额后面不写"元"。

如果将例题3-6的经济业务内容编制为会计分录,则具体书写格式如下所示:

借:应付账款   50 000

 贷:银行存款   50 000

在运用借贷记账法的记账规则编制会计分录时,可以按照以下几个步骤进行编制,以确保会计分录编制准确无误。

第一,确定账户名称,根据经济业务的内容分析确定所涉及的账户;

第二,确定借贷方向,分析会计要素的增减变化,确定应记入账户的借、贷方向;

第三,确定记录金额,根据记账规则,确定记入各个账户的金额,写出会计分录。

会计分录是会计特有的记录语言,也是会计核算的重要基础。在实际工作中,要深刻理解各项经济业务的变动关系,正确编制会计分录,为后续会计工作奠定基础。

实战演练

　　南方公司发生下列两项经济业务,请根据借贷记账法的记账规则,编制下列经济业务的会计分录,并写在空白处。

　　1.借入3个月期限的借款100 000元,已存入银行。

　　2.购入一台机器设备价值48 000元,款项尚未支付(暂不考虑增值税)。

　　3.会计分录的分类

　　根据所涉及账户的多少,会计分录可分为简单会计分录和复合会计分录。简单会计分录是指由一个借方账户和一个贷方账户组成的分录,即一借一贷的会计分录。复合会计分录是由一个借方账户和几个贷方账户或几个借方账户和一个贷方账户或几个借方账户和几个贷方账户组成的分录,即一借多贷、多借一贷或多借多贷的会计分录。复合会计分录实际上是由几个简单的会计分录所组成,因而有必要时可将其分解为若干个简单的会计分录。

　　【例3-7】南方公司接受投资人投入共计250 000元,其中货币资金100 000元存入银行,一台机器设备经过评估价值为150 000元。

　　分析:公司接受投资人投入的货币资金和机器设备,一方面会使企业的资产"银行存款"和"固定资产"分别增加100 000元和150 000元,应记入相应账户的借方;另一方面会使企业的所有者权益"实收资本"增加100 000元和150 000元,共计250 000元,应记入"实收资本"账户的贷方。这笔业务可以写出两个简单的会计分录,但是为了简化,可以将两个会计分录合并,写成一个复合的会计分录如下:

　　借:银行存款　　　　　　　　　　　　　　　　　　　　　　　100 000
　　　　固定资产　　　　　　　　　　　　　　　　　　　　　　　150 000
　　　　贷:实收资本　　　　　　　　　　　　　　　　　　　　　250 000

　　编制复合会计分录,既可以简化记账手续,又能集中、全面地反映某项经济业务的情况。但是不应把不同经济业务合并在一起编制多借多贷的会计分录,以免造成账户之间的对应关系不清楚,不能如实反映经济业务的实质与内容。

五、试算平衡

　　在运用借贷记账法时,为了保证一定会计期间所发生的经济业务能够在账户记录的完整性和正确性,需要在会计期末对本会计期间内所涉及的账户记录进行试算平衡。所谓试算平衡,是指根据借贷记账法的记账规则和会计恒等关系,通过对所有账户的发生额和余额进行汇总计算和比较,来检查账户记录是否正确的一种方法。

思考与讨论

某企业2021年3月末总分类账户发生额及余额见表3-8,请观察下表中所有的账户借方余额合计和贷方余额合计以及所有账户借方本期发生额合计和贷方发生额合计有什么特点?

并思考会出现这样的特点是偶然还是必然?为什么?

表3-8 某企业2021年3月末总分类账户发生额及余额试算表

账户名称	期初余额		本期发生额		期末余额	
	借方	贷方	借方	贷方	借方	贷方
银行存款	850 000		200 000	71 000	979 000	
应收账款	30 000		26 000		56 000	
固定资产	500 000		180 000		680 000	
短期借款		100 000	20 000	200 000		280 000
应付账款		120 000	30 000	5 000		95 000
实收资本		860 000		480 000		1 340 000
资本公积		300 000				
合计	1 380 000	1 380 000	756 000	756 000	17 15 000	1 715 000

（一）试算平衡的种类

借贷记账法的试算平衡是会计工作中经常使用的一种查账方法,主要包括发生额试算平衡和余额试算平衡。

1.发生额试算平衡

发生额试算平衡是指依据借贷记账法的记账规则来检查本期全部账户借方发生额合计数与全部账户贷方发生额合计数是否相等的方法。

在借贷记账法下,每一项经济业务都是按照"有借必有贷,借贷必相等"的记账规则在各有关账户中进行记录。因此,当某一会计期间所发生的经济业务全部登记入账后,所有账户的借方发生额必然等于所有账户的贷方发生额。所以,可以通过进行发生额试算平衡来检查账户记录是否正确。其平衡公式如下:

全部账户借方本期发生额合计=全部账户贷方本期发生额合计

2.余额试算平衡

余额试算平衡是依据会计恒等关系来检查所有账户的期末(初)借方余额合计数和期末(初)贷方余额合计数是否相等的方法。余额试算平衡包括期末余额试算平衡和期初试算平衡。

在会计期末,只有资产、负债和所有者权益这三类账户有期末余额。其中,资产类账户的期末余额一般在借方,负债类和所有者权益类账户的期末余额一般在贷方。因此,根据"资产=负债+所有者权益"的恒等关系,所有账户的期末借方余额合计数必然等于所有账户的期末贷方余额合计数。由于本期的期末会转入下一期期初,因此所有账户的期初借方余额合计数与所有账户的贷方期初余额合计数也必然相等。余额试算平衡公式如下所示:

全部账户期末(期初)借方余额合计=全部账户期末(期初)贷方余额合计

在实际会计工作中,由于种种原因难免会发生记账错误的情况,因此通过试算平衡保证账务处理和会计信息的准确性成为会计工作不可缺少的一环。

(二)试算平衡表的编制

试算平衡工作,一般是在结出所有账户的本期发生额和期末余额后,通过编制试算平衡表来进行的。试算平衡表中一般应设置"期初余额""本期发生额""期末余额"三大栏,其下分别设置"借方"和"贷方"两个小栏。各大栏中的借方合计与贷方合计应该相等,否则便存在记账错误的情况。下面通过举例来说明记账和进行试算平衡的具体步骤。

【例3-8】已知长城公司2021年5月发生的经济业务以及有关账户期初余额见表3-9,假设暂不考虑增值税问题,请根据下面资料内容,编制长城公司2021年5月末的试算平衡表。

(1)5月5日,从银行提取现金5 000元。

(2)5月9日,向供应单位购入原材料30 000元,其中20 000元货款用银行存款支付,而其余10 000元货款拖欠未付。

(3)5月10日,从银行借入6个月期的借款50 000元。

(4)5月21日,收到甲公司前期所欠的货款55 000元存入银行。

(5)5月29日,投资人投入机器设备一台,价值100 000元。

表3-9　长城公司2021年5月份各账户期初余额

账户名称	金额	账户名称	金额
库存现金	5 000	应付账款	30 000
银行存款	120 000	短期借款	100 000
原材料	55 000	资本公积	50 000
固定资产	500 000	实收资本	600 000
应收账款	100 000		
合计	780 000	合计	780 000

第一,根据经济业务的内容,编制会计分录如下:

(1)借:库存现金　　　　　　　　　　　　　　　　　　　　　　　5 000
　　　贷:银行存款　　　　　　　　　　　　　　　　　　　　　　　　5 000

(2)借:原材料　　　　　　　　　　　　　　　　　　　　　　　　30 000
　　　贷:银行存款　　　　　　　　　　　　　　　　　　　　　　　20 000

	应付账款	10 000
(3)借:银行存款		50 000
	贷:短期借款	50 000
(4)借:银行存款		55 000
	贷:应收账款	55 000
(5)借:固定资产		100 000
	贷:实收资本	100 000

第二,根据上述会计分录登记各账户的T字形账,具体过程如下所示:

借方		库存现金		贷方
期初余额	5 000			
(1)	5 000			
本期借方发生额	5 000	本期贷方发生额		0
期末余额	10 000			

借方		银行存款		贷方
期初余额	120 000			
(3)	50 000	(1)		5 000
(4)	55 000	(2)		20 000
本期借方发生额	105 000	本期贷方发生额		25 000
期末余额	200 000			

借方		原材料		贷方
期初余额	55 000			
(2)	30 000			
本期借方发生额	30 000	本期贷方发生额		0
期末余额	85 000			

借方		固定资产		贷方
期初余额	500 000			
(5)	100 000			
本期借方发生额	100 000	本期贷方发生额		0
期末余额	600 000			

借方		应收账款	贷方
期初余额	100 000		
		（4）	55 000
本期借方发生额	0	本期贷方发生额	55 000
期末余额	45 000		

借方		应付账款	贷方
		期初余额	30 000
		（2）	10 000
本期借方发生额	0	本期贷方发生额	10 000
		期末余额	40 000

借方		短期借款	贷方
		期初余额	100 000
		（3）	50 000
本期借方发生额	0	本期贷方发生额	50 000
		期末余额	150 000

借方		资本公积	贷方
		期初余额	50 000
本期借方发生额	0	本期贷方发生额	0
		期末余额	50 000

借方		实收资本	贷方
		期初余额	600 000
		（5）	100 000
本期借方发生额	0	本期贷方发生额	100 000
		期末余额	700 000

第三，将 T 字形账户中的期初余额、本期发生额以及期末余额分别填入试算平衡表中。

表3-10　长城公司2021年1月末总分类账户发生额及余额试算表

账户名称	期初余额		本期发生额		期末余额	
	借方	贷方	借方	贷方	借方	贷方
库存现金	5 000		5 000		10 000	
银行存款	120 000		105 000	25 000	200 000	
原材料	55 000		30 000		85 000	
固定资产	500 000		100 000		600 000	
应收账款	100 000			55 000	45 000	
应付账款		30 000		10 000		40 000
短期借款		100 000		50 000		150 000
资本公积		50 000				50 000
实收资本		600 000		100 000		700 000
合计	780 000	780 000	240 000	240 000	940 000	940 000

第四,计算出试算平衡表中的合计,比较借贷方合计是否相等。从表3-10可以看出,长城公司各账户期初借方和贷方合计都为780 000元;本期借方发生额为240 000元,贷方发生额也为240 000元,二者相等;期末余额借方和贷方合计都为940 000元。通过编制试算平衡表发现该企业2021年5月末余额和发生额都试算平衡,可见该企业本月账务记录基本正确。

思考与讨论

如果试算平衡表中借贷平衡,是不是表示记账或算账一定没有错误? 哪些错误可能无法通过试算平衡表查找到?

需要注意的是,试算平衡表是通过计算借贷金额合计数是否平衡来检查账户记录是否正确。如果借贷双方发生额合计数或余额合计数不相等,可以确定账户记录或计算有错误;如果借贷双方发生额合计数或余额合计数相等,可以表明账户记录基本正确,但是也不能肯定记账一定没有错误。因为有些错误并不影响借贷双方的平衡关系,这些错误通常包括以下几个方面:(1)某项经济业务借贷方重记或漏记,使本期借贷双方发生额等额增加或减少;(2)某项经济业务在记录时,借贷双方金额同时多记或少记相同的金额;(3)某项经济业务应借、应贷账户相互颠倒;(4)记错账户名称。

由于以上错误并不影响借、贷的平衡关系,因此无法通过试算平衡表检查出来,所以还需要通过其他方法进行核对和检查。此外,在账务处理中,对一切会计记录要进行经常或定期的复核,以保证账户记录的正确性。

本章小结

本章主要介绍了会计科目的概念和内容、会计账户的概念和基本结构以及借贷记账法的记账符号、记账规则、会计分录和试算平衡等内容。

1.会计科目是对会计要素具体内容进行分类核算的项目,按经济内容分为资产类、负债类、所有者权益类、成本类、损益类和共同类;按提供信息的详细程度分为总分类科目和明细分类科目。

2.会计账户是根据会计科目设置的,具有一定的格式和结构,用来分类、连续地记录经济业务的工具,不同性质的账户,其结构也不一样。

3.借贷记账法是以"借"和"贷"为记账符号,记录经济业务增减变化的一种复式记账方法,其记账规则为"有借必有贷,借贷必相等";会计分录是对每项经济业务列示出应借、应贷的账户名称及其金额的一种记录;试算平衡是通过发生额试算平衡和余额试算平衡来检查记录是否正确的一种方法。

自我检测

一、单项选择题

1.会计账户设置的依据是( )。
  A.会计对象   B.会计要素   C.会计科目   D.会计方法

2.下列账户中的期末余额一般在借方的是( )。
  A.累计折旧   B.短期借款   C.应付账款   D.库存商品

3.关于收入类账户,下列说法正确的是( )。
  A.增加额记入账户的借方   B.增加额记入账户的贷方
  C.期末结账后有借方余额   D.期末结账后有贷方余额

4.某公司月初有短期借款40万元,本月向银行借入短期借款45万元,以银行存款偿还短期借款20万元,则月末"短期借款"账户的余额是( )。
  A.借方65万元   B.贷方65万元   C.借方15万元   D.贷方15万元

5.目前,我国企业采用的复式记账法是( )。
  A.单式记账法   B.增减记账法   C.借贷记账法   D.收付记账法

6.关于借贷记账法,下述说法错误的是( )。
  A.是一种复式记账方法   B.以"借""贷"作为记账符号
  C.借、贷方分别表示增加和减少   D.记账规则是"有借必有贷,借贷必相等"

7.年末结账后,下列会计科目中,一定没有余额的有( )。
  A.管理费用   B.生产成本   C.应付账款   D.本年利润

8.下列情况中,能通过试算平衡发现记账错误的是( )。
  A.漏记某项经济业务   B.应借应贷账户的借贷金额不等

C.记账方向颠倒   D.用错会计科目

二、多项选择题

1.下列各项中,反映所有者权益的账户有(   )。

A.实收资本   B.盈余公积   C.应付利润   D.本年利润

2.收到投资者投入一辆运输车辆价值28万元,运用借贷记账法记录该项经济业务时应(   )。

A.借记"固定资产"28万元   B.贷记"实收资本"28万元

C.贷记"固定资产"28万元   D.借记"实收资本"28万元

3.下列账户中,与银行存款账户结构相反的是(   )。

A.库存现金   B.应付账款   C.生产成本   D.资本公积

4.会计分录的三要素包括(   )。

A.会计账户   B.记账方向   C.记账金额   D.核算方法

5.经协商,企业将一笔短期借款500 000元延期两年后偿还,则该项经济业务应编制的会计分录是(   )。

A.借记"长期借款"50 000元   B.贷记"长期借款"50 000元

C.借记"短期借款"50 000元   D.贷记"短期借款"50 000元

三、判断题

1.会计账户是根据会计科目设置的,会计科目有结构,会计账户没有结构。   (   )

2.如果明细科目较多,可以在总分类科目下设置二级或三级明细科目。   (   )

3.财务费用账户属于成本类账户,借记增加,贷记减少,期末余额一般在借方。

(   )

4.权益类账户期末余额=期初余额+本期借方发生额−本期贷方发生额。   (   )

5.复合会计分录实际上是由若干简单会计分录复合而成的。   (   )

6.编制试算平衡表时,如果试算不平衡,则账户记录或计算一定有错误;如果试算平衡,可大体推断账户记录正确,但不能绝对肯定账户记录无误。   (   )

职业能力提升

1.[目的]熟练借贷记账法下各类账户的结构。

[资料]2021年12月31日,某公司的部分资产、负债及所有者权益情况见表3-11。

[要求]请根据账户期初余额、本期发生额和期末余额的计算方法,填列表3-11括号中的内容。

表3-11 某企业2021年12月31日部分账户发生额及余额情况

账户名称	期初余额		本期发生额		期末余额	
	借方	贷方	借方	贷方	借方	贷方
库存现金	1 500		10 000	( )	10 500	

续表

账户名称	期初余额		本期发生额		期末余额	
	借方	贷方	借方	贷方	借方	贷方
银行存款	30 000		( )	60 000	152 000	
库存商品	( )		260 000	275 000	38 500	
应收账款	40 000		35 000	( )	55 000	
短期借款		( )	500 000	1 000 000		1 010 000
应付账款		20 000	( )	150 000		52 000
销售费用			15 000	( )		
实收资本		3 000 000	( )	1 000 000		3 500 000

2.[**目的**]练习会计分录的编制、T形账户的登记以及试算平衡方法。

[**资料**]甲公司是一家服装制造企业,公司2021年4月1日有关账户的期初余额见表3-12,且该公司4月份发生下列经济业务:

(1)4月5日,企业购入原材料12 000元,款项尚未支付。

(2)4月9日,用银行存款归还到期的短期借款50 000元。

(3)4月10日,收回客户所欠货款38 000元,存入银行。

(4)4月16日,收到投资者投入的货币资金100 000元,存入银行。

(5)4月21日,从银行提取现金10 000元用于发放职工福利。

(6)4月25日,购入一台机器设备价值为20 000元,款项尚未支付。

表3-12 甲公司2021年4月1日各账户的期初余额

账户名称	金额	账户名称	金额
库存现金	3 000	短期借款	100 000
银行存款	200 000	应付账款	85 000
应收账款	150 000	实收资本	500 000
原材料	52 000		
固定资产	280 000		
合计	685 000	合计	685 000

[**要求**]暂不考虑增值税,请根据以上资料内容完成:(1)编制上述业务的会计分录;(2)开设相关账户的T形账,并根据账户期初余额和编制的会计分录进行账户登记;(3)根据各账户计算出的发生额和期末余额,编制甲公司2021年4月30日的试算平衡表。

课外项目

[**实训项目**] 熟悉会计科目和复式记账法。

[**项目任务**] 班里的同学可单独成组或 2~3 人为一组,利用网络资源,完成以下课外任务:

1.登录财政部网站查找《企业会计准则——应用指南》,了解新会计科目体系及其核算的具体内容,并熟记常用的会计科目。

2.复式记账有借贷记账法、增减记账法和收付记账法,认识了借贷记账法后,再在网上查找关于增减记账法和收付记账法的相关内容,并思考为什么借贷记账法能成为被国际会计界广泛采用的记账方法?

[**成果展示**] 每个小组成员将自己查找到的资料可通过班级群与其他小组分享,由教师在课堂上进行随机抽查各小组的完成情况并做出评价。

第四章　制造业企业主要经济业务的核算

┌─ 学习目标 ─

　　1.熟悉制造业企业生产经营过程中主要经济业务的具体内容,了解企业经济活动背后资金的循环和周转过程;

　　2.理解主要经济业务所设置的账户以及借贷记账法的运用;

　　3.掌握制造业企业各类经济业务的会计核算。

导入案例

　　纺柔服装制造公司(简称"纺柔公司"),在2021年8月15日购买了10台新的缝纫机,缝纫机的售价为每台5 200元。由于纺柔公司一次性全款支付,缝纫机制造商同意按照原价9折出售,开出增值税专用发票,发票上注明商品的价款总计为46 800元,增值税6 084元。另外,纺柔公司用银行存款还支付了缝纫机的运费1 000元。纺柔公司对此进行会计处理如下:

　　固定资产增加47 800元,应交税费减少6 084元,银行存款减少53 884元。

　　纺柔公司向某服装商场销售一批服装,开出增值税专用发票,发票上注明商品价款总计10 000元,增值税1 300元。货物已发出,替服装商场垫付了运费500元,用现金支付。纺柔公司和该服装商场约定1个月后支付货款。纺柔公司对此进行了会计处理如下:

　　应收账款增加11 800,收入增加10 000元,应交税费增加1 300元,库存现金减少500元。

　　纺柔公司购买的设备价值为什么是47 800元,而不是53 884元? 公司卖出一批服装的销售收入为什么是10 000元,而不是11 300元? 纺柔公司这样进行会计处理的依据是什么? 在本章学习中我们将讨论学习相关业务的会计处理。

第一节　制造业企业主要经济业务概述

　　企业一般是指以营利为目的,运用各种生产要素,向市场提供商品或服务,实行自主经营、独立核算的经济组织。企业的基本职能就是从事生产、流通和服务等经济活动,向社会提供产品或服务,以满足社会的需要。根据经营业务性质不同,企业可以划分为制造业企业、商业企业和服务企业等。其中,制造业企业是指从事生产、加工以及维修的企业,其完整的生产经营过程由供应过程、生产过程和销售过程构成。

为了从事产品生产和销售,企业必须通过一定的渠道获得且拥有一定数量的资金,并将这些资金运用于生产经营当中。拥有资金之后,企业首先购买生产产品所需的物资,然后进行生产,生产完工后进行销售,最后通过销售实现资金增值后,有一部分资金会以支付股利或分配利润的方式支付给投资者而退出企业的经营活动。资金形态的不断转化,也就形成了经营活动的不同阶段。具体来说,企业的主要经济业务包括资金筹集业务、供应过程业务、生产过程业务、销售过程业务、财务成果形成与分配业务五方面的内容。

🔖 思考与讨论

通过网络查找制造业企业和商品流通企业的相关资料,思考并讨论制造业企业和商品流通企业有何不同,在会计核算方面有哪些区别。

一、资金筹集业务

企业要进行经营活动必须要拥有一定数量的资金,因此企业在开始生产加工之前需要通过各种渠道筹集生产经营所需的资金。资金筹集的渠道主要包括接受投资人投入和向债权人借入两种途径,分别形成了企业的所有者权益和负债。资金筹集是企业生产经营活动的首要条件,也是资金运动过程的起点。企业筹集到的资金最初一般表现为货币资金形态,也可以说,货币资金是资金运动的起点。完成筹集资金任务以后,接下来企业可以开展正常的经营活动,进入到供、产、销过程。

二、供应过程业务

企业筹集到资金以后就进入供应过程,供应过程是为生产产品做准备的过程。在这个阶段,企业需要用筹集到的货币资金购买原材料、机器设备、厂房等物资资料,为生产产品做好各项准备,这时候的资金形态由货币资金转化为储备资金。

三、生产过程业务

为生产产品做好准备之后,接下来就可以进行产品的生产加工,即进入生产过程。在这个阶段,企业通过组织工人对材料进行加工,生产出社会所需的各种产品,同时也会发生各种费用,包括耗费材料形成的材料费用、使用厂房和机器设备等形成的折旧费、向员工支付的工资及福利费用等。在生产过程中,资金的形态由储备资金转化为生产资金。当产品生产完工并验收入库,资金的形态又从生产资金转化为成品资金。

四、销售过程业务

产品完工验收入库,可以随时进行销售,即进入销售过程。企业通过销售产品,实现资金的回笼或形成债权。在这个过程中,资金的形态从成品资金又转化为货币资金,回到资金最初的形态。在此期间,还要支付销售费用、缴纳税金、结转销售产品的成本等,这些都是销售过程需要核算的内容。

五、财务成果的形成与分配业务

企业进行经营活动的主要目的是盈利,因此企业需要核算出一定时间内是实现利润还是出现亏损,即企业的财务成果。如果实现利润,企业还应按有关规定和协议对财务成果进行合理的分配。通过利润分配,一部分资金会退出企业,一部分资金会以公积金等形式继续参加到企业的资金周转当中。

综上可见,资金筹集、供应过程、生产过程、销售过程、财务成果的形成和分配五个环节会在制造业企业的经营过程中不断地反复,同时各个环节也是会计核算的主要内容。

课堂小测试4-1

1.(单选题)制造业企业与其他企业经济业务的主要区别在于(　　)。

　A.资金筹集业务　　B.生产业务　　　　C.销售业务　　　　D.利润分配业务

2.(多选题)下列属于供应过程业务内容的是(　　)。

　A.购原材料　　　　B.购买燃料　　　　C.购买股票　　　　D.购置固定资产

第二节　资金筹集业务的核算

企业只有获得一定数量的资金,才能进行正常的生产经营活动。因此,每一个企业在建立初期,首先需要按照有关规定并结合实际情况,从不同渠道筹集资金,为后期开展生产经营活动奠定物质基础。制造业企业的资金来源主要有两条渠道:一是投资者投入的资金;二是向债权人借入的资金。因此,投入资金业务的核算和借入资金业务的核算,就构成了资金筹集业务核算的主要内容。

一、投入资金业务的核算

投入资金是投资者投入到企业的资本,是企业所有者权益的重要组成部分,主要包括实收资本和资本公积。

(一)实收资本的核算

1.设置的主要账户

实收资本是指企业按照章程规定或合同、协议约定,接受投资者投入企业的资本。实收资本的构成比例或股东的股份比例,是确定所有者在企业所有者权益中份额的基础,也是企业进行利润或股份分配的主要依据。

企业的资本金按照投资主体的不同,可以分为国家投入资本、法人投入资本、个人投入资本和外商投入资本;按照投资人出资方式不同,企业的资本金又可分为货币资金投资、实物资产投资、无形资产投资等。关于实收资本的核算,在会计上需要设置"实收资本""银行存款"等账户。

(1)"实收资本"账户是所有者权益类账户,用以核算按照企业章程的规定,由投资者投入企业的资本(股份制公司称为股本)。其贷方登记投资者投入资本以及企业按规定将资本公积、盈余公积转增的资本数;借方登记企业按法定程序报经批准减少的注册资本数;期末余额在贷方,表示期末投资者投入资本的实有数。该账户可以按照投资者不同设置明细账,进行明细核算,具体账户结构如下:

借方	实收资本	贷方
实收资本的减少数	实收资本的增加数	
	期末余额:实收资本的实有数	

(2)"银行存款"账户属于资产类账户,主要用来核算企业存入银行或其他金融机构的各种款项。其借方登记银行存款的增加额;贷方登记银行存款的减少额;期末余额在借方,表示期末银行存款结余数。该账户应按照银行不同进行明细核算,具体账户结构如下:

借方	银行存款	贷方
银行存款的增加数	银行存款的减少数	
期末余额:银行存款的结余数		

2.主要经济业务的核算

投资者投入到企业的资本可以是货币资金、实物资产,也可以是无形资产等。进行财务处理时,在不考虑税费问题的情况下,借方可以记入"银行存款""固定资产""无形资产""原材料"等账户;贷方记入"实收资本"账户。

【例4-1】广元有限公司收到投资人乙公司投入的货币资金100 000元,款项通过银行划转。

分析:企业收到投资人投入的货币资金时,一方面会使企业的资产(银行存款)增加100 000元;另一方面会使所有者权益(实收资本)增加100 000元。可见,这项业务涉及"银行存款"和"实收资本"两个账户;且"银行存款"增加应该记入账户的借方,"实收资本"增加应该记入账户的贷方,故而编制会计分录如下:

借:银行存款   100 000

  贷:实收资本——乙公司   10 000

【例4-2】广元有限公司接受丙公司投入的全新设备一台,确定其价值为150 000元,该设备已投入使用。

分析:企业接受投资人投入机器设备时,一方面使企业的资产增加,机器设备属于固定资产,即固定资产增加150 000元;另一方面使所有者权益增加,具体为实收资本增加

150 000元。可见,该项业务涉及"固定资产"和"实收资本"两个账户;且"固定资产"的增加应该记入借方,"实收资本"的增加应该记入贷方,因而编制会计分录如下:

借:固定资产 150 000

贷:实收资本——丙公司 150 000

【例4-3】广元公司接受丁公司以一块土地使用权作为投资,经投资双方共同确认土地使用权的价值为3 600 000元,已办完各种手续。

分析:土地使用权属于无形资产,企业接受投资人土地使用权时,一方面使企业的无形资产增加3 600 000元,应记入"无形资产"账户的借方;另一方面使企业的实收资本增加3 600 000元,应记入"实收资本"账户的贷方。因此,该项经济业务可编制会计分录如下:

借:无形资产 3 600 000

贷:实收资本——丁公司 3 600 000

实战演练

南方公司是一家家具制造企业,2021年10月5日,接受A公司的投资共计900 000元,其中:一批价值100 000元的材料、一项价值600 000元的专利权以及货币资金200 000元存入银行。请根据资料内容编制会计分录,并写在下面空白处。

(二)资本公积的核算

资本公积是企业收到投资者出资额超过其在注册资本(或股本)中所占份额的部分,以及其他资本公积等。资本公积从本质上来说属于投入资本的范畴,但由于我国采用注册资本制度,限于法律的规定而无法将投资者投资超过其在注册资本(或股本)中所占份额的部分直接记入实收资本或股本,进而产生了资本公积。

资本公积与实收资本虽然同属于投入资本的范畴,但是二者有一定的区别。实收资本一般是投资者为谋取投资回报而对企业的原始投资,属于法定资本,除按规定增资或减资外,对实收资本的金额和来源一般限制得较为严格;而资本公积的主要来源是资本或股本的溢价,是投资者实际缴付的投入资本超过设定价值或股票面值的部分,以及直接计入资本公积的各种利得和损失等,由于法律规定而无法直接以实收资本的名义出现。

拓展阅读

注册资本和实收资本

注册资本也叫法定资本,是公司制企业章程规定的全体股东或发起人认缴的出资额或认购的股本总额,并在公司登记机关依法登记。对于公司而言,注册资本可以理解为公司成立之初,股东承担公司责任的意愿和能力的限度。而实收资本是投资者作为资本投入企业的各种财产,是企业注册登记的法定资本总额的来源。

我国《企业法人登记管理条例》规定,除国家另有规定外,企业的实收资本应当与注册资本一致。公司在经营管理过程中,要依照严格的程序,不可以随意增减注册资本。企业实收资本比原注册资本数额增减超过20%时,应持资金使用证明或验资证明,向原登记主管机关申请变更登记。如擅自改变注册资金或抽逃资金等,要受到工商行政管理部门的处罚。

资本公积的主要用途是转增资本,即在办理增资手续后用资本公积转为实收资本。为了反映和监督资本公积金的增减变动及其结余情况,需要设置"资本公积"账户。

"资本公积"的账户性质是所有者权益类,主要用来核算企业收到投资者出资额超过其注册资本或股本所占份额的部分及直接计入所有者权益的利得或损失。其贷方登记企业从不同渠道获得的资本公积,即资本公积增加数;借方登记资本公积减少数;期末余额在贷方,表示期末资本公积结余数。该账户应该按照"资本溢价""股本溢价""其他资本公积"设置明细账,进行明细核算,具体账户结构如下:

借方	资本公积	贷方
资本公积的减少数	资本公积的增加数	
	期末余额:资本公积的实有数	

课堂小测试4-2

1.(单选题)企业接受投资者投入的资本不可能记入贷方科目的是(　　)。

　A.股本　　　　　B.实收资本　　　　C.盈余公积　　　　D.资本公积

2.(单选题)资本公积的主要用途是(　　)。

　A.弥补亏损　　　　B.转增资本　　　　C.分配股利　　　　D.归还投资

收到投资人投入的资金超过投资者在企业注册资本或股本中所占份额的部分,需要记入资本公积。在进行账务处理时,根据出资方式不同,借方可记入"银行存款""固定资产""无形资产"等账户,贷方则记入"资本公积——资本溢价(股本溢价)"账户。当资本公积转增资本时,则借记"资本公积"账户,贷记"实收资本"账户。

【例4-4】 广元公司接受乐宇公司的投资5 000 000元,其中4 000 000元作为实收资本,另1 000 000元作为资本公积,公司收到该投资者的投资后存入银行,其他手续已办妥。

分析: 该项经济业务,首先会使企业的资产增加,由于资本已存入银行,则银行存款会增加5 000 000元;另外,投资者投入使得所有者权益增加,其中4 000 000元为法定额部分应当记入"实收资本"账户,1 000 000元为超过法定资本额的部分,应记入"资本公积"账户且具体为资本溢价,故而该项业务涉及"银行存款""实收资本""资本公积"三个账户,具体会计分录编制如下:

借:银行存款　　　　　　　　　　　　　　　　　　　　　　5 000 000

　贷:实收资本——乐宇公司　　　　　　　　　　　　　　　　4 000 000

　　资本公积——资本溢价　　　　　　　　　　　　　　　　　1 000 000

【例4-5】经过股东大会批准,广元公司将资本公积600 000元转增为资本金。

分析:该项经济业务是资本公积转增为资本金,则资本公积会减少,而实收资本会增加。资本公积减少应该记入账户的借方,实收资本增加应记入账户的贷方,故而编制会计分录如下:

借:资本公积　　　　　　　　　　　　　　　　　　　　　　　　600 000

　　贷:实收资本　　　　　　　　　　　　　　　　　　　　　　　600 000

实战演练

远航集团为股份制公司,委托某证券公司代理发行普通股5 000 000股,每股面值1元,每股按1.2元的价格出售,股票全部发行,款项已收到。请根据资料内容编制该项经济业务的会计分录。

二、借入资金业务的核算

企业在生产经营过程中,如果出现周转资金不足的情况,可以向银行或其他金融机构取得借款,这是制造业企业资金的另一个来源,也就形成了企业的负债。负债按其流动性,可以分为流动负债和非流动负债。流动负债是指能够在1年内(含1年)或超过1年的一个营业周期内可以偿还的债务,比如短期借款。非流动负债是指偿还期在1年以上或超过1年的一个营业周期以上的债务,比如长期借款。关于负债资金筹集业务的核算,由于非流动负债的核算比较复杂,这里主要以流动负债中的短期借款为例进行介绍。

(一)设置的主要账户

为了反映短期借款本金和利息的增减变动及其结余情况,在会计上需要设置"短期借款""应付利息""财务费用"等账户。

(1)"短期借款"账户是负债类账户,用来核算企业向银行或其他金融机构借入的偿还期限在1年以内(含1年)的各种借款。其贷方登记企业取得的借款本金金额;借方登记归还的借款本金金额;期末余额在贷方,表示尚未偿还的短期借款。该账户可以按照债权人、借款种类不同等设置明细分类账,进行明细核算,具体账户结构如下:

借方	短期借款	贷方
归还短期借款的数额	借入短期借款的数额	
	期末余额:尚未偿还的短期借款	

(2)"应付利息"账户是负债类账户,主要用来核算企业按照合同约定应该支付的利息。其贷方登记企业按照合同约定计算出的应该支付的利息;借方登记实际已经支付的利息;期末余额在贷方,反映企业应该支付但尚未支付的利息。该账户可以按照债权人不

同设置明细分类账,进行明细分类核算,具体账户结构如下:

借方	应付利息	贷方
已经支付的利息	应支付的利息	
	期末余额:尚未支付的利息	

(3)"财务费用"账户是损益类账户,用来核算企业为筹集生产经营所需资金等而发生的筹资费用,包括利息支出、汇兑损益以及相关手续费等。其借方登记企业发生的各项财务费用;贷方登记冲减财务费用的利息收入、汇兑收益以及期末转入"本年利润"账户的金额;结账过后期末无余额。该账户应按照费用项目进行明细分类核算,具体账户结构如下:

借方	财务费用	贷方
利息支出、手续费、汇兑损失等	利息收入、汇兑收益	
	期末转入"本年利润"	

(二)主要经济业务的核算

短期借款是指企业为了满足其生产经营对资金的临时性需要而向银行或其他金融机构等借入的偿还期限为1年或1年以内的各种借款。一般情况下,企业取得短期借款的目的是维持正常的生产经营活动的需要或者抵偿某种债务。企业取得短期借款需要按照合约规定向银行或其他金融机构支付一定的利息,利息的计算方式如下:

$$借款利息=借款本金×利率×时间$$

取得短期借款后,企业必须要按期归还本金,并按时支付利息。由于短期借款利息的支付方式和支付时间不同,会计处理的方法也不一样。

思考与讨论

如果企业向银行借入短期借款,则企业可以选择什么时候向银行支付利息? 不同的时间点支付利息,在会计账务处理中会有什么不同?

【例4-6】2021年1月初,广元有限公司从银行取得借款240 000元,期限3个月,年利率为6%。合同约定按月计息,季末支付,款项已存入银行。

(1)取得借款时的业务核算

分析:企业在2021年1月初取得借款且借款期限为3个月,则会导致短期借款增加;此外,借款已存入银行,则银行存款也会增加。因此,取得借款的业务会涉及涉及"短期借款"和"银行存款"两个账户,且会计分录编制如下:

借:银行存款　　　　　　　　　　　　　　　　　　　　　　　　240 000
　　贷:短期借款　　　　　　　　　　　　　　　　　　　　　　　240 000

（2）月末计提利息的核算

分析：该项借款业务的利息是季末支付，但是按照权责发生制，每个月应该计算出本月承担的利息额，那么企业1月份应承担的利息为240 000×6%÷12=1 200元，借款利息属于财务费用，因此企业的财务费用会增加，应记入"财务费用"账户的借方；此外，由于1月承担的利息尚未支付，到季末才会支付，因此会使企业产生负债，应记入"应付利息"账户的贷方，故而1月末计提利息时，企业应当编制会计分录如下：

借：财务费用　　　　　　　　　　　　　　　　　　　　　　　　1 200
　　贷：应付利息　　　　　　　　　　　　　　　　　　　　　　　1 200

由于该项借款期限为3个月，则2月末和3月末同样需要计提当月应承担的利息，且利息都为1 200元，会计人员需要在每月末做与1月末同样的会计处理。

（3）季末支付借款利息的核算

分析：借款3个月后到期，需要按照规定在季末支付利息，3个月利息共1 200×3=3 600元，用银行存款支付，则银行存款会减少；偿还利息后，企业的负债，则应付利息减少，因此关于支付借款利息的业务可编制会计分录如下：

借：应付利息　　　　　　　　　　　　　　　　　　　　　　　　3 600
　　贷：银行存款　　　　　　　　　　　　　　　　　　　　　　　3 600

（4）季末偿还借款本金的核算

分析：季末借款到期，除了要支付利息外，还要归还本金240 000元，归还本金会导致银行存款减少，此外短期借款也会减少，因此可编制会计分录如下：

借：短期借款　　　　　　　　　　　　　　　　　　　　　　　240 000
　　贷：银行存款　　　　　　　　　　　　　　　　　　　　　　240 000

实战演练

南方公司于2021年10月1日从银行取得期限为3个月的短期借款50 000元，用于生产经营周转，年利率为8.4%，合同约定该企业对此项短期借款的利息支付采用按月计息、季末支付的方法，请根据资料内容编制会计分录。

（1）取得借款时；

（2）按月计提10月、11月、12月的利息；

（3）期末还本付息。

以上是短期借款每月计提利息，季末一次性偿还利息的情况，在实际中也有每月需要支付利息，期末偿还本金的情况。这时，取得借款和偿还借款的业务核算与上述例题相同，不同的是每月末需要直接支付利息，这时候因为当月支付了利息，因此不会产生负债"应付利息"，如果用银行存款支付，则编制的会计分录为：

借:财务费用   1 200

    贷:银行存款   1 200

2月末和3月末需要做一样的会计处理,到季末的时候因为利息已经提前支付,因此不需要支付利息,只需要偿还本金即可。

第三节 供应过程业务的核算

企业在筹到资金以后,接下来需要为生产产品做好各方面的物资准备工作,即进入供应过程。在供应过程中,比较重要的就是准备劳动资料(如厂房、机器设备等)和劳动对象(如原材料等)。因此,固定资产购建业务和材料采购业务的核算就构成了供应过程业务的主要内容。

一、固定资产购建业务的核算

固定资产是指企业为生产产品、提供劳务、出租或者经营管理而持有的使用时间超过一个会计年度的有形资产,主要包括房屋、建筑物、机器设备、运输工具以及其他与生产经营活动有关的设备、器具、工具等。

企业取得固定资产的入账价值按固定资产取得时的实际成本确定。固定资产取得时的实际成本,包括企业单位购建固定资产达到预定可使用状态前所发生的一切合理的、必要的支出,它反映的是固定资产达到预定可使用状态时取得成本。

固定资产取得方式不同,其成本的具体构成内容和确定方法也不尽相同。企业所需的固定资产可以通过外购和自建的方式获得。其中,外购固定资产的成本包括购买价款、相关税费、使固定资产达到预定可使用状态前所发生的可归属于固定资产的运输费、装卸费、安装费和专业人员服务费等。例如,长城公司购买一台设备支付了价款50 000元,还支付了运输费2 000元,装卸费1 000元,安装费1 500元,则这台设备的入账价值应为:50 000+2 000+1 000+1 500=54 500元。自行建造的固定资产的成本,由建造该项资产达到预定可使用状态前所发生的必要支出构成,包括工程用物资成本、人工成本、交纳的相关税费、应分摊的间接费用等。

特别需要说明的是,一般纳税人企业为购买固定资产所支付的价款中含有的增值税不计入固定资产的成本,而作为支付税费进行处理。

📚**拓展阅读**

"增值税"知多少?

增值税是以商品(含应税劳务)在流转过程中产生的增值额作为计税依据而征收的一种流转税。根据我国增值税相关法规规定,在我国境内销售货物或者提供加工、修理修配劳务以及进口货物的单位和个人为增值税的纳税人。

按照会计核算水平和经营规模不同,增值税纳税人分为一般纳税人和小规模纳税人两类,分别采取不同的增值税计税方法。制造业企业一般纳税人的税率在2018年5月1日以前为17%,2018年5月1日至2019年4月1日之间为16%,2019年4月1日以后降为13%;小规模纳税人征收税率为3%。

我国目前增值税的计税方法采用购进扣税法,是指不直接计算增值额,而是以销售应税货物收取的销项税额,扣除购进货物或应税劳务已纳或支付的进项税额,其余额即为纳税人应纳的增值税税额。应纳税额具体计算公式如下:

增值税一般纳税人的应纳税额=增值额×13%=(售价−进价)×13%=售价×13%−进价×13%=销项税额−进项税额

纳税人如果想要抵扣进项税额需要取得法定扣税凭证,即增值税专用发票;增值税费发票除了有专用发票外,还有普通发票,普通发票是不能作为扣税凭证的,应该同小规模纳税人一样计算纳税额。对于小规模纳税人,采用简易征收办法,含税价均要计入成本,进项税额不得进行抵扣,应纳税额=销售额×3%。

需要说明的是,在后续的学习中,无特殊说明,本书中均以增值税一般纳税人为例且取得增值税专用发票。

(一)设置的主要账户

为了核算固定资产的增减变动及其结余情况,在会计上需要设置"固定资产""在建工程"和"应交税费"等账户。

(1)"固定资产"账户是资产类账户,用于核算企业持有固定资产原始价值的增减变动及其结余情况。其借方登记固定资产原始价值的增加额;贷方登记固定资产原始价值的减少额;期末余额在借方,表示期末固定资产原始价值的结余额。该账户应该按固定资产的种类设置明细账,进行明细核算,具体账户结构如下:

借方	固定资产	贷方
固定资产原始价值的增加额	固定资产原始价值的减少额	
期末余额:固定资产的结余额		

(2)"在建工程"账户是资产类账户,主要用于核算企业固定资产购建、改建、扩建等工程发生的各项支出。其借方登记工程支出的增加额;贷方登记工程支出的减少额;期末余额在借方,表示期末尚未达到预定可使用状态的在建工程成本。该账户应按照在建工程项目设置明细账,进行明细核算,具体账户结构如下:

借方	在建工程	贷方
在建工程发生的全部支出	结转完工工程成本	
期末余额:未完工工程成本		

(3)"应交税费"账户属于负债类账户,用来核算企业按照税法规定应交纳的各种税

费。其贷方登记按税法规定计算的应该交纳但未交的各种税费,包括计算出的增值税、消费税、城市维护建设税、所得税和教育费附加等;借方登记实际已经交纳的各种税费;期末余额不固定,如果在借方表示多交的税费;如果在贷方表示未交的税费。该账户应该按不同税种设置明细账,进行明细核算,具体账户结构如下:

借方　　　　　　　　　　　应交税费　　　　　　　　　　　贷方		
实际交纳的各种税费	计算出应交而未交的税费	
期末余额:多交纳的税费	期末余额:尚未交纳的税费	

(二)主要经济业务的核算

固定资产的取得方式多种多样,这里主要介绍外购固定资产的核算。根据是否需要安装,外购固定资产又可以分为不需要安装的固定资产和需要安装的固定资产,这两类固定资产在核算上具有一定的差异。

1.不需要安装的固定资产业务核算

不需要安装的固定资产,购买来就可以达到预定使用的状态。因此在会计处理时,借方直接记入"固定资产"账户,支付的增值税进项税额会使企业的负债减少,应记入"应交税费"的借方;贷方则根据企业的支付方式不同,可以记入"银行存款""应付账款""应付票据"等账户。

【例4-7】广元公司购入一台不需安装的机器设备,取得的专用发票上注明:价款为60 000元,增值税7 800元,另外发生运杂费800元(运杂费暂不考虑增值税),款项尚未支付。

分析:企业购入不需要安装的设备,会导致固定资产增加,为了取得固定资产,在购买过程中发生的货款和运杂费共60 800元,确定为固定资产的成本,而支付的增值税进项税额不能计入固定资产的成本,同时会导致企业"应交税费"的减少,故而应记入"应交税费"账户的借方,又由于购买机器设备的款项尚未支付,会使企业的负债增加,因此"应付账款"账户的贷方金额增加共68 600元。综上,该项经济业务的会计分录应编制如下:

借:固定资产　　　　　　　　　　　　　　　　　　　　　　　　　　　60 800
　　应交税费——应交增值税(进项税额)　　　　　　　　　　　　　7 800
　　　贷:应付账款　　　　　　　　　　　　　　　　　　　　　　　　68 600

📖 实战演练

南方公司2021年10月2日,购入一台不需要安装的生产用设备,该设备的买价为125 000元,增值税16 250元,款项使用银行存款支付,另发生运杂费1 500元,用现金支付,设备当即投入使用。请根据资料内容编制该项经济业务的会计分录。

2.需要安装的固定资产业务核算

需要安装的固定资产,购买来尚未达到预定使用的状态,需要一定的时间进行安装,安装完毕后固定资产方可形成完整的取得成本。因此,外购来需要安装的固定资产,一开始先通过"在建工程"账户进行核算,在购建过程中所发生的全部支出都归集于"在建工程"账户,待安装完毕固定资产达到预定可使用的状态后,再将"在建工程"转入"固定资产"账户。

【例4-8】 广元公司购入需要安装的生产设备一台,取得的专用发票上注明:价款50 000元,增值税6 500元,款项已付。

分析: 企业购入需要安装的设备,由于设备尚不能使用,因此先记入"在建工程"账户的借方,支付的增值税进项税额6 500元不能计入在建工程的成本,应记入"应交税费";又由于款项已经支付,会导致企业银行存款减少,则"银行存款"账户贷方应记入56 500元。可见,该项经济业务共涉及"在建工程""应交税费"和"银行存款"三个账户,且会计分录应当编制如下:

借:在建工程　　　　　　　　　　　　　　　　　　　　　　50 000
　应交税费——应交增值税(进项税额)　　　　　　　　　　 6 500
　贷:银行存款　　　　　　　　　　　　　　　　　　　　　56 500

【例4-9】 承前例,广元公司购入需安装的设备交付安装,在安装的过程中发生安装费如下:领用本企业的原材料2 000元,应付本企业安装工人的薪酬3 500元。

分析: 在安装过程中发生的安装费用也应计入固定资产的成本,由于该固定资产尚未达到预定可使用状态,故而先记入"在建工程"的借方,且安装成本为2 000+3 500=5 500元。此外,因为安装的过程中使用了本企业的原材料和人工成本,所以"原材料"会减少,支付给安装工人的工资会增加,即"应付职工薪酬"会增加。通过分析,该项经济业务会涉及涉及"在建工程""原材料"和"应付职工薪酬"三个账户,且会计分录编制如下:

借:在建工程　　　　　　　　　　　　　　　　　　　　　　 5 500
　贷:原材料　　　　　　　　　　　　　　　　　　　　　　 2 000
　　应付职工薪酬　　　　　　　　　　　　　　　　　　　　 3 500

【例4-10】 承前例,广元公司购买的生产设备安装完毕,达到预定可使用状态,并经验收合格,办理了竣工决算手续,现已交付使用,结转工程成本。

分析: 设备安装完毕,交付使用,意味着固定资产的取得成本已经形成,则可以将"在建工程"账户的金额全部转入"固定资产"账户。该设备达到可使用状态,支付货款和安装费共计50 000+5 500=55 500元。结转后,"在建工程"账户会减少,而"固定资产"账户会增加,因此该项业务可编制会计分录如下:

借:固定资产　　　　　　　　　　　　　　　　　　　　　　55 500
　贷:在建工程　　　　　　　　　　　　　　　　　　　　　55 500

实战演练

2021年10月18日,南方公司用银行存款购入一台需要安装的设备,有关发票等凭证显示其买价48 000元,增值税6 240元,包装运杂费等1 000元,设备投入安装。上述设备在安装过程中发生的安装费1 200元用银行存款支付。请根据资料内容,分别编制设备购入时、安装设备时以及设备安装完毕投入使用时的会计分录。

(1)购入设备时;

(2)安装设备时;

(3)设备安装完毕投入使用时。

二、材料采购业务的核算

制造业企业要进行正常的生产经营活动,除了需要拥有厂房、机器设备等劳动资料外,还必须要有原材料。原材料是企业生产产品并构成产品实体的购入物品,以及购入的用于产品生产但不构成产品实体的辅助性物资等,具体包括原料及主要材料、辅助材料、外购半成品、包装材料、燃料等。

企业储存的备用材料,通常都是向外单位购买。在购买的过程中,需要明确购买材料的价款以及有关采购费用,从而确定购进材料的实际成本。企业购入的原材料,其实际成本的内容主要包括买价、运杂费、相关税费、运输途中合理的损耗和入库前的挑选费用等。例如,企业购入100千克原材料,买价14 000元,运杂费用820元,入库前的挑选费为600元,则该批原材料的实际成本应为:14 000+820+600=15 420元。

在计算购进材料成本的时候,凡是能直接计入各种物资的直接费用,应直接计入各种物资的采购成本;不能直接计入的各种间接费用,应按一定的标准在有关物资之间进行分配,分别计入各种物资的采购成本。分配标准一般按物资的重量、买价或体积等的比例进行计算。

采购费用分配率=采购费用总额÷各种材料分配标准合计

某种材料应负担的采购费用=该种材料的分配标准×采购费用分配率

【例4-11】广元公司在2021年3月份,购进甲和乙两种材料,甲材料的数量为2 000千克,价值为70 000元;乙材料的数量为3 000千克,价值135 000元。为购进材料共支付了10 000元的运杂费。如果运杂费以数量比例进行分摊,请计算甲、乙材料应分别承担多少运杂费?

分析:运杂费10 000元是由运送甲、乙材料共同产生,需要甲、乙材料按照数量比例分别承担一定的运杂费,则:采购费用的分配率=10 000÷(2 000+3 000)=2(元/千克),甲材料承担的运杂费=2 000×2=4 000(元),乙材料承担的运杂费=3 000×2=6 000(元)。

为了如实地反映材料的增减变动情况,也为了正确地计算材料费用,必须对材料进行计价,确定材料的成本。在材料的日常核算中,对入库材料的总分类核算和明细分类核算,可以采用实际成本核算法和计划成本核算法两种方法。

(一)实际成本核算法

实际成本核算法是指原材料的日常收发以及结存都按实际成本进行计价,一般适用于企业经营规模较小,原材料的种类不是很多,而且原材料的收、发业务的发生也不是很频繁的情况。

1.设置的主要账户

原材料计价方式采用实际成本核算法的,需要设置"在途物资""原材料""应付账款""预付账款""应付票据"等账户。

(1)"在途物资"账户是资产类账户,用于核算企业购入的但尚未验收入库的各种材料的采购成本。其借方登记购入材料的买价和采购费用;贷方登记已验收入库材料的实际成本;期末余额在借方,表示期末尚未验收入库的在途材料的实际成本。该账户应按照供应单位和购入材料的种类设置明细账,进行明细核算,具体账户结构如下:

借方　　　　　　　　　　　在途物资　　　　　　　　　　　贷方
购入材料的买价、采购费用	验收入库材料的实际采购成本
期末余额:尚未入库材料的成本	

(2)"原材料"账户属于资产类账户,用来核算企业库存材料实际成本的增减及结存情况。其借方登记已验收入库材料的实际成本;贷方登记发出材料的实际成本;期末余额在借方,表示期末库存材料的实际成本。该账户应按照原材料的种类、规格等设置明细账,进行明细核算,具体账户结构如下:

借方　　　　　　　　　　　原材料　　　　　　　　　　　贷方
验收入库材料的实际成本	发出材料的实际成本
期末余额:库存材料的实际成本	

(3)"应付账款"账户是负债类账户,用来核算企业因采购材料、物资和接受劳务供应等而应付给供应单位款项。其贷方登记企业应该支付但尚未支付给供应单位的款项;借方登记已支付给供货单位的应付款;期末余额一般在贷方,表示期末尚未支付的应付款的结余额。该账户应按照不同的债权人设置明细账,进行明细核算,具体账户结构如下:

借方　　　　　　　　　　　应付账款　　　　　　　　　　　贷方
偿还应付款项(减少)	应付款项的增加
	期末余额:尚未偿还的应付款

第四节

(4)"预付账款"账户是资产类账户,用来核算企业因采购材料、物资和接受劳务供应等按合同规定预付给供应单位的款项。其借方登记预先支付给供应商的货款和补付的货款等,即预付款的增加;贷方登记因收到供应单位提供的材料物资而应冲销的预付款,即预付款的减少;期末余额如果在借方,表示期末企业预付账款的结余数,如果在贷方,则表示企业期末尚未补付的款项。该账户应该按照供货单位不同进行明细核算,具体账户结构如下：

借方	预付账款	贷方
预付供应单位款项增加	冲销预付供应单位款项	
期末余额:尚未结算的预付款	期末余额:尚未补付的款项	

（5）"应付票据"账户属于负债类账户,用来核算企业采用商业汇票结算方式购买材料物资和接受劳务等形成的应付款项。其贷方登记企业开出、承兑商业汇票的增加;借方登记到期商业汇票的减少;期末余额一般在贷方,表示期末尚未到期的商业汇票结余额。该账户应按照不同的债权人设置明细账,进行明细核算,具体账户结构如下:

借方	应付票据	贷方
支付所欠票据款	开出、承兑商业汇票的增加	
	期末余额:尚未到期商业汇票	

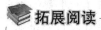拓展阅读

商业汇票

商业汇票是出票人签发的,委托付款人在指定日期无条件支付确定的金额给收款人或者持票人的票据。商业汇票分为商业承兑汇票和银行承兑汇票。商业承兑汇票由银行以外的付款人承兑(付款人为承兑人),银行承兑汇票由银行承兑。商业汇票的付款期限,最长不得超过6个月(电子商业汇票可延长至1年)。

2.主要经济业务的核算

实际成本核算法下,原材料日常的收发结算都以实际成本计价。在进行会计处理时,如果购买的材料已经验收入库,则直接记入"原材料"账户;如果购买的材料正在途中,尚未验收入库的,则先记入"在途物资"账户,等材料运达企业,验收入库后再转入"原材料"账户。

【例4-12】2021年6月3日,广元公司购入原材料,取得的增值税专用发票上注明价款30 000元,增值税为3 900元,材料已验收入库,款项尚未支付。

分析:企业购入原材料,且验收入库,则会导致企业资产增加,在实际成本法下,已验收入库的原材料应记入"原材料"账户的借方,支付的增值税进项税额不能计入原材料的成本,应记入"应交税费"的借方;企业为购买原材料尚未支付款项,则会导致负债增加,应记入"应付账款"的贷方,共33 900元。通过分析,该业务的会计分录应编制如下:

借:原材料   30 000

   应交税费——应交增值税(进项税额)   3 900

     贷:应付账款   33 900

【例4-13】2021年6月10日，广元公司从乐安公司购入下列材料：甲材料10千克，价值为20 000元；乙材料20千克，价值为5 000元，增值税税率13%，材料均未验收入库，全部款项用银行存款付清。

分析：企业购入原材料，且尚未验收入库，在实际成本法下，尚未验收入库的原材料应记入"在途物资"账户的借方，支付的增值税进行税额共(2 000×10+250×20)×13%＝3 250元，应记入"应交税费"的借方；企业用银行存款购买原材料，则会导致银行存款减少，应记入"银行存款"账户的贷方，共28 250元。因此，该业务应当编制会计分录如下：

借：在途物资——甲材料　　　　　　　　　　　　　　　　　　　20 000
　　　　　　——乙材料　　　　　　　　　　　　　　　　　　　5 000
　　应交税费——应交增值税(进项税额)　　　　　　　　　　　　　3 250
　　贷：银行存款　　　　　　　　　　　　　　　　　　　　　　28 250

【例4-14】承前例，广元公司另外用银行存款支付甲、乙材料运杂费共计600元，运杂费按照材料的重量比例进行分配。

分析：甲、乙材料共同承担运杂费600元，不能都计入甲材料的成本或都计入乙材料的成本，需要按一定比例进行分摊。该业务按重量比例分摊运杂费，则采购费用的分配率＝600÷(10+20)＝20元/千克，那么甲材料应该承担运杂费为10×20＝200元，乙材料应该承担运杂费为20×20＝400元。此外，运杂费需要计入材料的采购成本，且由于甲、乙材料尚未验收入库，则需要记入"在途物资"账户的借方，而银行存款的减少则记入"银行存款"账户的贷方。通过分析，该项业务应编制会计分录如下：

借：在途物资——甲材料　　　　　　　　　　　　　　　　　　　200
　　　　　　——乙材料　　　　　　　　　　　　　　　　　　　400
　　贷：银行存款　　　　　　　　　　　　　　　　　　　　　　600

关于材料的运杂费的分摊，在实际中除了可以按数量比例分摊外，还可以用价格或体积等比例分摊，计算方法类似。该项业务中，如果企业按照材料的价格比例分配运杂费，则采购费用的分配率＝600÷(20 000+5 000)＝0.024，那么甲材料应该承担运杂费为20 000×0.024＝480元，乙材料应该承担运杂费为5 000×0.024＝120元。

【例4-15】承前例，2021年6月15日，广元公司从乐安公司购入的甲、乙材料运达企业，并验收入库。

分析：甲、乙材料验收入库，则需要将所有该业务涉及的"在途物质"账户金额转入"原材料"账户，通过【例4-14】和【例4-15】分析，得出甲材料的成本包括买价和分摊的运杂费，共计20 200元，乙材料的成本共计5 400元，又因为原材料验收入库，会导致"在途物资"账户会减少，而"原材料"账户会增加，应分别记入"在途物资"和"原材料"账户的借方和贷方，因此可编制会计分录如下：

借：原材料——甲材料　　　　　　　　　　　　　　　　　　　　20 200
　　　　　——乙材料　　　　　　　　　　　　　　　　　　　　5 400
　　贷：在途物资——甲材料　　　　　　　　　　　　　　　　　20 200
　　　　　　　　——乙材料　　　　　　　　　　　　　　　　　5 400

【例4-16】2021年6月18日,广元公司为购入原材料预付给供应商定金30 000元。

分析:企业为了购入原材料预付定金,那么预付的订货款会增加30 000元,应记入"预付账款"的借方;另一方面银行存款会减少30 000元,应记入"银行存款"账户的贷方,因此会计分录编制如下:

借:预付账款   30 000

  贷:银行存款   30 000

【例4-17】承前例,2021年6月28日,广元公司收到购买的原材料,发票注明该批材料的价款40 000元,增值税进项税额5 200元,胜利公司垫付运杂费1 000元,胜利公司同意将预付款项冲销,不足款项立即用银行存款支付,原材料已验收入库。

分析:该业务的发生导致企业的原材料增加,因为材料已验收入库,因此应记入"原材料"账户借方,且金额为41 000元,增值税进项税额同样需要计入"应交税费"的借方5 200元;该笔交易广元公司应当总共支付给供应商46 200元,又因为月初已向供应商预先支付定金20 000元,并可以冲销,因此"预付账款"会减少,且记入贷方30 000元,剩下的16 200元用银行存款支付,则应记入"银行存款"账户的贷方,故而该项业务应当编制会计分录如下:

借:原材料   41 000

  应交税费——应交增值税(进项税额)   5 200

  贷:预付账款   30 000

    银行存款   16 200

实战演练

2021年10月5日,南方公司从广泰公司购入下列材料:A材料2 000千克,单价25元;B材料1 000千克,单价20元,增值税税率13%,运杂费共计700元,材料均未验收入库,全部款项用银行存款付清。5日后材料运达企业并验收入库。该批材料采用实际成本核算,运杂费按照材料价值比例进行分配,请根据资料内容编制购入材料时和验收入库时的会计分录。

(1)购入材料时;

(2)材料验收入库时。

(二)计划成本核算法

计划成本核算法是指原材料的日常收发以及结存都按计划成本进行计价,一般适用于大、中型制造业企业,原材料的种类比较多,且收、发业务又比较频繁的情况。

1.设置的主要账户

原材料采用计划成本组织收、发核算时,需要设置"原材料""材料采购"和"材料成本差异"等账户。其中,"原材料"账户与按实际成本核算法设置的"原材料"账户基本相同,只是不是按实际成本计价,而是按计划成本计价。

(1)"原材料"账户属于资产类账户,在计划成本核算法下,用来核算企业库存材料计划成本的增减及结存情况。其借方登记已验收入库材料计划成本的增加额;贷方登记发出材料计划成本的减少额;期末余额在借方,表示期末库存材料计划成本的结余额。该账户同样按照原材料的种类、规格等设置进行明细核算,具体账户结构如下:

借方 原材料	贷方
验收入库材料的计划成本	发出材料的计划成本
期末余额:库存材料的计划成本	

(2)"材料采购"账户属于资产类账户,用来核算企业购入材料的实际成本和结转入库材料的计划成本。其借方登记购入材料的实际成本和结转入库材料实际成本小于计划成本的节约差异;贷方登记入库材料的计划成本和结转入库材料的实际成本大于计划成本的超支差异;期末余额在借方,反映在途材料的实际成本。该账户可按照供应单位和材料品种设置明细账,进行明细核算,具体账户结构如下:

借方 材料采购	贷方
购入材料的实际采购成本	结转入库材料的计划成本
结转入库材料的节约差异额	结转入库材料的超支差异额
期末余额:在途材料的采购成本	

(3)"材料成本差异"账户属于资产类账户,用来核算企业库存材料实际成本与计划成本之间超支或节约差异额的增减变动及其结余。其借方登记入库材料超支差异额和结转发出材料应负担的节约差异额;贷方登记入库材料的节约差异额和发出材料应负担的超支差异额;期末如为借方余额,表示企业库存材料的实际成本大于计划成本的差异(即超支差异),如为贷方余额,则表示企业库存材料实际成本小于计划成本的差异(即节约差异)。

借方 材料成本差异	贷方
转入超支差或转出节约差	转出超支差或转入节约差
期末余额:库存材料超支差异额	期末余额:库存材料节约差异额

课堂小测试4-3

1.(单选题)材料尚未入库时,在实际成本核算法下应当通过( )账户进行核算。

A.原材料　　　B.在途物资　　　C.采购材料　　　D.材料成本差异

2.(单选题)广元公司购入甲、乙两种材料,取得的增值税专用发票上注明甲材料20千克,价款10 000元;乙材料30千克,价值40 000元。另支付运杂费共计500元,以两种材料的价值分摊运杂费,则甲、乙两种材料应分别承担运杂费为(　　)。

A.200元,300元　　B.400元,100元　　C.300元,200元　　D.100元,400元

2.主要经济业务的核算

原材料按照实际成本法进行核算,能够全面地反映材料资金的实际占用情况,也可以准确地计算出生产产品过程中所发生的材料耗费。但是,当企业材料的种类较多且收、发次数较频繁的情况下,采用实际成本核算法的工作量就比较大,不便于分析材料采购计划的具体完成情况。因此,一些大中型制造业企业往往采用计划成本计价对材料进行核算。在核算中,通过增设"材料成本差异"账户来反映材料实际成本与计划成本之间的差异额,并在会计期末对计划成本进行调整,以确定库存材料的实际成本和发出材料应负担的差异额,从而确定发出材料的实际成本。

【例4-18】2021年5月5日,泰翔公司购入原材料,取得的增值税专用发票上注明价款31 000元,增值税率13%,材料尚未入库,款项尚未支付,按照计划成本法进行核算。

分析:企业购入原材料尚未入库,且采用计划成本法进行核算,则会导致"材料采购"账户借方增加31 000元,增值税进项税额为31 000×13%=4 030元,记入"应交税费"账户的借方;又因为款项尚未支付,则"应付账款"账户贷方记入35 030元。通过分析,该项经济业务会计分录应当编制如下:

借:材料采购　　　　　　　　　　　　　　　　　　　　31 000
　应交税费——应交增值税(进项税额)　　　　　　　　　4 030
　　贷:应付账款　　　　　　　　　　　　　　　　　　　35 030

【例4-19】承前例,2021年5月10日,泰翔公司购入的原材料验收入库,且计划成本为30 000元,结转该批材料的计划成本和差异额。

分析:由于该批材料的实际成本为31 000元,计划成本为30 000元,因而可以确定其材料成本超支1 000元。结转验收入库的计划成本时,会使库存材料的成本增加30 000元,应记入"原材料"账户的借方,此外采购超支额1 000元应记入"材料成本差异"的借方;材料的计划成本结转后,"材料采购"账户的贷方将记入31 000元,因此编制会计分录如下:

借:原材料　　　　　　　　　　　　　　　　　　　　　30 000
　材料成本差异　　　　　　　　　　　　　　　　　　　1 000
　　贷:材料采购　　　　　　　　　　　　　　　　　　31 000

假如本例中原材料的计划成本更改为35 000元,则可以确定该批材料成本的节约差异额为4 000元,此时应当编制会计分录如下:

借:原材料　　　　　　　　　　　　　　　　　　　　　35 000
　　贷:材料采购　　　　　　　　　　　　　　　　　　31 000
　　　材料成本差异　　　　　　　　　　　　　　　　　4 000

企业的原材料可以采用实际成本进行核算,也可以采用计划成本进行核算,具体企业可以根据自身经营规模、原材料种类及收发情况来确定。

实战演练

根据下列资料内容编制不同情况下的会计分录。

(1)长城公司用银行存款购入甲材料3 000千克,发票注明其价款120 000元,增值税税额15 600元,材料尚未验收入库。另用现金3 000元支付该批甲材料的运杂费,该批材料采用计划成本核算。

(2)上述甲材料验收入库,其计划成本为120 000元,请结转该批甲材料的计划成本和差异额。

(3)假设上述甲材料验收入库,但是其计划成本为125 000元。

第四节　生产过程业务的核算

在购置完固定资产、原材料等生产需要的劳动资料和劳动对象后,企业便可以开始生产产品,即进入生产过程阶段。生产过程是制造业企业经营活动中的重要环节,这个过程既是产品的制造过程,也是劳动力、劳动对象和劳动资料的消耗过程。

企业在产品生产过程中,一个重要的环节就是确认产品的生产成本,而生产成本的确认又离不开生产费用的归集。生产费用是企业在一定时期生产产品过程中发生或支出的各项费用。按照其计入产品成本的方式不同,生产费用可以分为直接费用和间接费用。

图4-1　生产成本的形成过程

直接费用是指企业生产产品过程中实际消耗的直接材料和直接人工。其中,直接材料是指企业在生产产品和提供劳务过程中所消耗的、直接用于产品生产、构成产品实体的各种原材料及主要材料、外购半成品以及有助于产品形成的辅助材料等;直接人工是指在生产产品和提供劳务过程中,直接从事产品生产的工人工资、津贴、补贴和福利费等。

间接费用是指企业为了生产产品和提供劳务而发生的各项间接支出,通常称为制造费用,包括企业生产部门发生的水电费、固定资产折旧费、管理人员的工资和福利以及劳动保护费等。

综上,企业材料费用的归集与分配、人工费用的归集与分配、制造费用的归集与分配以及完工产品成本的计算和结转等就构成了生产过程业务核算的主要内容。此外,企业在一定期间为了进行生产经营活动还会发生期间费用,例如:企业行政管理部门为组织和管理生产经营活动而发生的管理费用;企业为筹集资金而发生的财务费用;企业为销售产品而发生的各种销售费用,这些费用应当直接计入当期的损益,不计入产品的制造成本。

一、材料费用的归集与分配

制造业企业采购的各种原材料,验收入库之后就形成了生产产品的物资储备,生产产品及其他方面领用时,就形成了材料费用。不同部门其材料耗费的确认与归集也不相同,应根据领料凭证区分车间、部门和用途,将发出材料的成本,分别计入不同的账户。

（一）主要的设置账户

为了反映和监督产品在生产过程中各项材料费用的发生、归集和分配情况,在会计上需要设置"生产成本""制造费用"和"管理费用"等账户。

（1）"生产成本"账户是成本类账户,主要用于核算企业为生产产品或提供劳务而发生的各项生产费用。其借方登记应计入产品生产成本的各项费用,包括直接材料、直接人工和期末计入产品生产成本的制造费用;贷方登记结转完工验收入库产成品的生产成本;期末如果有借方余额,表示尚未完工的在产品的成本。该账户应该按产品的种类设置明细分类账,进行明细核算,具体账户结构如下:

借方	生产成本	贷方
发生的生产费用	结转入库的产成品成本	
期末余额:在产品成本		

（2）"制造费用"账户是成本类账户,用来核算企业生产车间为生产产品和提供劳务而发生的各项间接费用。其借方登记实际发生的各项制造费用;贷方登记期末经分配转入生产成本的制造费用;期末结转后一般无余额。该账户可按不同生产车间、部门和费用项目进行明细核算,具体账户结构如下:

借方	制造费用	贷方
归集车间内发生的各项间接费用	期末结转入"生产成本"账户	

（3）"管理费用"账户是损益类账户,用来核算企业行政管理部门为组织和管理生产经营活动而发生的各种费用。其借方登记发生的各项管理费用;贷方登记期末转入"本年利润"账户的管理费用;结转后期末没有余额。该账户应该按费用项目进行明细核算,账户结构如下:

借方	管理费用	贷方
发生的各项管理费用	期末转入"本年利润"	

(二)主要经济业务的核算

企业生产部门在生产过程中需要材料时,应填制有关的领料凭证,向仓库办理手续领料。仓库发出材料后,要将领料凭证传递到会计部门。月末会计部门根据领料单进行汇总,编制"发出材料汇总表",据以将本月发生的材料费用按其用途分配计入生产费用和其他有关费用。

在材料费用核算中,对于直接用于生产某种产品的材料费用,应直接记入"生产成本"账户;对于生产一般耗用的材料费用,应先记入"制造费用"账户进行归集,然后再同其他间接费用一起分配计入有关的产品成本中;对于行政管理部门耗用的材料费用,则需要计入"管理费用"账户。

【例4-20】2021年12月,广元公司会计部门根据当月的领料单,编制材料领用汇总表进行材料发出的核算,汇总表具体见表4-1。

表4-1　领用材料汇总表

用途	甲材料		乙材料		材料耗用合计
	数量	金额	数量	金额	
A产品耗用	8 000	200 000	6 000	120 000	320 000
B产品耗用	10 000	250 000	4 000	80 000	330 000
车间一般耗用	5 000	125 000	300	40 000	165 000
管理部门耗用				6 000	6 000
合计	23 000	575 000	12 000	246 000	821 000

分析:根据领用材料汇总表可知,该企业的材料费用可以分为三个部分,一部分为直接用于产品生产的直接材料费用650 000元,其中生产A产品耗用320 000元,生产B产品耗用330 000元;一部分为车间一般性耗用165 000元;还有一部分为管理部门耗用6 000元。这项经济业务的发生,会使公司生产产品的直接材料耗用增加650 000元,间接材料费用增加165 000元,管理费用增加6 000元,应分别记入"生产成本""制造费用"和"管理费用"账户的借方;另外耗用材料会使公司的库存材料减少821 000元,应记入"原材料"账户的贷方。通过分析,该项经济业务的会计分录可编制如下:

借:生产成本——A产品　　　　　　　　　　　　　　　　　　　　320 000
　　　　　——B产品　　　　　　　　　　　　　　　　　　　　330 000
　　制造费用　　　　　　　　　　　　　　　　　　　　　　　　165 000
　　管理费用　　　　　　　　　　　　　　　　　　　　　　　　　6 000
　贷:原材料　　　　　　　　　　　　　　　　　　　　　　　　821 000

实战演练

2021年10月，南方公司生产材料共被领用了131 430元，其中：生产甲产品领用60 450元，生产乙产品领用56 350元，生产车间一般耗用领用10 100元，管理部门领用4 530元。请根据资料内容，编制该项经济业务的会计分录。

二、人工费用的归集与分配

（一）设置的主要账户

职工为企业提供劳务，企业就应该向职工支付一定的薪酬。职工薪酬是指企业为了获得职工提供的服务或解除劳动关系而给予的各种形式的报酬或补偿，包括职工工资、职工福利、社会保险费、住房公积金、工会经费、职工教育经费、非货币性福利等。为了核算职工薪酬的发生和分配情况，需要设置"应付职工薪酬"账户。

"应付职工薪酬"账户属于负债类账户，用于核算企业依据有关规定应该支付给职工的各种薪酬。其贷方登记本月计算的应付职工薪酬；借方登记本月实际支付的职工薪酬；期末余额在贷方，表示企业应付但尚未支付的职工薪酬。"应付职工薪酬"账户可按照"工资""职工福利""社会保险费""住房公积金""工会经费""职工教育经费"等职工薪酬的项目进行明细核算，具体账户结构如下：

借方	应付职工薪酬	贷方
实际支付的职工薪酬	月末计算分配的职工薪酬	
	期末余额：应付但尚未付的薪酬	

（二）主要经济业务的核算

在对企业的职工薪酬进行核算时，企业会计部门要根据职工的考勤记录和产量记录，计算出每位职工应得的职工薪酬，编制工资支付明细表、工资结算汇总表，进行工资发放的核算。

在核算中，凡是属于生产车间直接从事产品生产的职工薪酬，应直接记入有关产品的"生产成本"账户；生产车间管理人员的薪酬，应记入"制造费用"账户；企业行政管理人员的薪酬，应记入"管理费用"；销售部门销售人员的工资一般应记入"销售费用"。

【例4-21】2021年12月，广元公司会计部门根据考勤记录，计算出当月工资共计480 000元，按其用途归集如下：生产工人工资380 000元，其中A产品工人工资220 000元，B产品工人工资160 000；车间管理人员工资30 000元；厂部行政管理人员工资70 000元。

分析：该项经济业务的发生，一方面会使公司的应付职工薪酬增加480 000元，另一方面会使公司的生产费用和期间费用共增加480 000元。其中，生产车间工人的工资应记入

"生产成本",车间管理人员的工资应记入"制造费用",行政管理人员的工资应记入"管理费用",费用的增加应记入相应账户的借方,而贷方应记入"应付职工薪酬"。通过分析,该项经济业务可编制会计分录如下:

借:生产成本——A产品　　　　　　　　　　　　　　　　　　220 000
　　　　　　——B产品　　　　　　　　　　　　　　　　　　160 000
　　制造费用　　　　　　　　　　　　　　　　　　　　　　　30 000
　　管理费用　　　　　　　　　　　　　　　　　　　　　　　70 000
　　贷:应付职工薪酬——工资　　　　　　　　　　　　　　　　480 000

【例4-22】承前例,广元公司会计部门计算出工资后,按照职工工资的14%计提了福利费。

分析:公司按照职工工资的14%计提福利费,则可计算出12月份生产工人的福利费为480 000×14%=67 200元,其中A产品工人的福利费30 800元,B产品工人的福利费22 400元;车间管理人员的福利费为30 000×14%=4 200元;行政管理人员的福利费为70 000×14%=9 800元。职工的福利费也属于职工薪酬,因此计提职工福利费一方面会使负债"应付职工薪酬"增加,同时也会使"生产成本""制造费用"和"管理费用"增加,具体编制会计分录如下:

借:生产成本——A产品　　　　　　　　　　　　　　　　　　30 800
　　　　　　——B产品　　　　　　　　　　　　　　　　　　22 400
　　制造费用　　　　　　　　　　　　　　　　　　　　　　　4 200
　　管理费用　　　　　　　　　　　　　　　　　　　　　　　9 800
　　贷:应付职工薪酬——福利费　　　　　　　　　　　　　　　67 200

【例4-23】2021年8月10日,广元公司从银行提取现金547 200元,以备发放职工工资。

分析:此项经济业务是从银行提取现金用于发放职工工资,但是发放工资的行为尚未发生,并不会引起"应付职工薪酬"账户的变动,但是会使公司的银行存款减少,库存现金增加。因此,该项经济业务可编制会计分录如下:

借:库存现金　　　　　　　　　　　　　　　　　　　　　　547 200
　　贷:银行存款　　　　　　　　　　　　　　　　　　　　　547 200

【例4-24】承前例,广元公司2021年8月15日,用现金发放上月的职工工资和福利费。

分析:此项经济业务中向职工发放了工资,会导致公司的负债减少,即应付职工薪酬减少,记入"应付职工薪酬"账户的借方,此外用现金发放工资还会导致企业的库存现金减少,库存现金减少应记入账户的贷方,故而编制会计分录如下:

借:应付职工薪酬　　　　　　　　　　　　　　　　　　　　547 200
　　贷:库存现金　　　　　　　　　　　　　　　　　　　　　547 200

在实际中,企业也可不用提取现金发放职工薪酬,可以到银行办理代发工资的转账业务,以银行卡方式支付职工工资,此时会计分录应编制如下:

借:应付职工薪酬　　　　　　　　　　　　　　　　　　　　547 200
　　贷:银行存款　　　　　　　　　　　　　　　　　　　　　547 200

实战演练

南方公司2021年10月应付职工工资150 000元,其中:甲产品生产工人工资45 000元,乙产品生产工人工资55 000元,车间管理人员工资12 000元,企业行政管理人员工资18 000元,销售部门人员工资20 000元。请根据资料内容,编制会计分录。

三、制造费用的分配与归集

（一）设置的主要账户

企业在产品生产过程中除了发生材料费、工资等费用外,还要发生折旧费、水电费、办公费等制造费用。这些费用均参与到企业所有产品的生产过程,因此属于生产费用,但不能直接计入产品的成本,而是要经过归集和分配后,才能按成本核算对象计入各种产品的成本。制造费用核算时,除了会涉及"管理费用""制造费用"等账户外,还会涉及"累计折旧"账户。

"累计折旧"账户属于资产类备抵账户,用来核算企业所提取的固定资产的折旧及累计数额。与一般的资产类账户方向相反,其借方登记因固定资产减少而转出的折旧额;贷方登记按月提取的折旧额;期末余额在贷方,表示已提折旧的累计额。将"累计折旧"账户的贷方余额抵减"固定资产"账户的借方余额,即可求得现存固定资产的净值。该账户一般只进行总分类核算,不进行明细分类核算,具体账户结构如下:

借方　　　　　　　　　　　累计折旧　　　　　　　　　　　贷方
因固定资产减少而转出的折旧额　｜　按月提取的累计折旧,即增加额
｜　期末余额:固定资产折旧数额

在关于累计折旧的核算中,除了要熟悉"累计折旧"的账户外,还要准确理解固定资产折旧的含义及其计算方法等相关内容。固定资产折旧是指固定资产在使用的过程中因为损耗而导致其价值减少的部分。企业应当对所有的固定资产计提折旧,但是已提足折旧仍继续使用的固定资产和单独计价入账的土地除外。固定资产的折旧方法有很多,包括年限平均法、工作量法、双倍余额递减法、年数总和法等。企业应当根据与固定资产有关的经济利益预期实现方式,合理地选择固定资产折旧方法。固定资产的折旧方法一经确定,不得随意变更。这里重点介绍年限平均法。

年限平均法又称为使用年限法或直线法,是按固定资产的使用年限平均的计提折旧的一种方法。采用这种方法计算的每期折旧额是相等的,具体计算公式如下:

年折旧额=(固定资产原值−预计净残值)/预计使用寿命

其中,预计净残值是指假定固定资产预计使用寿命已满并处于使用寿命终了时的预期价值。

【例4-25】一台机器设备的原值为320 000元,预计可使用10年,预计报废时的净残值为20 000元,若采用年限平均法,可计算出该机器设备的年折旧额和月折旧额如下:

$$年折旧额=(320\ 000-20\ 000)/10=30\ 000(元)$$

$$月折旧额=30\ 000/12=2\ 500(元)$$

采用年限平均法计提折旧,计算过程相对比较简单,一般只适用于各个时期使用程度大致相同的固定资产,对于各个时期使用程度不同的固定资产,则不能采用此方法计提折旧。

课堂小测试4-4

1.(多选题)下列项目中可以记入"制造费用"账户的有(   )。

　　A.车间管理人员的工资　　　　　B.行政管理部门人员的工资

　　C.车间计提设备的折旧　　　　　D.销售部门的办公费

2.(单选题)宏宇公司有一厂房,原价为450 000元,预计可使用30年,预计净残值为18 000元,则该厂房月折旧额为(   )。

　　A. 14 400元　　　　B. 1 800元　　　　C. 1 200元　　　　D. 900元

(二)主要经济业务的核算

当企业生产多种产品时,发生的制造费用一般无法直接判定其应归属哪种产品的成本,因此需要先将上述各种费用归集到"制造费用"账户,然后按产品数量、生产工时、机器工时、直接人工费等标准将制造费用在各种产品之间进行合理的分配,最后再将各种产品负担的制造费用转入"生产成本"账户,以确定产品的最终成本。

【例4-26】2021年12月25日,广元公司用银行存款支付本月的生产车间水电费3 500元。

分析:生产车间水电费属于制造费用,因此用银行存款支付车间水电费,一方面会使企业的制造费用增加3 500元,应记入"制造费用"账户的借方;另一方面会使公司的银行存款减少3 500元,应记入"银行存款"账户的贷方,故而可编制会计分录如下:

借:制造费用　　　　　　　　　　　　　　　　　　　　　　　　　　3 500

　　贷:银行存款　　　　　　　　　　　　　　　　　　　　　　　　　　3 500

【例4-27】2021年12月28日,广元公司购买生产车间的办公用品支付现金900元。

分析:广元公司为生产车间购买办公用品,首先会导致制造费用增加;另外用现金支出,则会导致现金减少,制造费用的增加和现金的减少应分别记入"制造费用"账户的借方和"库存现金"账户的贷方,因此该项经济业务可编制会计分录如下:

借:制造费用　　　　　　　　　　　　　　　　　　　　　　　　　　　900

　　贷:库存现金　　　　　　　　　　　　　　　　　　　　　　　　　　900

【例4-28】2021年12月末,广元公司计提本月固定资产折旧共13 100元,其中:生产车间固定资产折旧额为8 600元,行政管理部门固定资产折旧额4 500元。

　　分析:公司计提固定资产折旧,则会导致"累计折旧"账户增加13 100元,且记入账户的贷方;此外计提生产车间和行政管理部门的固定资产的折旧分别会导致公司的制造费用增加和管理费用增加,制造费用和管理费用的增加应分别记入各账户的借方,综上该项经济业务应当编制会计分录如下:

　　　　借:制造费用　　　　　　　　　　　　　　　　　　　　　　8 600
　　　　　　管理费用　　　　　　　　　　　　　　　　　　　　　　4 500
　　　　　　　贷:累计折旧　　　　　　　　　　　　　　　　　　　　　13 100

实战演练

　　请根据下列资料内容编制会计分录。

　　(1)南方公司以银行存款支付企业管理部门办公费800元、生产车间办公费760元、销售机构办公费900元。

　　(2)南方公司月末计提本月固定资产折旧83 800元,其中:生产用固定资产折旧53 800元,企业管理部门用固定资产折旧30 000元。

　　(3)南方公司用银行存款支付的车间水电费800元。

　　【例4-29】广元公司2021年12月末,将归集的制造费用按生产工时比例分配计入A、B产品生产成本。其中,A产品生产工时6 000小时,B产品生产工时4 000小时。

思考与讨论

　　广元公司2021年12月共发生多少制造费用?请登记关于"制造费用"的T字型账户,归集广元公司2021年12月的制造费用,并确定A、B产品分别应该承担多少?

　　分析:经过归集,确定广元公司2021年12月共发生制造费用212 200元,现需要按照A、B产品的工时比例分配计入A、B产品生产成本,首先计算出制造费用分配率=制造费用总额/生产工时总和=212 200/10 000=21.22(元/工时),则A产品承担的制造费用额=6 000×21.22=127 320(元),B产品承担的制造费用额=4 000×21.22=84 880(元),将制造费用按比例转入A、B产品生产成本,一方面会导致生产成本增加,另一方面会导致制造费用减少,生产成本的增加和制造费用的减少应分别记入"生产成本"账户的借方和"制造费用"账户的贷方,故而编制会计分录如下:

　　　　借:生产成本——A产品　　　　　　　　　　　　　　　　127 320
　　　　　　　　　　——B产品　　　　　　　　　　　　　　　　　84 880
　　　　　　　贷:制造费用　　　　　　　　　　　　　　　　　　　21 2200

| 第四章 制造业企业主要经济业务的核算 |

实战演练

南方公司2021年10月份共发生制造费用77 460元,按照产品生产工时分配制造费用,其中:甲产品生产工时800小时,乙产品生产工时200小时。请根据资料内容编制会计分录。

四、完工产品生产成本的核算

(一)设置的主要账户

企业的产品经过各道工序的加工生产成为产成品后,需要计算出产成品的生产成本,为入库产成品提供计价依据。制造费用经过归集和分配后,"生产成本"账户的借方就归集了各种产品所发生的各项生产费用,在此基础上就可以计算完工产品的生产成本。产品生产成本的计算就是将企业生产过程中发生的各项生产费用按照所生产产品的品种、类别等进行归集和分配,以确定各种产品的总成本和单位成本。

产品生产成本的计算应在生产成本明细账中进行,同时还需要考虑期初在产品成本、本期投入的生产成本和期末在产品成本的情况,综合确定当期完工产品的总成本,然后用完工产品的总成本除以产品总数量就可以得出产品的单位成本。完工产品成本的具体计算公式如下:

本期完工产品成本=期初在产品成本+本期生产成本−期末在产品成本

计算出完工产品的生产成本之后,就可以以此为依据结转完工和验收入库产品的生产成本。为了核算完工产品成本结转及库存商品的成本情况,除了需要设置"生产成本"账户外,还需要设置"库存商品"账户。

"库存商品"账户是资产类账户,用来核算企业库存用于销售的产成品的增减变化及其结余情况。其借方登记验收入库产品成本的增加额;贷方登记库存商品成本的减少额;期末余额在借方,表示库存商品成本的期末余额。该账户可按库存商品的种类、品种和规格等进行明细核算,具体账户结构如下:

借方	库存商品	贷方
完工入库的产品生产成本	发出产成品的生产成本	
期末余额:结存的产品成本		

(二)主要经济业务的核算

产品完工之后,则需要根据计算出的产成品成本将其进行结转,即将其从"生产成本"账户的贷方转入"库存商品"账户的借方。

【例4-30】广元公司2021年12月末,广元公司生产的A产品和B产品部分完工入库,月初、月末关于A、B产品的在产品资料如下表所示。

表4-2　广元公司A、B产品的生产成本计算表

产品名称	内容	直接材料	直接人工	制造费用	合计
A产品	期初在产品成本	14 000	4 000	3 200	21 200
	本期生产成本	320 000	250 800	127 320	698 120
	期末在产品成本	17 000	5 200	6 200	14 000
	本期完工产品成本	317 000	249 600	124 320	690 920
B产品	期初在产品成本	6 000	3 000	1 200	10 200
	本期生产成本	330 000	182 400	84 880	597 280
	期末在产品成本	7 000	4 800	2 200	14 000
	本期完工产品成本	329 000	180 600	83 880	593 480

分析：通过计算，可以得出A、B完工产品的成本分别为690 920元和593 480元。在结转A、B完工产品成本时，一方面会使公司的库存商品增加，另一方面由于结转使生产过程中占用的资金减少，导致生产成本减少，库存商品的增加和生产成本的减少应分别记入"库存商品"账户的借方和"生产成本"的贷方，因此可编制会计分录如下：

借：库存商品——A产品　　　　　　　　　　　　　690 920
　　　　　　——B产品　　　　　　　　　　　　　593 480
　　贷：生产成本——A产品　　　　　　　　　　　　690 920
　　　　　　　——B产品　　　　　　　　　　　　593 480

实战演练

南方公司计算出2021年10月份甲产品投入的生产成本为176 550元，乙产品投入的生产成本为132 050元。甲、乙产品本月全部完工入库，且期初和期末没有在产品。请根据资料内容编制会计分录。

第五节　销售过程业务的核算

制造业企业将验收入库的产成品卖给购买方的过程就是销售过程。销售过程是企业经营活动的最后一个阶段，也是产品实现价值的过程。在销售过程中，企业要将完工的产成品销卖出去并取得销售收入，以补偿生产产品的资金耗费。同时，还要确定并结转已售商品的成本，支付为销售商品而产生的销售费用，还要按照国家税法的相关规定计算并缴纳各种销售税金。因此，确认售出产品实现的销售收入、结转已售产品的销售成本、支付各项销售费用、计算应向国家交纳的销售税金及附加等就构成了企业销售过程业务核算

的主要内容。

一、主营业务收支的核算

(一)主营业务收入的核算

主营业务收入是企业销售产品和提供劳务等主要经济业务所实现的收入。为了核算主营业务收入的发生和结转情况,需要设置"主营业务收入""应收账款""应收票据""预收账款"等账户。

1.设置的主要账户

(1)"主营业务收入"账户属于损益类账户,用以核算企业销售产品和提供劳务所实现的收入。其贷方登记企业实现的产品销售收入,即主营业务收入的增加;借方登记发生销售退回和销售折让时应冲减本期的主营业务收入和期末转入"本年利润"账户的主营业务收入额(按净额结转),即主营业务收入的减少;结转后期末无余额。该账户应按产品类型或品种设置明细账户,进行明细分类核算,具体账户结构如下:

借方	主营业务收入	贷方
销售退回等、期末转入"本年利润"	本期实现的销售收入	

(2)"应收账款"账户属于资产类账户,用来核算企业销售商品和提供劳务等而应向客户收取的款项,包括货款、税款、代垫运费等。其借方登记由销售商品以及提供劳务等而发生的应收账款的增加数;贷方登记已经收回的应收账款,即应收账款的减少数;期末余额如果在借方,则表示企业尚未收回的应收账款;期末余额如果在贷方,则表示预收的账款。该账户可按照债务人不同设置明细账,进行明细分类核算,具体账户结构如下:

借方	应收账款	贷方
销售商品引发的实收账款	已收回的账款	
期末余额:尚未收回的款项	期末余额:预收的账款	

(3)"应收票据"账户是资产类账户,主要用来核算企业因销售商品、提供劳务等而收到的由购货方开出的商业汇票的增减变动及其结余情况。其借方登记企业收到的商业汇票的金额;贷方登记企业因商业汇票到期收回的票款或背书转让等情况而减少的商业汇票;期末余额在借方,表示企业持有的尚未到期的商业汇票金额。该账户可按照债务人不同设置明细账,进行明细核算,具体账户结构如下所示:

借方	应收票据	贷方
收到商业汇票	到期或贴现的票据	
期末余额:尚未收回的票据		

(4)"预收账款"账户属于负债类账户,用来核算企业按照合同的规定预收购买方订货款的增减变动及其结余情况。其贷方登记企业向购货单位预收的款项;借方登记销售实现时冲减的预收货款;期末余额如果在贷方,表示企业预收款的结余额;期末余额如果在借方,则表示购货单位应补付给本企业的款项。预收货款情况不多的,也可不设置本账户,将其款项直接记入"应收账款"账户。该账户应按购货单位不同进行明细分类核算,具体账户结构如下:

借方	预收账款	贷方
预收账款的减少	预收账款的增加	
期末余额:应补付的款项	期末余额:预收账款的结余	

2.主要经济业务的核算

销售商品是企业的主营业务,实现的收入就是主营业务收入。在进行会计账务处理时,由于企业收到产品价款的方式不同,借方可记入"银行存款""应收账款""应收票据""预收账款"等账户;贷方实现的收入部分记入"主营业务收入"账户,收到的增值税销项税额部分则记入"应交税费——应交增值税(销项税额)"账户。

【例4-31】2021年12月6日,广元公司赊销给机车厂A产品120台,发票上注明价款为576 000元,增值税税额为92 160元。

分析:广元公司赊销A产品给机车厂,卖出产品没有收到货款,故而会使公司"应收账款"账户借方增加668 160元;另外由于卖出商品,使得公司的销售收入增加576 000元,应记入"主营业务收入"账户的贷方,而收到的92 160元增值税则应记入"应交税费——应交增值税"账户的贷方,抵扣借方增值税进项税额。通过分析,该项业务应编制会计分录如下:

借:应收账款——机车厂 668 160
　　贷:主营业务收入 576 000
　　　　应交税费——应交增值税(销项税额) 92 160

【例4-32】2021年12月10日,广元公司预收正大工厂订购B产品的货款500 000元,存入银行。

分析:这项经济业务的发生,一方面会使公司的银行存款增加500 000元,另一方面会使预收款增加500 000元。银行存款的增加是资产的增加,应记入"银行存款"账户的借方;预收款的增加是负债的增加,应记入"预收账款"账户的贷方,因而可会计分录编制如下:

借:银行存款 500 000
　　贷:预收账款——正大工厂 500 000

【例4-33】2021年12月15日,广元公司向正大工厂发出B产品70台,发票上注明的价款1 400 000元,增值税销项税额224 000元。原预收款不足,其差额部分当即补齐并存入银行。

分析：广元公司预收正大工厂货款500 000元，而现在发出货物的价税款合计为1 624 000元，差额为1 624 000-500 000=1 124 000元。这项经济业务的发生，一方面会使公司的预收账款减少500 000元，银行存款增加1 124 000元，应分别记入"预收账款"账户和"银行存款"账户的借方；另一方面使得公司的商品销售收入增加1 400 000元，增值税销项税额增加224 000元，应分别记入"主营业务收入"账户和"应交税费——应交增值税"账户的贷方。通过分析，该项经济业务可编制会计分录如下：

借：银行存款　　　　　　　　　　　　　　　　　　　　　　1 124 000
　　预收账款——正大工厂　　　　　　　　　　　　　　　　　500 000
　　贷：主营业务收入　　　　　　　　　　　　　　　　　　　1 400 000
　　　　应交税费——应交增值税(销项税额)　　　　　　　　　　224 000

(二)主营业务成本的核算

1.设置的主要账户

企业销售产品，一方面会减少企业的库存商品，另一方面会增加企业由于取得主营业务收入而垫付的费用，即主营业务成本。将销售商品的成本转为主营业务成本，不仅要与主营业务收入在同一会计期间加以确认，还要与主营业务收入在数量上保持一致。主营业务成本的计算对象是每种已经销售的商品，具体计算公式如下：

本期应结转的主营业务成本＝本期销售商品的数量×单位商品的生产成本

为了核算主营业务成本的发生和结转情况，除了需要设置"库存商品"账户外，还需要设置"主营业务成本"账户。

"主营业务成本"账户属于损益类账户，主要用于核算企业从事主营业务而发生的实际成本及其结转情况。其借方登记已经销售产品的实际成本；贷方登记期末转入"本年利润"账户的结转数；结转后，账户期末无余额。该账户可按照产品类别或品种设置明细分类账，进行明细分类核算，具体账户结构如下：

借方	主营业务成本	贷方
本期转入的已售商品成本	期末转入"本年利润"	

2.主要经济业务的核算

主营业务成本的结转实质上是对已售商品成本的结转，一方面库存商品减少，另一方面主营业务成本增加。因此，在会计账务处理时，借方应记入"主营业务成本"账户，贷方应记入"库存商品"账户。

【例4-34】2021年12月末，广元公司结转已销售的A、B产品的销售成本。其中A产品成本为710 400元，B产品成本为816 000元。

分析：结转已销售的A产品和B产品的销售成本，会使企业的销售成本增加共计710 400+816 000=1 526 400元，销售成本增加应记入"主营业务成本"账户的借方；另外销售商品还会使企业的库存商品减少，库存商品减少应记入"库存商品"账户的贷方。通过

分析,该项经济业务可编制会计分录如下:

```
借:主营业务成本                                    1 526 400
    贷:库存商品——A产品                                710 400
              ——B产品                                 816 000
```

实战演练

根据下列资料内容,编制会计分录。

(1)2021年10月15日,南方公司向阳光工厂销售A产品50台,每台售价4 800元,发票注明该批A产品价款240 000元,增值税税额31 200元,收到一张3个月到期且含全部价款的商业汇票。

(2)月末,结转10月15日销售A产品的成本为200 000元。

二、其他业务收支的核算

(一)其他业务收入的核算

其他业务收入是指企业主营业务收入以外的其他日常活动所取得的收入,如销售材料、出租固定资产、出租无形资产、出租包装物和商品等实现的收入。为了核算其他业务收入的发生和结转情况,需要设置"其他业务收入"账户。

"其他业务收入"账户属于损益类账户,用来核算企业除主营业务以外的其他业务收入的实现及其结转情况。其贷方登记企业实现其他收入的金额;借方登记期末转入"本年利润"账户的其他业务收入额;结转后,期末无余额。该账户应按其他业务内容不同设置明细账,进行明细分类核算,具体账户结构如下:

借方	其他业务收入	贷方
期末转入"本年利润"		本期实现的其他业务收入

其他业务收入的核算与主营业务收入的核算基本相同。当企业实现其他业务收入时,借方记入"银行存款""应收账款""应收票据""预收账款"等账户,贷方记入"其他营业务收入"账户和"应交税费——应交增值税(销项税额)"账户。

【例4-35】2021年12月18日,广元公司销售一批原材料,发票上注明价款为28 000元,增值税为4 480元,款项收到已存入银行。

分析:销售材料的收入属于其他业务收入。因此该项经济业务的发生,一方面会导致企业的银行存款增加28 000+4480=32 480元;另一方面会使企业的其他业务收入增加28 000元,增值税销项税额增加4 480元。银行存款的增加应记入"银行存款"账户的借方,其他业务收入的增加应记入"其他业务收入"账户的贷方,增值税销项税额增加应记入"应交税费——应交增值税"账户的贷方。综上,该项经济业务应编制会计分录如下:

```
借:银行存款                                    32 480
    贷:其他业务收入                                28 000
        应交税费——应交增值税(销项税额)                4 480
```

(二)其他业务成本的核算

企业在实现其他业务收入的同时,往往还要发生一些与其他业务有关的成本和费用,包括销售材料的成本、出租固定资产的折旧额、出租无形资产的摊销额、出租包装物应摊销的成本等。为了核算其他业务成本的发生和结转情况,需要设置"其他业务成本"账户。

"其他业务成本"账户属于损益类账户,用以核算企业除主营业务以外的其他业务经营活动所发生的支出。其借方登记企业发生的其他业务成本;贷方登记期末转入"本年利润"账户的其他业务成本;结转后,期末无余额。该账户应按照其他业务的种类不同设置明细分类账,进行明细分类核算,具体账户结构如下:

借方	其他业务成本	贷方
其他业务发生的成本	期末转入"本年利润"	

与主营业务成本的核算相似,结转其他业务成本时,借方应记入"其他业务成本"账户,根据不同其他业务,贷方可记入"原材料""累计折旧"等账户。

【例4-36】承前例,广元公司月末结转本月销售材料成本16 000元。

分析:销售原材料属于其他业务,结转销售材料成本一方面会使公司的其他业务成本增加16 000元,应记入"其他业务成本"账户的借方;另一方面会使公司的原材料减少16 000元,应记入"原材料"账户的贷方,故而该项经济业务可编制会计分录如下:

```
借:其他业务成本                                16 000
    贷:原材料                                      16 000
```

实战演练

根据下列资料内容,编制各项经济业务的会计分录。

(1)2021年10月18日,南方公司卖出一批原材料,价款45 000元,增值税5 850元,款项尚未收到。

(2)月末,结转10月18日销售原材料的成本32 000元。

三、销售费用的核算

(一)主要账户的设置

企业为了销售产品,还会发生各种销售费用,如运输费、装卸费、包装费、保险费、展览费、广告费以及为销售产品而专设的销售机构的职工薪酬、折旧费、业务费等。为了核算销售费用的发生和结转情况,需要设置"销售费用"账户。

"销售费用"账户属于损益类账户,用于核算产品销售过程中发生的各项费用。其借方登记销售费用的发生额;贷方登记期末转入"本年利润"账户的数额;结转后,期末无余额。该账户可按照费用项目设置明细分类账,进行明细分类核算,具体账户结构如下:

借方	销售费用	贷方
本期发生的各项销售费用	期末转入"本年利润"	

(二)主要经济业务的核算

在进行关于销售费用的账务处理时,借方记入"销售费用"账户,贷方则根据实际情况,可记入"库存现金""银行存款""其他应收款"等账户。

【例4-37】2021年12月20日,广元公司销售人员张宇要出差向公司预借现金3 000元。

分析:销售人员出差前向公司借款3 000元,由于出差工作尚未完成,销售费用无法确认,所以企业可将员工的借款视为一项债权,应记入"其他应收款"的借方;此外,员工借到的款项为现金,则表示企业库存现金的减少,库存现金减少应记入"库存现金"账户的贷方,故而该项经济业务编制会计分录如下:

借:其他应收款——张宇　　　　　　　　　　　　　　　　　3 000
　　贷:库存现金　　　　　　　　　　　　　　　　　　　　　　3 000

【例4-38】承前例,2021年12月25日,销售人员张宇出差回来报销差旅费2 460元,原借款3 000元,剩余现金退回。

分析:销售人员出差发生差旅费2 460元,即发生了销售费用,应记入"销售费用"账户的借方;此外,退回现金3 000-2 460=540(元),库存现金增加应记入"库存现金"账户的借方;另外销售人员报销了差旅费用后,企业的债权资产"其他应收款"会减少3 000元,应记入相应账户的贷方。通过分析,该项经济业务的会计分录应当编制如下:

借:销售费用　　　　　　　　　　　　　　　　　　　　　　2 460
　　库存现金　　　　　　　　　　　　　　　　　　　　　　　540
　　贷:其他应收款——张宇　　　　　　　　　　　　　　　　3 000

【例4-39】2021年12月27日,广元公司签发一张转账支票,支付广告费用50 000元。

分析:广告费属于销售费用,广元公司使用转账支票支付广告费,一方面会使企业的银行存款减少50 000元,记入"银行存款"账户的贷方;另一方面会使企业的销售费用增加

50 000元,应记入"销售费用"账户的借方。综上,该项经济业务应编制会计分录如下:

借:销售费用   50 000

    贷:银行存款   50 000

课堂小测试4-5

1.(多选题)下列各项收入中,不属于企业主营业务收入的是( )。

  A.销售商品的收入   B.提供劳务取得的收入

  C.出租固定资产取得的收入   D.罚款收入

2.(多选题)下列各项中属于销售费用的是( )。

  A.广告费   B.车间水电费   C.销售人员差旅费   D.展览费

四、税金及附加的核算

(一)设置的主要账户

企业在销售产品的过程中实现销售收入,同时还应该向国家税务机关缴纳各种销售税金及附加,包括消费税、城市维护建设税、教育费附加及资源税等相关税费。这些税金及附加一般是根据当月销售额或实际缴纳的税额,按照规定的税率计算缴纳,具体计算公式如下:

$$应交消费税=应税消费品的销售额×消费税税率$$

$$应交城市维护建设税=(消费税+增值税应交额)×城建税税率$$

$$应交教育费附加=(消费税+增值税应交额)×教育费附加税率$$

拓展阅读

消费税、城市维护建设税和教育费附加

消费税是在对货物普遍征收增值税的基础上,选择少数消费品再征收的一个税种,主要是为了调节产品结构,引导消费方向,保证国家财政收入。现行消费税的征收范围主要包括:烟、酒、鞭炮、焰火、化妆品、成品油、贵重首饰及珠宝玉石、高尔夫球及球具、高档手表、游艇、木制一次性筷子、实木地板、摩托车、小汽车、电池、涂料等税目。

城市维护建设税简称城建税,是我国为了加强城市的维护建设,扩大和稳定城市维护建设资金的来源,对有经营收入的单位和个人征收的一个税种。城建税以纳税人实际缴纳的增值税、消费税税额为计税依据,根据纳税人所在地为市区、县城(镇)和其他地区,分别按照7%、5%、1%三档税率征收。

教育费附加是向缴纳增值税、消费税的单位和个人征收的附加税。征收教育费附加的主要目的是多渠道筹集教育经费,改善中小学办学条件。目前,教育费附加统一按增值税、消费税实际缴纳税额的3%征收。

由于这些税金及附加一般都是在当月计算而在下月缴纳,因此在计算税费时,一方面会使企业增加一项费用支出,另一方面会使企业产生一项负债。为了反映和监督企业销售商品的税金及附加情况,需要设置"税金及附加"账户。

"税金及附加"账户是损益类账户,用以核算企业因经营业务而应负担的各种税金及附加的计算及其结转情况。其借方登记按照有关计税依据计算出的各种税金及附加额;贷方登记期末转入"本年利润"账户的税金及附加额;结转后,账户期末没有余额。该账户应按照税费内容不同设置明细账户,进行明细分类核算,具体账户结构如下:

借方	税金及附加	贷方
计入本期的税金及附加	期末转入"本年利润"	

(二)主要经济业务的核算

在计算销售税金及附加时,由于并未真正缴纳,因此会导致企业的一项费用增加,同时也会增加企业的一项负债。在会计账务处理时,一般借方记入"税金及附加"账户,贷方记入"应交税费"。当实际缴纳税费时,则借方记入"应交税费"账户,贷方记入"银行存款"账户。

【例4-40】经过计算,广元公司2021年12月因销售产品应缴纳的消费税为35 000元,城市维护建设税为14 000元,教育费附加为6 000元。

分析:消费税、城市维护建设税和教育费附加属于税金及附加共计55 000元。计提这些税费,会使企业的税金及附加增加,需要记入"税金及附加"账户的借方;另外,由于这些税费尚未缴纳,故而会形成企业的一项负债,需要记入"应交税费"账户的贷方。综上,该项业务应编制会计分录如下:

```
借:税金及附加                              55 000
    贷:应交税费——应交消费税                   35 000
            ——应交城市维护建设税              14 000
            ——应交教育费附加                  6 000
```

【例4-41】广元公司于2022年1月8日,用银行存款向税务机构缴纳上月的税金及附加共55 000元,其中消费税为35 000元,城市维护建设税14 000元,教育费附加6 000元。

分析:广元公司用银行存款缴纳上月的税金及附加,一方面会导致银行存款减少,应在"银行存款"账户贷方记55 000元;另一方面由于缴纳了税金及附加后,上月形成的负债应交税费会减少,则应记入"应交税费"账户的借方,故而可编制会计分录如下:

```
借:应交税费——应交消费税                      35 000
        ——应交城市维护建设税                  14 000
        ——应交教育费附加                      6 000
    贷:银行存款                              55 000
```

实战演练

2021年10月末,南方公司计算出本月销售产品应缴纳城市维护建设税为3 500元,教育费附加1 500元。请编制此项经济业务的会计分录。

第六节　财务成果形成与分配业务的核算

财务成果是指企业在一定会计期间所实现的最终经营成果,也就是企业所实现的利润或亏损总额,能够综合地反映企业各个方面的工作质量。因此,正确核算财务成果对考核企业经营成果、评价企业工作业绩、监督企业利润分配等都具有重要意义。

一、财务成果形成业务的核算

财务成果形成业务的核算主要包括利润的构成与计算、营业利润的核算、利润总额的核算以及净利润的核算等四方面的内容。

(一)利润的构成与计算

利润是指将一定会计期间的各种收入扣除费用后形成的最终财务成果。当收入大于相关的成本和费用时,企业实现盈利;当收入小于相关的成本和费用时,则企业出现亏损。企业作为一个独立的经济实体,其经营活动的主要目的是获取利润,而利润就是反映企业获利能力的一个综合指标。企业的利润一般分为营业利润、利润总额和净利润三个层次。

(1)营业利润。营业利润是指企业从事日常生产经营活动中取得的利润,是企业利润的主要来源,也是反映企业管理者经营业绩的重要指标。

营业利润=营业收入-营业成本-税金及附加-销售费用-管理费用-财务费用-信用减值损失-资产减值损失+公允价值变动收益(-公允价值变动损失)+投资收益(-投资损失)+其他收益+资产处置收益(-资产处置损失)

其中,营业收入是指企业经营业务所确认的收入总额,包括主营业务收入和其他业务收入;营业成本是指企业经营业务所发生的实际成本总额,包括主营业务成本和其他业务成本。

(2)利润总额。利润总额也称为税前利润,是指企业在生产经营过程中将各种收入扣除各种耗费后的盈余。利润总额一般由营业利润和营业外收支净额两部分构成,反映了企业在报告期内实现的盈亏总额。

利润总额=营业利润+营业外收入-营业外支出

其中,营业外收入是指企业发生的与日常活动无直接关系的各项利得;营业外支出是指企业发生的与日常活动无直接关系的各项损失。

(3)净利润。净利润也称为税后利润,是利润总额扣除所得税费用后形成的利润。净利润是企业经营的最终成果,也是衡量一个企业经营效益的主要指标。净利润越多,则表明企业的经营效益越好;净利润越少,则表明企业的经营效益越差。

净利润=利润总额-所得税费用

其中,所得税费用是指企业根据会计准则的要求确认的应当从利润总额中扣除的所得税费用,包括企业当期所得税费用和递延所得税费用。

（二）营业利润的核算

1.设置的主要账户

营业利润是企业利润的主要来源,为了确定营业利润,除了要确认营业收入、计算营业成本、核算税金及附加外,还要核算销售费用、管理费用、财务费用以及投资收益等营业利润构成的要素。关于营业收入、营业成本、税金及附加以及期间费用等内容的核算在前面已经做了具体阐述,这里主要介绍投资收益的核算。为了核算投资收益的发生情况,在会计上需要设置"投资收益"账户和"应收股利"等账户。

（1）"投资收益"账户是损益类账户,主要用于核算企业对外投资所获得收益的实现或损失的发生及其结转情况。其贷方登记实现的投资收益和期末转入本年利润账户的投资净损失;借方登记发生的投资损失和期末转入本年利润账户的投资净收益;结转后,账户期末无余额。该账户应按照投资的种类设置明细分类账户,进行明细分类核算,具体账户结构如下:

借方	投资收益	贷方
本期发生的投资损失 期末转入"本年利润"的收益	本期实现的投资收益 期末转入"本年利润"的损失	

（2）"应收股利"账户是资产类账户,用来核算企业应收取的现金股利和应收取其他单位分配的利润。其借方登记应收股利或利润的增加;贷方登记应收股利或利润的减少;期末余额一般在借方,反映企业尚未收到的现金股利或利润。该账户应当按照被投资单位设置明细分类账户,进行明细分类核算,具体账户结构如下:

借方	应收股利	贷方
应收股利或利润的增加	应收股利或利润的减少	
期末余额:尚未收到的现金股利或利润		

📚 **拓展阅读**

股利分配形式

股利分配形式有现金股利、股票股利、财产股利、负债股利。其中,现金股利是指以现金形式分派给股东的股利,是股利分派最常见的方式,也是大多数投资者比较喜欢的股利分配形式;股票股利是公司以增发股票的方式所支付的股利,通常也将其称为"红股"。财产股利,是指公司以现金以外的资产作为股利分配给股东的一种股利支付方式,常见的有实物股利和证券股利两种方式;负债股利是以应付票据或其他应付凭证作为股利向股东分配,股东可以在一定期间向公司主张债权、领取现金的一种股利分配方式。

2.主要经济业务的核算

为了合理有效地使用资金以获取更多的经济利益,企业除了从事生产经营活动外,还会利用闲散资金进行有计划的投资,如购买股票、债权、基金等。由于投资具有风险性,可能出现收益,也可能出现亏损。所以在进行账务处理的时候,如果获得收益,则记入"投资收益"账户的贷方;如果发生损失,则记入"投资收益"账户的借方。

【例4-42】2021年12月28日,广元公司售出临时买入的股票,获得买卖差价收益50 000元,已存入银行。

分析:企业售卖临时买入的股票获取的差价收益属于投资收益。该项经济业务的发生,一方面会使企业的银行存款增加50 000元,另一方面会使企业的投资收益增加50 000元。银行存款的增加应记入"银行存款"账户的借方,投资收益的增加应记入"投资收益"账户的贷方。因此,该业务应当编制会计分录如下:

借:银行存款　　　　　　　　　　　　　　　　　　　　　　50 000
　　贷:投资收益　　　　　　　　　　　　　　　　　　　　　　50 000

【例4-43】广元公司投资的华美公司宣告发放现金股利,本公司应分得现金股利80 000元,款项暂未收到。

分析:企业对外进行投资获取的收益属于投资收益。广元公司分得现金股利80 000元,则会导致企业的投资收益增加,投资收益增加应记入"投资收益"账户的贷方;另外,由于现金股利尚未收到,因此企业的债权资产应收股利会增加,应收股利增加应记入"应收股利"账户的借方。因此,该业务应当编制会计分录如下:

借:应收股利　　　　　　　　　　　　　　　　　　　　　　80 000
　　贷:投资收益　　　　　　　　　　　　　　　　　　　　　　80 000

会计小故事

比尔的利润

比尔在城里开了一间五金店,生意还不错,但他却是一个对会计一窍不通的人。他从不用账簿,支票他都装进一个深色的信封内;现金钞票放在雪茄盒里;到期的账单都插在票插上。

作会计师的小儿子对他说:"你每天不记账,根本就不清楚你一天的支出、收入是多少,也不知道一天的利润是多少,你这样经营是不行的。"

比尔说:"我只知道我来城里前只有一条裤子和一双鞋,这就是我所拥有的一切。而现在,我有一间很好的五金店,一栋房子和两辆汽车。我还有一个善解人意的妻子和两个可爱的孩子:一个是大学老师,一个是优秀的会计师。"

"我的利润就是这些!"比尔说完笑着看着小儿子。

（三）利润总额的核算

1.设置的主要账户

构成利润总额的要素除了营业利润外,还有营业外收入和营业外支出。为了核算利润总额,还需要设置"营业外收入""营业外支出"和"本年利润"等账户。

（1）"营业外收入"账户属于损益类账户,用来核算企业发生的与日常经营活动无关的各项营业外收入,包括盘盈利得、捐赠利得、罚款净收入等。其贷方登记确认的各项利得;借方登记期末转入本年利润账户的余额;结转后,期末无余额;该账户可以按照营业外收入项目进行明细核算,具体账户结构如下:

借方	营业外收入	贷方
期末转入"本年利润"	本期实现的营业外收入	

（2）"营业外支出"账户属于损益类账户,用以核算企业发生的与日常活动无直接关系的各项损失,主要包括盘亏损失、捐赠支出、罚款支出、非常损失等。其借方登记确认的各项损失;贷方登记期末转入本年利润账户的余额;结转后,账户期末无余额。该账户可以按照支出项目进行明细核算,具体账户结构如下:

借方	营业外支出	贷方
本期实现的营业外支出	期末转入"本年利润"	

（3）"本年利润"账户属于所有者权益类账户,主要用以核算企业当期实现的净利润或发生的净亏损。其贷方登记期末各收益类账户的转入数额;借方登记期末各费用或支出类账户的转入数额;本账户若为贷方余额,表示利润;如为借方余额,则表示亏损。年度终了,企业应将本年利润账户的累计余额转入"利润分配——未分配利润"账户,结转后"本年利润"账户应无余额,具体账户结构如下:

借方	本年利润	贷方
转入的成本费用	转入的收入收益	
期末余额:累计亏损	期末余额:累计净利润	

2.主要经济业务的核算

营业外收支业务在企业日常核算中不是很多,但是也要准确核算,以免影响利润总额和净利润的结果。当企业实现营业外收入时,贷方应记入"营业外收入"账户,借方则根据实际情况可记入"银行存款""库存现金""待处理财产损溢"等账户;当企业发生营业外支出时,则借方记入"营业外支出"账户,贷方可记入"银行存款""库存现金""待处理财产损溢"等账户。

【例4-44】某供应商未按约定履行合同而给广元公司造成经济损失,收取违约罚款20 000元,款项已收到并存入银行。

分析:罚款收入属于企业的营业外收入。这项经济业务的发生,使得企业的银行存款增加20 000元,另外使得企业的营业外收入增加20 000元。银行存款的增加应记入"银行存款"账户的借方,营业外收入的增加应计入"营业外收入"账户的贷方,会计分录编制如下:

借:银行存款　　　　　　　　　　　　　　　　　　　　　　　　20 000
　　贷:营业外收入——罚款收入　　　　　　　　　　　　　　　　　　20 000

【例4-45】为扶持我国西部地区的教育事业,广元公司签发一张银行存款转账支票,向某小学捐款80 000元。

分析:捐款支出属于企业的营业外支出。广元公司向西部小学捐款,一方面会使企业的营业外支出增加10 000元,另一方面会使企业的银行存款减少80 000元。营业外支出的增加应计入"营业外支出"账户的借方,银行存款的减少应记入"银行存款"账户的贷方。因此,该项经济业务可编制会计分录如下:

借:营业外支出　　　　　　　　　　　　　　　　　　　　　　　　10 000
　　贷:银行存款　　　　　　　　　　　　　　　　　　　　　　　　10 000

在会计期末,企业需要将会计期间的损益转入"本年利润"账户,以确定企业在当期实现的利润。在结转收入和收益类账户时,应当借记"主营业务收入""其他业务收入""营业外收入""投资收益"等账户,贷记"本年利润"账户;在结转费用和支出类账户时,应当借记"本年利润"账户,贷记"主营业务成本""其他业务成本""管理费用""营业外支出"等账户。

【例4-46】广元公司在会计期末将本期实现的各项收入共计2 572 080元,包括主营业务收入2 274 000元、其他业务收入134 000元、投资收益79 280元、营业外收入84 800元转入"本年利润"账户。

分析:企业将"主营业务收入""其他业务收入""投资收益""营业外收入"账户的余额转入"本年利润"账户,则会导致以上账户的数额减少,这些账户都属于收入和收益类账户,收入和收益类账户的减少应当记入各账户的借方;又由于收入的转入会导致利润的增加,利润的增加应当记入"本年利润"的贷方。通过分析,该笔经济业务的会计分录应当编制如下:

借:主营业务收入　　　　　　　　　　　　　　　　　　　　　2 274 000
　　其他业务收入　　　　　　　　　　　　　　　　　　　　　　134 000
　　投资收益　　　　　　　　　　　　　　　　　　　　　　　　79 280
　　营业外收入　　　　　　　　　　　　　　　　　　　　　　　84 800
　　贷:本年利润　　　　　　　　　　　　　　　　　　　　　　2 572 080

【例4-47】广元公司在会计期末将本期发生的各项费用共计2 072 080元,包括主营业务成本1 526 400元、税金及附加60 000元、其他业务成本20 680元、管理费用395 690元、财务费用2 500元、销售费用46 810元、营业外支出20 000元转入"本年利润"账户。

分析:期末需要将费用类账户的余额转入到"本年利润"账户,费用的增加会导致企业利润降低,因此"本年利润"账户的借方应记入2 072 080元;费用类账户结转表示费用的

减少,费用的减少应记入费用类账户的贷方,故而该项经济业务应编制会计分录如下:

借:本年利润　　　　　　　　　　　　　　　　　　2 072 080

贷:主营业务成本　　　　　　　　　　　　　　　1 526 400

税金及附加　　　　　　　　　　　　　　　　60 000

其他业务成本　　　　　　　　　　　　　　　20 680

管理费用　　　　　　　　　　　　　　　　395 690

财务费用　　　　　　　　　　　　　　　　2 500

销售费用　　　　　　　　　　　　　　　　46 810

营业外支出　　　　　　　　　　　　　　　20 000

实战演练

请根据下列资料内容,编制各经济业务的会计分录。

(1)将南方公司在2021年10月实现的各项收入共计3 462 000元,包括主营业务收入3 200 000元、其他业务收入60 000元、营业外收入2 000元转入"本年利润"账户。

(2)将南方公司在2021年10月发生的各项费用共计2 562 000元,包括主营业务成本2 165 130元、税金及附加5 000元、其他业务成本45 000元、管理费用285 450元、财务费用3 800元、销售费用57 620元、营业外支出5 000元转入"本年利润"账户。

(四)净利润的核算

1.设置的主要账户

净利润是企业实现的利润总额扣除所得税费用后的净额,也称为税后利润。企业在确定了利润总额以后,还需要确定所得税费用,才能计算出净利润。

所得税费用是企业按照国家税法的规定,对其实现的经营所得和其他所得,按照规定的所得税税率计算缴纳的一种税金。企业确定当期所得税时,对于当期发生的交易或事项,在会计处理与税收处理上并不相同。首先,需要在税前会计利润的基础上,依照税法的有关规定进行纳税调整,得出当期应纳税所得额;然后,再按照应纳税所得额与适用所得税税率计算出当期应交的所得税,具体计算公式如下:

应纳税所得额=税前会计利润+纳税调整增加额-纳税调整减少额

应交所得税额=应纳税所得额×所得税税率

由于纳税调整项目的内容比较复杂,在基础会计的课程中,为了简化核算,一般假设纳税调整项目为零,以会计上的利润总额为基础计算应交所得税额。我国企业所得税税率一般为25%。为了核算所得税费用的发生情况,除了需要设置"应交税费""银行存款"等账户外,还需要设置"所得税费用"账户。

"所得税费用"账户是损益类账户,用来核算企业确认的应从当期利润总额中扣除的所得税费用。其借方登记企业计算应缴纳的所得税数额;贷方登记结转到"本年利润"账户的数额;结转后,账户期末无余额。具体账户结构如下:

借方	所得税费用	贷方
计算出的所得税费用	期末转入"本年利润"	

2.主要经济业务的核算

企业所得税费用需要先计算后缴纳,因此在计提所得税时,应当借记"所得税费用"账户,贷记"应交税费——应交所得税"账户;实际缴纳所得税时,则借记"应交税费——应交所得税"账户,贷记"银行存款"账户。

【例4-48】承前例,假设利润总额等于应纳税所得额,且广元公司适用的所得税税率为25%,计算广元公司2021年12月应交纳的所得税。

分析:由前面的例题可以计算出广元公司2021年12月份的税前利润=2 572 080-2 072 080=500 000元,则公司应交所得税额=500 000×25%=125 000元。计提所得税时,一方面会导致企业的所得税增加;另一方面由于所得税尚未缴纳,会使企业产生一笔负债"应交税费"。所得税费用的增加应记入"所得税费用"账户的借方,应交税费的增加应记入"应交税费"账户的贷方,因此可编制会计分录如下:

借:所得税费用 125 000
　　贷:应交税费——应交所得税 125 000

从会计的角度来看,企业缴纳的所得税符合费用的定义和确认条件,也属于一项费用。因此,与其他费用类账户一样,期末也需要转入"本年利润"账户。在进行会计账务处理时,借记"本年利润"账户,贷记"所得税费用"账户。

【例4-49】承前例,将广元公司2021年12月份的所得税费用转入"本年利润"账户。

分析:结转所得税费用,一方面会使企业的利润减少,另一方面会使所得税费用减少。利润的减少应记入"本年利润"账户的借方,所得税的减少应记入"所得税费用"的贷方。因此,该项经济业务可编制会计分录如下:

借:本年利润 125 000
　　贷:所得税费用 125 000

实战演练

南方公司在2021年10月实现的税前利润为900 000元,适用的所得税率为25%,不考虑纳税调增和调减项目,计算该公司本月应交纳的所得税费用并转入"本年利润"账户。请根据资料内容,编制会计分录。

(1)计提所得税费用;

（2）结转所得税费用。

二、利润分配的核算

企业对于实现的净利润应按照规定的程序在各有关方面进行合理的分配。利润分配就是企业根据国家有关规定和企业章程、投资者的决议等,对企业当年可供分配利润指定其特定用途和分配给投资者的行为。利润分配的过程和结果不仅关系到所有者的合法权益是否得到保障,而且还关系到企业未来的发展。因此,企业必须要加强利润分配的管理和核算。

（一）利润分配的顺序

根据《中华人民共和国公司法》等有关法规的规定,利润分配一般应当按照下列顺序进行。

1.计算可供分配的利润

企业在进行利润分配之前,应根据本年净利润或亏损、年初未分配利润或亏损、其他转入的金额（如盈余公积弥补的亏损）等项目计算出可供分配的利润,具体计算如下:

可供分配的利润=净利润或亏损+年初未分配利润−弥补以前年度的亏损+其他转入
　　　　　　　 的金额

如果可供分配的利润为负数,即为累计亏损,则不能进行后续的分配;如果可供分配的利润为正数,即为累计盈利,则可进行后续分配。

2.计提法定盈余公积金

法定盈余公积是国家规定企业必须从税后利润中提取的盈余公积。《公司法》规定,公司制企业按净利润的10%计提法定盈余公积金;其他企业可以根据需要确定提取比例,但不得低于10%。企业提取的法定盈余公积金累计额已达注册资本的50%时可不再提取。此外,如果企业不存在年初累计亏损,则按照本年净利润为基数提取法定盈余公积;如果企业存在年初累计亏损,则按照可供分配的利润为基数提取法定盈余公积。法定盈余公积金提取后,可用于弥补亏损或转增资本,但企业用盈余公积金转增资本后,法定盈余公积金的余额不得低于转增前公司注册资本的25%。

3.计提任意盈余公积金

任意盈余公积是由企业自愿计提的,是否计提以及计提多少都由企业董事会或股东大会自行决定。提取任意盈余公积的主要目的是减少当期可分派股利的利润额,以保持财力应对特殊情况。

4.向投资者分配利润或股利

企业可供分配的利润扣除提取的法定盈余公积和任意盈余公积后,便形成了可供投资者分配的利润,具体计算公式如下:

可供投资者分配的利润=可供分配的利润−提取的盈余公积

企业可采用现金股利、股票股利和财产股利等形式向投资者分配利润或股利。可供投资者分配的利润扣除向投资者分配的利润的剩余部分就形成了企业的未分配利润。未分配的利润是企业留待以后年度进行分配的利润或等待分配的利润。它是所有者权益的一个重要组成部分,相对于所有者权益的其他部分来说,企业对于未分配利润的使用有较大的自主权。

(二)设置的主要账户

为了核算企业利润分配的具体过程及结果,需要设置"利润分配""盈余公积"和"应付股利"等账户。

(1)"利润分配"账户是所有者权益类账户,用以核算企业一定时期内经过利润分配或亏损弥补以及历年结转的未分配利润(或为弥补亏损)情况。其贷方登记用盈余公积金弥补的亏损额等其他转入数以及年末从"本年利润"账户转入的全年实现的净利润;借方登记实际分配的利润额,包括提取的盈余公积金和分配给投资人的利润以及年末从"本年利润"账户转入的全年累计亏损额;年末余额如果在借方,则表示未弥补的亏损额;年末余额如果在贷方,则表示未分配的利润。该账户一般应设置"提取法定盈余公积""提取任意盈余公积""应付现金股利或利润""盈余公积补亏""未分配利润"等明细分类账户进行明细核算,具体账户结构如下:

借方	利润分配	贷方
净利润的分配	由"本年利润"转入的净利润	
期末余额:未弥补的亏损额	期末余额:尚未分配的净利润	

(2)"盈余公积"账户也是所有者权益类账户,用来核算企业从净利润中提取的盈余公积的增减变动及结余情况。其贷方登记提取的盈余公积,即盈余公积的增加;借方登记实际使用的盈余公积,即盈余公积的减少;期末余额在贷方,反映结余的盈余公积。该账户应设置"法定盈余公积""任意盈余公积"等明细账户进行核算,具体账户结构如下:

借方	盈余公积	贷方
盈余公积的转出	从净利润中提取的盈余公积金	
	期末余额:盈余公积累计结余	

(3)"应付股利"账户是负债类账户,主要用来核算和监督企业应付现金股利或利润的增减变动及其结余情况。其贷方登记应付给投资人股利或利润的增加额;借方登记实际支付给投资人的股利或利润,即应付股利的减少额;期末余额在贷方,表示尚未支付的股利或利润。该账户可按投资人不同设置明细分类账户进行明细核算,具体账户结构如下:

借方	应付股利	贷方
实际支付的利润或股利	应付但未付的利润或股利	
	期末余额:尚未支付的利润或股利	

（三）主要经济业务的核算

1.年末结转净利润

企业对实现的净利润进行分配,则意味着净利润这一所有者权益的减少。在账务处理时,如果直接记入"本年利润"账户的贷方,冲减本年的净利润,则"本年利润"账户贷方的余额就表示实现的净利润与已分配利润的差额,即未分配利润,而无法提供年度累计实现的净利润这一重要指标。因此,为了使"本年利润"账户真实地反映企业实现净利润的原始数据,则需要专门设置"利润分配"账户,用以反映利润分配的情况以及提供企业未分配利润的数据。

年末在开始利润分配时,需要将"本年利润"账户余额转入"利润分配"账户。会计账务处理中,应当借记"本年利润"账户,贷记"利润分配——未分配利润"账户。

【例4-50】2021年12月31日,将广元公司"本年利润"账户的贷方余额375 000元转入"利润分配"账户。

分析:将"本年利润"转入"利润分配"账户,准备开始进行利润分配。此项业务会导致企业累计净利润减少375 000元,而可供分配的利润增加375 000元。累计净利润的减少应记入"本年利润"账户的借方,可供分配的利润的增加应记入"利润分配——未分配利润"账户的贷方,因此该项经济业务可编制会计分录如下:

借:本年利润   375 000
    贷:利润分配——未分配利润   375 000

2.提取盈余公积的核算

当企业提取盈余公积金时,会导致企业盈余公积金的增加,同时也会导致企业可供分配的利润减少。因此,在进行账务处理时,应该借记"利润分配"账户,贷记"盈余公积"账户。

【例4-51】广元公司经过股东会的批准,将从本年度实现的净利润中,按净利润的10%提取法定盈余公积金。

分析:公司实现年净利润375 000元,按其10%提取法定盈余公积金,则提取的法定盈余公积金为375 000×10%=37 500元。公司提取盈余公积金,一方面会使公司可分配的利润减少,另一方面会使盈余公积金增加。因此该项业务会涉及"利润分配"和"盈余公积"两个账户,可分配利润的减少是所有者权益的减少,应记入"利润分配"账户的借方,盈余公积增加是所有者权益的增加,应记入"盈余公积"账户的贷方。综上,该经济业务可编制会计分录如下:

借:利润分配——提取法定盈余公积   37 500
    贷:盈余公积——法定盈余公积   37 500

【例4-52】广元公司经过股东会的批准,将从本年度实现的净利润中,按净利润的5%提取任意盈余公积金。

分析:公司实现年净利润375 000元,按其5%提取任意盈余公积金,则提取的任意盈余公积金为375 000×5%=18 750元。与提取法定盈余公积金的账务处理相同,提取任意公积金会涉及"利润分配"和"盈余公积"两个账户,借方记入"利润分配"账户,贷方记入

"盈余公积"账户的贷方,会计分录编制如下:

借:利润分配——提取任意盈余公积   18 750

 贷:盈余公积——任意盈余公积   18 750

3.宣告派发股利的核算

现金股利是指企业以现金形式发放给投资者的股利,当企业宣告向投资者分配现金股利时,其实并未真正发放。此时在进行账务处理时,可借记"利润分配"账户,贷记"应付股利"。但是企业以股票股利等其他形式发放股利时,则不能通过"应付股利"账户进行核算。

【例4-53】年末,广元公司按照股东大会决议,决定给股东分配现金股利80 000元。

分析:广元公司决定向股东发放现金股利80 000元,一方面会使企业的可分配的利润减少80 000元,应记入"利润分配"账户借方;另一方面由于股利宣告发放,尚未真正发放,因此会使企业产生一笔负债80 000元,应记入"应付股利"账户的贷方。通过分析,该项业务可编制会计分录如下:

借:利润分配——应付现金股利   80 000

 贷:应付股利   80 000

📖 实战演练

2021年年末,南方公司"本年利润"账户的贷方余额8 500 000元,请根据下列内容要求编制会计分录。

(1)将"本年利润"账户转入"利润分配"账户;

(2)按净利润的10%提取法定盈余公积金;

(3)宣告向股东分配现金股利300 000元。

4.结转利润分配明细账户

为了反映企业未分配利润的数额情况,年末在完成利润分配工作之后,需要将"利润分配"账户下的其他明细账户的余额转入"利润分配——未分配利润"明细账户。结转后,除"未分配利润"明细账户可能有余额外,其他各个明细账户均没有余额。

【例4-54】承前例,广元公司在会计期末结清利润分配账户所属的各有关明细账户。

分析:广元公司"利润分配"所属的有关明细账户分别为:"提取法定盈余公积""提取任意盈余公积"和"应付现金股利"。结清时,需要将各个明细账户的余额从其相反方向分别转入"未分配利润"明细账户中。"提取法定盈余公积""提取任意盈余公积"和"应付现金股利"明细账户都是借方余额,应分别从各明细账户的贷方结转到"未分配利润"明细账户的借方,则编制会计分录如下:

借:利润分配——未分配利润   136 250
  贷:利润分配——提取法定盈余公积   37 500
          ——提取任意盈余公积   18 750
          ——应付现金股利   80 000

本年度实现的净利润经过分配后,年末未分配利润为375 000-136 250=238 750元。同时经过结转,"利润分配"所属的有关明细账户"提取法定盈余公积""提取任意盈余公积"和"应付现金股利"期末均无余额,只有"未分配利润"明细账户有余额,余额为238 750元。

本章小结

    制造业企业的主要经济业务包括资金筹集业务、供应过程业务、生产过程业务、销售过程业务、财务成果的形成与分配业务五方面的内容。

    1.资金筹集业务包括投资者投入资金业务和向债权人借入资金两项业务。其中,关于投入资本业务的核算主要介绍了实收资本和资本公积业务核算;关于借入资金业务主要以短期借款为例进行了介绍。

    2.供应过程业务主要包括固定资产购建业务和原材料采购业务。外购的固定资产又分为需要安装的固定资产和不需要安装的固定资产。此外,还分别介绍了在实际成本核算法下和计划成本核算法下关于原材料采购业务核算。

    3.生产过程业务中重点介绍了材料费用的分配与归集、人工费用的分配与归集、制造费用的分配与归集以及完工产品生产成本的计算和结转。

    4.销售过程业务核算中主要包括主营业务收支的核算、其他业务收支的核算、销售费用的核算以及税金及附加的核算,文中分别介绍了各个业务核算中需要设置的账户以及具体核算方法。

    5.财务成果的形成与分配业务中主要介绍了利润的构成、营业利润的核算、利润总额的核算、净利润的核算、利润的分配顺序以及利润分配的具体业务核算。

自我检测

一、单项选择题

1.企业计提短期借款的利息支出时应借记的账户是(　　)。
  A."财务费用"账户   B."短期借款"账户
  C."应付利息"账户   D."银行存款"账户

2.企业增资扩股时,投资者实际出资额超出其在注册资本中所占的份额部分,应作为(　　)。
  A.盈余公积　　　　B.资本公积　　　C.实收资本　　　D.营业外收入

3.固定资产因使用磨损而减少的价值,应记入(　　)。
  A."固定资产"账户的借方   B."固定资产"贷方

　　C."累计折旧"账户的借方　　　　　　D."累计折旧"账户的贷方

4."生产成本"账户的期末借方余额表示(　　　)。

　　A.库存产品的成本　　　　　　　　B.完工产品成本

　　C.本月生产费用合计　　　　　　　D.期末在产品成本

5.下列内容中属于其他业务收入的是(　　　)。

　　A.出售产品收入　　B.罚款收入　　　C.销售材料收入　　D.提供劳务的收入

6.年度终了时结转后,"利润分配"账户的贷方余额反映的是(　　　)。

　　A.实现的净利润　　B.利润分配总额　　C.未分配利润　　　D.未弥补的亏损

二、多项选择题

1.企业接受投资者投入的资本可能记入的贷方科目是(　　　)。

　　A.股本　　　　　　B.盈余公积　　　　C.实收资本　　　　D.资本公积

2.下列项目中要计入材料采购成本的是(　　　)。

　　A.买价　　　　　　B.保险费　　　　　C.运输费　　　　　D.增值税

3.下列项目中可计入"制造费用"账户的有(　　　)。

　　A.车间管理人员的工资　　　　　　B.车间发生的水电费

　　C.车间计提设备的折旧费　　　　　D.销售部门的办公费

4.下列各项中,通过"税金及附加"科目核算的有(　　　)。

　　A.所得税　　　　　B.教育费附加　　　C.增值税　　　　　D.城市维护建设税

5.下列各项中,不会影响到营业利润核算的是(　　　)。

　　A.主营业务收入　　B.营业外收入　　　C.所得税费用　　　D.财务费用

三、判断题

1.企业月末将"制造费用"账户的借方发生额合计转入"主营业务成本"账户的贷方。
　　　　　　　　　　　　　　　　　　　　　　　　　　　　　　(　　　)

2.企业用转账支票支付购货款时,应通过"应付票据"账户进行核算。　　(　　　)

3.利润可以划分为营业利润、利润总额和净利润三个层次。　　　　　　(　　　)

4.购入需要安装的固定资产,要将其安装成本先记入"在建工程"账户,安装完毕后再转入"固定资产"账户。　　　　　　　　　　　　　　　　　　　　　　(　　　)

5.如果某产品月初月末均无在产品,则本月为生产该产品发生的全部生产费用就是该产品本月完工产品的总成本。　　　　　　　　　　　　　　　　　　　(　　　)

6.企业从税后利润中提取盈余公积不属于利润分配的内容。　　　　　　(　　　)

职业能力提升

[目的]对制造业企业主要经济业务核算进行综合练习。

[资料]宏科有限公司是一家电子产品制造企业,为增值税一般纳税人,开具增值税专用发票,适用的增值税率13%,所得税税率为25%,原材料采用实际成本进行核算。2021年12月该公司发生以下经济业务:

（1）12月2日，接受永嘉公司的投资500 000元，已存入银行。

（2）12月3日，用银行存款200 000元向银行偿还到期的临时借款。

（3）12月5日，购进甲材料1 000千克，增值税发票注明：价款50 000元，增值税为6 500元，材料尚未验收入库，款项尚未支付。

（4）12月6日，以现金支付销售人员王亮预借的差旅费3 000元。

（5）12月7日，仓库发出甲材料45 700元，其中生产A产品领用12 000元，B产品领用18 000元，车间修理耗用4 200元，厂部管理部门耗用1 500元。

（6）12月8日，本月3日购买的甲材料已到并验收入库。

（7）12月10日，从银行提取现金58 000元，准备发放上月工资。

（8）12月10日，用现金58 000元发放工资。

（9）12月12日，接到银行通知，星辉公司前欠本公司的货款22 000元，已收到。

（10）12月13日，用现金购入车间办公用品800元，已交付使用。

（11）12月14日，销售人员王亮出差回来报销差旅费2 800元，退回剩余现金200元。

（12）12月16日，购进乙材料500千克，增值税发票注明：价款30 000元，增值税为3 900元，运杂费500元，材料已验收入库，款项通过银行存款转账支付。

（13）12月17日，销售A产品150件，单价300元，开出的增值税发票注明：价款45 000元，增值税5 850元，货款已收到存入银行。

（14）12月19日，以现金400元支付销售A产品发生的运杂费。

（15）12月20日，销售B产品100件，单价500元，开出增值税发票注明：价款70 000元，增值税9 100元，货款尚未收到。

（16）12月21日，用银行存款归还前欠大明工厂的货款28 000元。

（17）12月22日，预收星辉公司A产品货款50 000元，存入银行。

（18）12月22日，仓库发出乙材料27 600元，其中生产A产品领用15 000元，B产品领用9 000元，车间修理耗用2 600元，厂部管理部门耗用1 000元。

（19）12月24日，用银行存款2 000元支付B产品发生的广告费。

（20）12月26日，出售乙材料300千克，开出增值税发票注明：价款15 000元，增值税为1 950元，货款已收到存入银行。

（21）12月27日，给星辉公司销售A产品500件，单价300元，开出的增值税发票注明：价款150 000元，增值税19 500元，可以用前期收到的预收款抵销部分货款，剩余部分用银行存款当即补齐。

（22）12月27日，购进甲材料500千克，增值税发票注明：价款25 000元，增值税为3 250元，材料尚未验收入库，款项通过银行存款支付。

（23）12月28日，收到外单位交来的合同违约金5 000元，存入银行。

（24）12月29日，用银行存款购入一台车床，增值税专用发票注明：价款20 000元，增值税额2 600元，当即投入使用。

（25）12月30日，分配本月发生的电费4 412元。其中：A产品用电2 000元，B产品用电1 800元，车间照明用电412元，行政部门用电200元。

（26）12月30日，分配本月发生的水费368元。其中：车间耗用108元，行政部门耗用260元。

（27）12月30日，分配本月职工薪酬117 000元，其中：生产A产品工人2 5000元，B产品工人30 000元，车间管理人员15 000元，行政部门人员26 000元，销售人员21 000元。

（28）12月30日，计提本月固定资产折旧费，车间的固定资产应提2 400元，行政部门的固定资产应提800元。

（29）12月31日，计提本月应负担的借款利息840元。

（30）12月31日，结转本月制造费用，按生产工人的工资比例分配。

（31）12月31日，本月投产的A产品500件，B产品250件，全部完工，并验收入库，计算结转完工产品的成本。

（32）12月31日，结转已销产品成本，A产品销售了650件，B产品销售了100件。

（33）12月31日，结转已销乙材料成本9 000元。

（34）12月31日，计提本月应交纳的城市维护建设税744元和教育费附加319元。

（35）12月31日，结转有关损益类账户，计算本月实现的利润总额。

（36）12月31日，按本月利润的25%计提并结转所得税费用。

（37）12月31日，将"本年利润"结转至"利润分配——未分配利润"。

（38）12月31日，按税后利润的10%提取法定盈余公积。

（39）12月31日，按净利润的20%向投资者分配利润。

（40）12月31日，结转利润分配各明细科目。

[要求] 根据以上资料内容，请完成：（1）编制各项经济业务的会计分录；（2）计算宏科有限公司2021年12月份的营业利润、利润总额和净利润。

课外项目

[实训项目] 深入了解制造业企业的主

[项目任务] 将班里的同学划分为不同　　　　　　组3～4人，利用网络资源，共同完成以下课外任务：

1. 在互联网上查找一两家机器设备制造企业（如中国第一汽车集团公司），了解它们的主要产品、产品生产流程等，并判断其可能会发生哪些主要的经济业务。

2. 在互联网上查找几家上市公司（如蒙牛乳业集团、通用汽车公司等）的财务报告，了解其财务状况、利润的构成、利润分配政策等内容。

[成果展示] 每个小组将搜集到的资料做成PPT在课堂上做简单汇报，并由教师和其他小组共同进行评价。

第五章　会计凭证

1. 掌握会计凭证的概念和种类，认识会计凭证在会计核算中的重要作用，了解会计凭证的传递与保管；
2. 掌握原始凭证和记账凭证的概念、作用及种类；
3. 掌握原始凭证和记账凭证的基本内容以及填制和审核方法。

导入案例

　　奋亿公司财务核算体系不健全，财务核算混乱，会计人员工作不认真。为了解决这些问题，该公司经理聘请了一位财务负责人张宁规范财务工作并考核会计人员。新财务负责人张宁在审核时发现，会计小王不小心丢了两张已填好并登记入账且没有粘贴原始凭证的记账凭证。张宁审核了原始凭证后，批评小王工作太马虎，同时让他重新编制了两张记账凭证，并粘贴好原始凭证。还有一次，张宁在复核时发现出纳小刘编制的银行存款付款凭证所附的50万元现金支票存根丢失，同时发现还有几张现金付款凭证所附的原始凭证和记账凭证上的记录张数不符，原始凭证也已丢失。张宁决定解雇小刘，小刘对此非常不满意，他认为新财务负责人张宁小题大做，偏袒小王，于是到公司总经理那里去告状。

　　此案例中，张宁的做法正确吗？是否偏袒了会计小王？原始凭证和记账凭证分别又是什么？它们在会计工作中有什么样的作用？为什么记账凭证可以重做，而原始凭证不能重做？这些问题我们都将在本章中进行学习和讨论。

第一节　会计凭证概述

一、会计凭证的概念

　　为了保证会计信息的真实性和可靠性，同时也为了如实反映经济业务的发生和完成情况，企业在进行财务处理时，每一项交易或事项都需要取得相关的证明文件来作为支撑资料,这些证明文件就是会计凭证,详细地记录了每一项经济业务所涉及的业务内容、数量和金额以及经办人员的签章等。例如,购买材料时由供货单位开具的发票、材料入库时填制的收料单等都是会计凭证。简单来说,会计凭证就是会计工作中记录经济业务、明确经济责任的书面证明,是登记账簿的依据。

一切的会计记录都要有真凭实据,所以会计主体发生的每一项经济业务,都必须由经办业务的部门、人员填制或取得会计凭证,详细说明该项经济业务的具体内容并在会计凭证上签名或盖章,以明确经济责任。填制或取得的会计凭证,要由相关人员进行严格审核,经审核无误并由审核人员签章后,才能作为登记账簿的依据。填制和审核会计凭证是反映和监督经济活动不可缺少的一项重要工作,也是会计核算的专门方法之一。

思考与讨论

在生活中,你见到过哪些会计凭证?上网查找一些企业的会计凭证图片分享给班里的同学,并讨论思考企业为什么必须要填制或取得会计凭证?

二、会计凭证的作用

填制和审核会计凭证是会计核算工作的起点和基础,也是体现会计监督职能的重要手段,同时对保证会计核算资料的真实性、可靠性和合理性发挥着重要作用。

（一）反映经济业务

会计凭证是经济活动最原始的资料,也是会计信息的重要载体。任何单位发生财产的收发、现金的收付、款项的结算以及费用的开支等都必须通过填制会计凭证进行全面记录,并加以系统的分类和汇总。通过会计凭证的记录内容可以反映出各项经济业务的发生和完成情况,同时也为日后分析经济活动和会计检查提供必要的原始资料。

（二）登记账簿的依据

会计凭证是登记账簿的必要依据,企业对于发生的每一项经济业务,都必须按照规定的程序和要求及时取得或填制会计凭证,然后经过审核无误后才能登记入账。如果没有合法的会计凭证作为依据,则经济业务不能登记入账。因此,做好会计凭证的填制和审核工作,是保证会计账簿资料真实性和正确性的重要前提。

（三）明确经济责任

会计凭证中记录的每一项经济业务都要有相关部门和经办人员的签章,要求有关部门和人员对经济活动的合法性和真实性负责,这样能促使经办业务的部门和人员严格按照有关规定办事。如有发生违法乱纪或经济纠纷事件,也可借助会计凭证确定各经办部门和人员所承担的经济责任。

（四）监督经济活动

通过会计凭证的审核,可以查明所发生的各项经济业务是否符合有关政策、法令、制度、计划和预算的规定,可以检查有无铺张浪费、违法乱纪等行为,以确保经济业务的合法性和合理性,进一步监督经济业务的发生和发展,从而控制经济业务的有效实施。

三、会计凭证的种类

企业发生的经济业务复杂繁多,因而所使用的会计凭证也是各式各样,但按其填制程序和用途不同,可将会计凭证分为原始凭证和记账凭证两类。

(一)原始凭证

原始凭证又称为原始单据,是在经济业务发生或完成时取得或填制的,用以记录、证明经济业务已经发生或完成情况的原始凭据,是编制记账凭证和登记账簿的书面证明。

原始凭证是一种非常重要的凭证,记载着经济业务发生的过程和具体内容,是证明经济业务发生的初始文件,具有较强的法律效力。企业日常用到的原始凭证有很多,比如现金收据、发货票、增值税专用发票、差旅报销单、产品入库单、领料单等。但是并不是所有的书面文件都是原始凭证,有些不能证明经济业务已经发生或完成的书面文件,如生产计划、材料请购单、银行对账单等,则不能作为原始凭证。

(二)记账凭证

记账凭证又称为记账凭单,是会计人员根据审核无误后的原始凭证填制的,用来确定会计分录,作为记账直接依据的会计凭证。

企业发生经济业务后,会取得原始凭证,但是取得的原始凭证往往数量较多且杂乱,不便于作为登记账簿的直接依据。这时会计人员可以根据审核无误的原始凭证填制记账凭证,将经济业务进行归类和整理,而原始凭证作为附件粘贴在记账凭证的后面,然后进行账簿登记。这样不仅可以简化记账工作,减少差错,而且便于对账和查账,提高会计核算质量。

课堂小测试5-1

1.(单选题)下列不属于原始凭证的是( )。

  A.发货单　　　　　B.领料单　　　　C.生产计划　　　D.火车票

2.(单选题)将会计凭证划分为原始凭证和记账凭证的依据是( )。

  A.填制时间不同　　　　　　　　B.反映的经济内容不同

  C.取得来源不同　　　　　　　　D.填制的程序和用途不同

四、会计凭证之间的关系

原始凭证和记账凭证都是会计核算工作中重要的会计凭证,二者之间既存在着紧密的联系又有一定的差别。

(一)原始凭证和记账凭证的联系

原始凭证和记账凭证的密切联系体现在:原始凭证是记账凭证的基础,记账凭证是根据原始凭证填制的。在实际工作中,原始凭证作为记账凭证的附件,要附在记账凭证的后面;记账凭证是对原始凭证内容的概括和说明。

（二）原始凭证和记账凭证的区别

原始凭证和记账凭证存在的差别主要体现在填制人员不同、填制依据不同、填制方式不同和发挥作用不同这几个方面：

（1）填制人员不同。原始凭证是由经办人员填制的；而记账凭证一律由会计人员填制。

（2）填制依据不同。原始凭证是根据发生或完成的经济业务填制；而记账凭证是根据审核无误后的原始凭证填制。

（3）填制方式不同。原始凭证仅用来记录、证明经济业务已经发生或完成；而记账凭证要依据会计科目对已经发生或完成的经济业务进行归类、整理。

（4）发挥作用不同。原始凭证是填制记账凭证的依据；而记账凭证是登记账簿的依据。

 会计小故事

一张不同寻常的讨债单

小贾在一家外企做会计，公司的贸易业务很忙，节奏也很紧张，往往是上午对方的货刚发出来，中午账单就传真过来了，随后就是邮寄过来的发票、运单等。小贾的桌子上总是堆满了各种讨债单。

讨债单太多了，都是千篇一律要钱，小贾常常不知该先付给谁好。经理也一样，总是大概看一眼就扔在桌上，说："你看着办吧。"但有一次他马上说："付给他。"这是仅有的一次。那是一张从马来西亚传真过来的账单，账单上除了列明货物标的价格、金额外，账单大面积的空白处写着一个大大的"SOS"，旁边还画了一个头像。头像正滴着眼泪，简单的线条，很是生动。这张不同寻常的账单一下子引起了小贾的注意，引起了经理的重视，他看了看便说："人家都流泪了，以最快的方式付给他。"

经理和这位小贾都明白，这个讨债人未必在真的流泪，但他却一下子以最快的速度讨回了大额货款。这是因为他多用了一点心思，把简单的"给我钱"换成了一个富含人情味的小幽默、小花絮，于是成功地从千篇一律的账单中脱颖而出。

第二节　原始凭证

一、原始凭证的种类

原始凭证是进行会计核算的原始资料和重要依据，种类多种多样，可以从取得的来源、填制的手续和内容、格式等不同角度来进行分类。

（一）按取得的来源分类

原始凭证按其取得的来源不同，可以分为自制原始凭证和外来原始凭证。

1. 自制原始凭证

自制原始凭证,是指由本单位内部经办经济业务的部门或人员在执行或完成某项经济业务时所填制的,仅供本单位内部使用的原始凭证。如企业仓库部门填制的"材料入库单""产品入库验收单""发出材料汇总表",生产车间及其他部门申请领料时填制的"领料单",企业职工出差向单位借款时填制的"借款单",以及财务部门编制的"工资费用结算单""制造费用分配表"等均属于自制原始凭证。

表5-1　材料入库单

类别:原料及主要材料

供应单位:新途涂料公司　　　　　　2021年9月8日　　　　　　验收单编号:05

品名	规格	单位	数量		实际成本			
			应收数	实收数	单位成本	金额	运杂费	合计
甲材料	001	袋	500	500	20.00	10 000.00		10 000.00
乙材料	005	桶	10	10	100.00	1 000.00		1 000.00
合　计								11 000.00

仓库主管:张敏　　　　验收保管:刘峰　　　　采购:李明　　　　制单:刘峰

2. 外来原始凭证

外来原始凭证,是指在经济业务完成时,从发生经济业务往来的外部单位或个人直接取得的原始凭证,如企业采购时取得的增值税专用发票、出差人员报账时提供的车船票和住宿票、货物运单、银行的收账通知单等都是外来原始凭证。

表5-2　××省增值税专用发票　　　　　　　　No 0014856

记账联　　　　　　开票日期:2021年11月25日

购货单位	名称:安泰建筑工程公司 纳税人识别号:521260095534 地址、电话:培华路8号　56882258 开户行及账号:工行培华路支行				密码区	274589<<67+64829-6248<>加密版 本号:01 *48921*0798+>>7896+8*4 34721 358<<+*65265865　0046752		
货物或应税劳务名称	规格型号	单位	数量	单价	金额	税率	税额	
A产品	C01	件	100	500.00	50 000.00		6 500.00	
B产品	C02	件	150	400.00	60 000.00	13%	7 800.00	
合　计					¥110 000.00		¥14 300.00	
价税合计(大写)	人民币壹拾贰万肆仟叁佰元整					(小写)¥124 300.00		
销货单位	名称:远桥木器有限责任公司 纳税人识别号:610498521463958 地址、电话:朝阳路5号　33375467 开户行及账号:工行朝阳西路支行				备注	610498521464585 发票专用章		

收款人:王飞　　　复核:李莉　　　开票人:高赟　　　销货单位:(章)

增值税专用发票

增值税专用发票不同于普通发票,它是有缴纳增值税义务的企业所使用的一种专用发票。增值税专用发票除了具备购买单位、销售单位、商品或者服务的名称、商品或者劳务的数量和计量单位、单价和价款、开票单位、收款人、开票日期等普通发票所具备的内容外,还包括纳税人税务登记号、不含增值税金额、适用税率、应纳增值税额等内容。增值税专用发票不仅是购销双方收付款的凭证,而且可以用作购买方抵扣增值税的凭证;而普通发票除运费、收购农副产品、废旧物资的按法定税率作抵扣外,其他的一律不予作抵扣用。

(二)按填制的手续和内容分类

原始凭证按其填制的手续和内容不同,可以分为一次凭证、累计凭证和汇总凭证。

1.一次凭证

一次凭证,是指一次填制完成且仅一次有效的原始凭证,它反映一项经济业务或同时反映若干同类经济业务的内容。自制原始凭证大多数是一次凭证,如收料单、领料单等。外来原始凭证一般都是一次凭证,如收款收据、餐饮发票、飞机和火车票等。一次凭证填制方便灵活,但是凭证数量也较多,会给会计核算带来不便。

2.累计凭证

累计凭证,是指在一定时期内多次记录发生的同类型经济业务且多次有效的原始凭证,如限额领料单。累计凭证的填制手续不是一次完成的,而是在一张凭证内可以连续、分次登记,并随时结出累计数和结余数,期末按实际发生额作为记账的依据。这样可以减少原始凭证的数量,简化凭证填制的手续,并对相关费用支出起到控制作用。

表5-3　限额领料单

领料单位:基本生产车间　　　　　　　　　　　　　　　　　　　　　编号:M810

用途:制造B产品　　　　　　　领料日期:2021年5月　　　　　　发料仓库:1号

材料名称及规格		计量单位	单价	全月领用限额		全月实领	
						数量	金额
圆钢20 mm		千克	5.80	2 000		1 800	10 440.00
领料日期		请领数	实发数	累计数	结余数	领料人	发料人
5月	8日	800	800	800	1 200	田宇	刘庆
	15日	450	450	1 250	750	田宇	刘庆
	26日	550	550	1 800	200	田宇	刘庆

仓库主管:杨明　　　　　材料主管:李建　　　　　审核:郭柯灵　　　　制单:刘庆

3.汇总凭证

汇总凭证又称为原始凭证汇总表,是指将一定时期内若干记录同类经济业务的原始凭证加以汇总,用以集中反映某类经济业务发生情况的原始凭证。比如收料凭证汇总表、发料凭证汇总表、商品销货汇总表、工资结算汇总表等都是汇总凭证。汇总凭证合并了同类型经济业务,既可以提供经营管理所需的总括信息,还可以有效地简化会计核算手续。

表5-4 发料凭证汇总表

2021年12月31日 单位:元

会计科目(用途)	领料部门	原料及主要材料	辅助材料	燃料	合计
生产成本	A产品生产车间	8 000	500		8 500
	B产品生产车间	5 600	220		5 820
	合计	13 600	720		14 320
制造费用	车间一般耗用	400			400
管理费用	管理部门耗用	150			150
合计		14 150			14 870

会计主管:李远 复核:柯多乐 制表:曲明峰

(三)按格式分类

原始凭证按其格式不同,可以分为通用凭证和专用凭证。

1.通用凭证

通用凭证,是指由有关部门统一印制、在一定范围内使用的具有统一格式和使用方法的原始凭证,如某省(市)印制的在该省(市)通用的发货票、由人民银行制作的在全国通用的银行转账结算凭证、由国家税务总局统一印制的全国通用的增值税专用发票等。通用凭证的使用范围因制作部门的不同而有所差异,可以是分地区、分行业使用,也可以全国通用。

2.专用凭证

专用凭证,是指由单位自行印制、仅在本单位内部使用的原始凭证,如固定资产折旧表、工资费用分配表、领料单、差旅费报销单等都是专用凭证。

二、原始凭证的基本内容

由于各单位经济业务和经营管理的要求不同,原始凭证的格式和内容也各有差异。但是无论哪一种原始凭证,都要说明每一项经济业务的发生和完成情况,都要明确经办业务部门和人员的经济责任。因此,原始凭证都应具备一些共同的基本内容,具体如下:

(1)原始凭证的名称,如"增值税专用发票""收料单""入库单"等。通过原始凭证的名称,能够基本反映该凭证所发生的经济业务的类型。

（2）原始凭证的日期,具体包括填制原始凭证的日期和经济业务发生的日期,这两个日期大多数情况下是一致的,但也有不一致的时候,比如差旅费用报销单上的出差日期和报销日期往往不一样;如果出现不一致的情况,则两个日期需要在原始凭证中分别进行反映。

（3）填制凭证的单位名称或者填制人姓名,原始凭证上必须要有填制凭证单位名称或填制人的姓名,以明确经济责任。

（4）接受凭证的单位名称,是指对外凭证的填制要有接受凭证单位的名称,俗称"抬头"。例如企业开出的增值税专用发票上要写明购货单位的名称,且单位名称一般要写全称。

（5）经济业务内容,主要表明经济业务的项目、名称及有关附注说明,例如在领料单上要写明领用材料的用途、名称、规格等内容。

（6）数量、单价和金额,是记账必需的资料,没有具体金额的书面文件一般不能作为会计上的原始凭证。

（7）经办人员的签名或者盖章,例如在领料单上需要有主管人员、记账人员、领料单位负责人、领料人和发料人的签名或盖章。

图5-1　原始凭证的基本内容

各单位可以根据经营管理的需要设计和印制适合本单位的各种原始凭证,使原始凭证更好地发挥多重作用。但是,对于在国民经济一定范围内经常发生的同类型经济业务,应由国家有关部门统一制定凭证的格式。

课堂小测试5-2

1.(单选题)在一定时期内多次记录发生同类经济业务且多次有效的原始凭证是(　　)。

　A.一次凭证　　　　B.累计凭证　　　　C.汇总凭证　　　　D.专用原始凭证

2.(单选题)下列属于自制原始凭证的是(　　)。

　A.增值税专用发票　B.火车票　　　　C.银行进账单　　　D.固定资产折旧表

三、原始凭证的填制

原始凭证作为记账的原始证明文件,是非常重要的会计核算资料。因此,相关业务人员在填制原始凭证的时候必须按照规定的方法和要求准确填写。

(一)原始凭证的填制方法

不同的原始凭证,其填制的方法不同。但是不管哪一种原始凭证,填制人员都需要将凭证的各项要素按规定方法填写齐全,办妥签章手续,明确经济责任。

1.外来原始凭证的填制方法

外来原始凭证是企业同外单位发生经济业务时,由外单位的经办人员填制的,如企业购货时由销货方开具的发票、由银行开具的收款通知单、由运输企业开具的运费收据等都是由外单位的经办人员填制,在填制时都应根据经济业务的发生和完成情况如实填写。

2.自制原始凭证的填制方法

(1)一次凭证的填制方法。一次凭证往往只能反映一项经济业务或同时反映若干同类经济业务,应在经济业务发生或完成时,由相关人员一次填制完成,如领料单、入库单、借款单等。

(2)累计凭证的填制方法。累计凭证在一定时期内不断重复地反映同类经济业务的完成情况,它是由经办人在经济业务完成后在同一张凭证上重复填制完成的,例如限额领料单就是比较典型的累计凭证。

(3)汇总凭证的填制方法。汇总凭证用来集中反映某项经济业务的完成情况,应由相关人员将一定时期若干份记录同类经济业务内容的原始凭证进行定期汇总填制完成,如发出材料汇总表、工资结算汇总表等。汇总凭证只能将同类型的经济业务进行汇总,不能汇总两类或两类以上的经济业务。

(二)原始凭证的填制要求

原始凭证是具有法律效力的书面证明,也是进行会计处理的基础。为了保证会计核算资料的真实性和正确性,填制原始凭证时必须严格遵循以下要求。

1.记录真实

填制原始凭证必须要做到合法合理且真实可靠,原始凭证上所填列的内容和数字必须要与经济业务的实际情况相符,不得弄虚作假或凭空捏造。

从外单位取得的原始凭证遗失时,应当取得原签发单位盖有公章的证明,并注明原始凭证的号码、金额和内容等,由经办单位领导人批准后,可代作原始凭证。对于确实无法取得证明的,如火车票、船票、飞机票等凭证遗失时,应当由当事人写明详细情况,由经办单位领导人批准后方可代作原始凭证。

2. 内容完整

原始凭证上所要求填列的项目必须要逐项填列齐全,不得省略或遗漏。其中,年、月、日要按照实际日期填写;公司名称要齐全,不能简写;品名或用途要填写明确,不能含糊不清。如果是一式多联的原始凭证,要保证各联一次填写完成,各联内容一致。

3. 手续完备

填制的原始凭证必须要有经办部门或人员的签名或盖章,以明确经济责任。自制的原始凭证必须由经办单位领导人或者其他指定人员的签名或盖章;对外开出的原始凭证必须加盖本单位公章;从外部取得的原始凭证,必须盖有填制单位的公章;从个人取得的原始凭证,必须要有填制人员的签名或盖章。对于船票、火车票、飞机票等一些特殊的原始凭证,出于习惯或使用单位认为不易伪造,可不加盖公章。

4. 书写规范

原始凭证的书写要简洁、清楚,大小写金额必须相符且填写规范。在书写过程中,具体应当遵循以下技术要求:

(1)填制原始凭证时要使用蓝色或黑色墨水笔书写,文字书写简明扼要,字迹工整清楚,易于辨认,不得使用未经国务院公布的简化字。当原始凭证填写出现错误时,不得随意涂改、刮擦或挖补,应当由出具单位重开或更正,更正处需要加盖出具单位印章;如果是原始凭证的金额有错误,必须由出具单位重开,不得在原始凭证上进行更正。

(2)小写金额用阿拉伯数字逐个书写清楚,不得连笔书写;在小写金额前要填写人民币符号"￥",人民币符号"￥"与阿拉伯数字之间不得留有空白;金额数字一律填写到角分,没有角分的,写"00"或符号"-";有角无分的,分位写"0",不得用符号"-"。

(3)大写金额要用规范汉字,如壹、贰、叁、肆、伍、陆、柒、捌、玖、拾、佰、仟、万、亿、元、角、分、零、整等,一律使用正楷或行书字书写,确保字迹既容易辨认又不容易被涂改;大写金额前未印有"人民币"字样的,应加写"人民币"三个字,"人民币"字样和大写金额之间不得留有空白;大写金额到元或角为止的,后面要写"整"或"正"字,有分的,不写"整"或"正"字。例如小写金额"￥1 458.00",大写金额应写成"人民币壹仟肆佰伍拾捌元整"。

(4)金额数字中间有"0"的,汉字大写金额要写"零"字;金额数字中间连续有几个"0"的,汉字大写金额只写一个"零"字即可,例如小写金额为"￥3 006.25",大写金额应写成"人民币叁仟零陆元贰角伍分"。

(5)银行结算凭证,如支票、汇票、本票等,上面的日期必须用大写填写,其他原始凭证上的日期使用小写即可。其中,年份应按阿拉伯数字表示的年份所对应的大写汉字书写,比如:贰零贰壹年。月份中的1月、2月和10月前必须要写"零"字,即零壹月、零贰月和零拾月,3月至9月前可写"零"字也可以不写,11月和12月则必须写成壹拾壹月和壹拾贰月。日中,1日~9日、10日、20日和30日前也应填加"零"字,11日~19日必须写成壹拾壹日至壹拾玖日,31日应该写成叁拾壹日。

5. 编号连续

为了便于检查,各种原始凭证必须要连续编号。如果凭证已预先印定编号,如支票、发票等重要凭证,在写坏作废时,应加盖"作废"戳记,并连同存根一起妥善保管,不得任意撕毁,以免错收、错付或非法窃取现金。

6.填制及时

每项经济业务发生或完成时,相关部门或人员一定要及时填写原始凭证,并按规定的程序及时送交会计部门进行审核,不得拖延或积压,以免影响后续会计工作。

🗂 实战演练

2021年11月15日,华远公司人事部购买办公用品共计854元,请你填制下列费用报销单,并邀请其他同学扮演剩下的角色,完成审核和签字。

费用报销单
年　月　日

开支内容			
报销金额	(大写)人民币	(小写)¥:	
经办人员		财务负责人	
部门负责人		总经理	
备注			

会计:　　　　　　　　审核:　　　　　　　　出纳:

四、原始凭证的审核

为了保证原始凭证的真实性、完整性和合法性,会计人员必须对各种原始凭证进行严格的审核,只有经过审核无误之后,才能作为记账的依据。对于原始凭证的审核,主要从合法性、真实性、准确性和完整性四个方面进行。

1.审核原始凭证的合法性

审核原始凭证的合法性是对原始凭证进行实质性的审核,也是最重要的审核,主要审核原始凭证所记录的经济业务是否符合国家的有关规定以及本单位的有关规章制度,有无违反财经制度的现象。

2.审核原始凭证的真实性

审核原始凭证的真实性主要是审核原始凭证所记载的日期、业务内容、数据等项目是否与发生的经济业务真实情况相符,有无数字和文字伪造、涂改、各联之间数字不符等情况。

3.审核原始凭证的完整性

审核原始凭证的完整性重点是审核原始凭证的各项基本要素是否完整,有无遗漏或填写不清楚的现象,具体包括日期是否完整、相关人员的签名盖章是否齐全、凭证联次是否正确等。如原始凭证审核后,确定有未填写接受凭证单位名称、无填制单位或填制人员签章、业务内容与附件不符等情况,则该凭据不能作为内容完整的原始凭证。

4.审核原始凭证的正确性

审核原始凭证的正确性主要是审核原始凭证填列的各项内容是否正确,具体包括接受原始凭证单位的名称是否正确、金额的填写和计算是否正确、文字和数字书写是否规范、更正是否正确等。如凭证经审核后,确定有业务内容摘要与数量、金额不相对应,业务所涉及的数量与单价的乘积与金额不符、金额合计错误等情况,则该凭证不能作为正确的原始凭证。

思考与讨论

会计人员张静发现一张由甲公司开具的金额有错误的原始凭证,张静要求甲公司进行更正,并在更正处加盖单位印章。请问张静的做法是否符合规定?

原始凭证经过审核后,应根据不同情况,采取不同的处理方法。对于符合要求的原始凭证,会计人员应当及时据以编制记账凭证并登记入账;对于记载不准确、内容不完整的原始凭证,应当退还给相关经办人员,由其负责按照有关规定进行补充或更正后,再办理正式的会计手续;对于不真实、不合法的原始凭证,会计机构、会计人员有权拒绝接受,并向单位负责人报告,请求查明原因,追究当事人的相关责任。

第三节 记账凭证

一、记账凭证的基本内容

记账凭证是会计分录的载体,反映每一笔经济业务的来龙去脉。不同的单位由于经济业务内容和管理需要不同,记账凭证在内容上也有所差异,但是都应当具备以下基本要素:

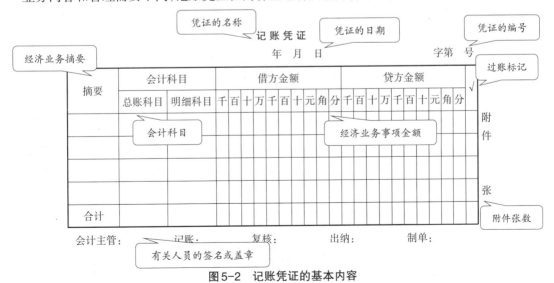

图5-2 记账凭证的基本内容

(1)记账凭证的名称,记账凭证上方需要有名称,如"收款凭证""付款凭证""转账凭证""记账凭证"等。

(2)填制凭证的日期,一般应为填制记账凭证当天的日期,但是在下月初编制上月末的转账凭证时,应填上月最后一天的日期。需要注意的是,记账凭证的填制日期不一定是经济业务发生的日期。

(3)凭证的编号,如果凭证数量较少,可以不分种类,按日期顺序编号;如果凭证数量较多时,可以分成三类,即收款凭证、付款凭证、转账凭证,每一类按自己的顺序连续编号;如果凭证数量非常多,可以分五类,即现金收款凭证、银行存款收款凭证、现金付款凭证、银行存款付款凭证和转账凭证,同样每一类按自己的顺序连续编号。

(4)经济业务摘要,将原始凭证的内容在记账凭证上简明扼要地予以说明。

(5)会计科目,需要根据经济业务的发生或完成情况,准确选择会计科目并填入记账凭证相应的地方。

(6)所附原始凭证张数,查点记账凭证后所附的原始凭证,准确填写附件张数,可用阿拉伯数字填写,也可以用大写汉字书写。

(7)经济业务事项的金额,是记账凭证中非常重要的一项内容,要准确填写。

(8)过账标记,在登记入账后,用"√"符号标记或填写过入账户页数,表示该记账凭证上的业务已经登记过账。

(9)有关人员的签名或盖章,通过签名或盖章,能够明确相关经济责任,又有利于避免记账中出现某项差错。

二、记账凭证的种类

记账凭证是根据原始凭证编制的会计凭证,也是非常重要的会计信息资料。不同类型的企业经济业务内容和繁简程度不一样,适用的记账凭证类别也不相同。按照不同的分类标准,记账凭证大体上可以分为以下几种类型。

(一)按使用范围不同分类

记账凭证按照使用范围的不同,可以分为专用记账凭证和通用记账凭证。其中,专用记账凭证按照经济业务内容不同,又可分为收款凭证、付款凭证和转账凭证。

思考与讨论

将班里的同学以4~5人为单位分成不同的小组,教师向每个小组各发放1张收款凭证、1张转账凭证、1张付款凭证和1张记账凭证,小组同学认真观察各类记账凭证,并思考它们之间存在哪些区别。

1.专用记账凭证

专用记账凭证是专门用来记录某一特定种类经济业务的记账凭证,通常适用于规模比较大、收付款业务比较多的大型企业。按照反映的经济业务内容不同,专用记账凭证通常又分为收款凭证、付款凭证和转账凭证。

（1）收款凭证。收款凭证是指专门用于记录库存现金和银行存款收款业务的记账凭证,是根据有关库存现金和银行存款收入业务的原始凭证填制的,可以分为现金收款凭证和银行存款收款凭证。例如,员工出差回来退还多借的现金300元,该业务涉及库存现金的收款业务,则应填制现金收款凭证;再比如,企业借入短期借款50 000元存入银行,该业务涉及银行存款的收入业务,则应该填制银行存款收款凭证。收款凭证的具体格式见表5-5。

表5-5　收款凭证

借方科目：　　　　　　　　　　年　月　日　　　　　　　　收字第　号

摘要	贷方总账科目	明细科目	金额												√
			千	百	十	亿	千	百	十	万	千	百	十	元	角	分	
合计															

附件　张

会计主管：　　　记账：　　　复核：　　　出纳：　　　制单：

（2）付款凭证。付款凭证是指专门用于记录库存现金和银行存款支出业务的记账凭证,是根据有关现金和银行存款支付业务的原始凭证填制的,可以分为现金付款凭证和银行存款付款凭证。例如,用1 000元现金购买财务部门办公用品,由于该项业务涉及库存现金的支付业务,因此应该填制库存现金付款凭证。付款凭证的具体格式见表5-6。

表5-6　付款凭证

贷方科目：　　　　　　　　　　年　月　日　　　　　　　　付字第　号

摘要	借方总账科目	明细科目	金额												√
			千	百	十	亿	千	百	十	万	千	百	十	元	角	分	
合计															

附件　张

会计主管：　　　记账：　　　复核：　　　出纳：　　　制单：

收款凭证和付款凭证是登记库存现金日记账、银行存款日记账以及有关明细账和总分类账等账簿的依据,也是出纳人员办理收、付款项业务的依据。

（3）转账凭证。转账凭证是指用于记录不涉及库存现金和银行存款业务的记账凭证。转账凭证根据有关转账业务的原始凭证填制,是登记有关明细分类账和总分类账等账簿的依据。例如,企业月末结转完工产品成本120 000元,账务处理时该项经济业务应借记"库存商品"账户,贷记"生产成本"账户,并未涉及库存现金和银行存款的收支业务,因此应当选择填制转账凭证。转账凭证的具体格式见表5-7。

表5-7　转账凭证

年　月　日　　　　　　　　　　　转字第　号

摘要	会计科目		借方金额										贷方金额										√	
	总账科目	明细科目	千	百	十	万	千	百	十	元	角	分	千	百	十	万	千	百	十	元	角	分		附
																								件
																								张
合计																								

会计主管:　　　　记账:　　　　复核:　　　　制单:

2.通用记账凭证

通用记账凭证是指适合于所有经济业务且格式统一的记账凭证。通用记账凭证是相对于专用记账凭证而言的,一般适用于业务量少、收付款业务不多的小型企、事业单位。通用记账凭证的具体格式如表5-8所示。

表5-8　记账凭证

年　月　日　　　　　　　　　　　字第　号

摘要	会计科目		借方金额										贷方金额										√	
	总账科目	明细科目	千	百	十	万	千	百	十	元	角	分	千	百	十	万	千	百	十	元	角	分		附
																								件
																								张
合计																								

会计主管:　　　记账:　　　复核:　　　出纳:　　　制单:

（二）按填制方式不同分类

记账凭证按照其填制方式不同,可以分为单式记账凭证和复式记账凭证。

1.单式记账凭证

单式记账凭证,又称为单科目记账凭证,是将一项经济业务涉及的各个会计科目分别填制的凭证,即一张凭证中只填列经济业务事项所涉及的一个会计科目及其金额的记账凭证。也就是说,一笔经济业务涉及几个会计科目,就必须填制几张记账凭证,每个记账凭证只填列一个科目,填列借方科目的称为借项记账凭证,填列贷方科目的称为贷项记账凭证。

采用单式记账凭证,便于汇总每一会计科目的借方发生额和贷方发生额,便于分工记账。但是填制记账凭证的工作量较大,且不能在一张凭证上反映一项经济业务的全貌,不便于查账,在实践中较为少见。单式记账凭证的具体格式见表5-9和表5-10。

表5-9 借项记账凭证

贷方科目: 年 月 日 凭证编号:

摘要	总账科目	明细科目	金额												√	附件
			千	百	十	亿	千	百	十	万	千	百	十	元	角	分	
合计																	张

会计主管: 记账: 复核: 出纳: 制单:

表5-10 贷项记账凭证

借方科目: 年 月 日 凭证编号:

摘要	总账科目	明细科目	金额												√	附件
			千	百	十	亿	千	百	十	万	千	百	十	元	角	分	
合计																	张

会计主管: 记账: 复核: 出纳: 制单:

2.复式记账凭证

复式记账凭证,又称为多科目记账凭证,是将一项经济业务所涉及的应借、应贷的各个会计科目都集中填列在一张凭证中的记账凭证,比如收款凭证、付款凭证、转账凭证、通用记账凭证都是复式记账凭证。

复式记账凭证可以在一张凭证上集中反映经济业务的全貌,虽然不便于汇总计算每一会计科目的发生额,但是大大减少了填制记账凭证的工作量,且便于检查会计分录的正确性。此外,复式记账凭证正好与借贷记账法相吻合,因此在我国实际会计工作中,几乎所有的单位都使用复式记账凭证。

课堂小测试5-3

1.(多选题)下列会计科目中,可能是收款凭证借方科目的( )。

　A.应收账款　　　B.库存现金　　　C.管理费用　　　D.银行存款

2.(单选题)对于"计提管理部门固定资产折旧"的业务应该编制( )。

　A.收款凭证　　　B.付款凭证　　　C.转账凭证　　　D.以上均可

三、记账凭证的填制

作为登记账簿的直接依据,记账凭证正确与否至关重要。为了保证账簿记录的正确性,会计人员必须按照规定的要求和方法正确填制记账凭证。

（一）记账凭证的填制要求

记账凭证在填制过程中,除了要做到内容完整、编制及时、简明扼要、书写清楚和规范外,还必须满足以下要求。

1. 根据原始凭证填制

记账凭证必须根据审核无误的原始凭证进行填制,可以根据每一张原始凭证填制,也可以根据若干张同类原始凭证汇总填制,但是不得将不同内容和类别的原始凭证汇总填制在一张记账凭证上。记账凭证填制完成后,需要将相关原始凭证附在记账凭证的后面。一般除结账和更正错账可以不附原始凭证外,其他记账凭证都须附原始凭证。同时,还应在记账凭证上注明所附原始凭证的张数,以便日后查阅。如果一张原始凭证涉及几张记账凭证的,可以把原始凭证附在一张主要的记账凭证后面,并在其他记账凭证上注明附有该原始凭证的编号,如"附件×张,见第×号记账凭证",或在其他记账凭证后面附上该原始凭证的复印件。

2. 凭证连续编号

为了辨别经济业务处理的先后顺序,便于核查账目,相关会计人员应当对记账凭证按照经济业务的发生顺序连续编号。对记账凭证具体进行编号时,可以采用统一编号法和分类编号法两种方法。统一编号法适用于通用记账凭证,即将全部记账凭证作为一类统一编号,按照顺序序号编为"记字第×号"。分类编号法适用于收款凭证、付款凭证和转账凭证等专用记账凭证,它又分为两种方式:一种是按收款凭证、付款凭证和转账凭证填制的时间顺序分别编号,即"收字第×号""付字第×号""转字第×号";另一种是将收款凭证和付款凭证再划分,按现金收入、银行存款收入和现金支付、银行存款支付四类业务分别进行编号,即"现收第×号""银收第×号"、"现付第×号""银付第×号",再加上转账业务,共有五类编号。无论采用哪一种方式编号,都应按月顺序编号,不能采用按季度或按年度进行编号,即每月从1号编起,按顺序编号,不得跳号或重号。

如果一笔经济业务需要填制两张及两张以上记账凭证的,可以采用分数编号法进行编号,例如,有一项经济业务需要编制3张转账凭证且顺序号为6时,则三张转账凭证的编号应分别为"转字第$6\frac{1}{3}$号""转字第$6\frac{2}{3}$号""转字第$6\frac{3}{3}$号",编号前面的数字表示业务的顺序为6,后面分数的分母表示该笔业务的凭证共有3张,分子分别表示3张凭证中的第1张、第2张和第3张。

为了避免凭证散失,每月末最后一张记账凭证的编号旁要加注"全"或"完"字,表示本月所有记账凭证已编制完整。

3. 更正错误规范

记账凭证填制错误时,不得在凭证上进行任何更改,需要根据不同的情况选择相应的方法进行更正。对于没有过账的记账凭证发生错误时,重新填制一张即可;对于已经登记入账的记账凭证在当年内发现填写错误时,可以用红字填写一张和原内容相同的记账凭证,在摘要栏注明"注销某月某日某号凭证"字样,同时再用蓝字或黑字重新填制一张正确的记账凭证,并在摘要栏注明"更正某月某日某号凭证"字样,然后依次登记入账;如果会计科目没有错误,只是金额错误,也可以将正确数字与错误数字之间的差额另编一张调整的记账凭证,调增金额用蓝字或黑字,调减金额红字;如果发现以前年度记账凭证有错误的,应当用蓝字或黑字填制一张更正的记账凭证。

4.注销多余行次

填制记账凭证时,应当逐行填写,不得跳行或留有空行。记账凭证填制完成后,如有空行,应当自金额栏最后一笔金额数字下的空行处至合计数上的空行处画斜线注销。

5.明确经济责任

为了明确经济责任,记账凭证填制完成后必须要由填制人员、审核人员、记账人员和会计主管签名或盖章。签名时要写姓名全称,不得任意简化以免混淆。一般首先由填制人员填制完成后签名或盖章,然后由审核人审核后签名或盖章,再由会计主管复核后签名或盖章,最后由记账人员据以记账后签名或盖章。对于涉及库存现金和银行存款收、付款业务的,还需要出纳人员在凭证上签名或盖章。

实行会计电算化的单位,对于机制记账凭证需符合对记账凭证的一般要求,会计人员应做到会计科目使用正确,数字准确无误,认真审核。打印出来的机制记账凭证上,同样需要相关人员签名或盖章,以明确责任。

(二)记账凭证的填制方法

记账凭证种类很多,不同的凭证填制方法略有不同,这里主要探讨专用记账凭证和通用记账凭证的填制方法。

1.专用记账凭证的填制方法

专用记账凭证按照经济业务内容不同,又可分为收款凭证、付款凭证和转账凭证。三种凭证的格式不同,其填制方法也各有差异。

(1)收款凭证的填制方法。当企业发生库存现金或银行存款收入业务时,可以选择填制收款凭证。收款凭证左上角填写借方会计科目,如果是现金收入业务,则填写"库存现金",如果是银行存款收入业务,则填写"银行存款";凭证上的日期应当填写填制收款凭证的日期;右上角的编号填写收款凭证的顺序号,可以把库存现金和银行存款收入业务统一编号,如"收字第×号",也可以将库存现金和银行存款收入业务分开编号,如"现收字第×号"或者"银收字第×号";"摘要"栏应简要说明所发生的经济业务;贷方总账科目填写与"库存现金"或"银行存款"所对应的会计科目;过账栏则应在该凭证已经登记账簿后画"√",表示已经过账,以免发生漏记或重记的情况;凭证右边"附件×张"应填入该凭证所附原始凭证的张数;凭证的最下方会计主管、记账、出纳等处,需要相关人员签名或盖章;未使用的金额栏要用斜线注销。

【例5-1】2021年9月15日,远桥建筑工程公司向安泰建筑工程公司销售一批产品,收到了银行开具的入账通知,且已知该项业务编号为35号,有关的原始凭证如下所示:

中国工商银行 **进账单(收款通知)**

2021 年 9 月 15 日

<table>
<tr><td rowspan="3">出票人</td><td>全 称</td><td>安泰建筑工程公司</td><td rowspan="3">收款人</td><td>全 称</td><td colspan="9">远桥木器有限责任公司</td></tr>
<tr><td>账 号</td><td>521260095533</td><td>账 号</td><td colspan="9">610498521463985</td></tr>
<tr><td>开户银行</td><td>工行新华路支行</td><td>开户银行</td><td colspan="9">工行朝阳西路支行</td></tr>
<tr><td colspan="3" rowspan="2">人民币(大写) 壹拾伍万捌仟贰佰元整</td><td></td><td>千</td><td>百</td><td>十</td><td>万</td><td>千</td><td>百</td><td>十</td><td>元</td><td>角</td><td>分</td></tr>
<tr><td></td><td></td><td>¥</td><td>1</td><td>5</td><td>8</td><td>2</td><td>0</td><td>0</td><td>0</td><td>0</td></tr>
<tr><td>票据种类</td><td>转账支票</td><td>票据张数</td><td>1张</td><td colspan="11" rowspan="3"></td></tr>
<tr><td>票据号码</td><td colspan="3">VVI34552022</td></tr>
<tr><td colspan="4"></td></tr>
<tr><td colspan="4">复核: 记账:</td><td colspan="11">中国工商银行
朝阳西路支行
2021.9.15
收款人开户行盖章</td></tr>
</table>

此联是收款人开户行给收款人的收账通知

2021 年 9 月 15 日

×× 省增值税专用发票　　No 0027893

记 账 联

开票日期:2021 年 9 月 15 日

<table>
<tr><td rowspan="4">购货单位</td><td colspan="2">名称:安泰建筑工程公司</td><td rowspan="4">密码区</td><td>274589<<67+64829-6248<>加密版</td></tr>
<tr><td colspan="2">纳税人识别号:521260095534</td><td>本号:01</td></tr>
<tr><td colspan="2">地址、电话:培华路8号 56882258</td><td>*48921*0798+>>7896+8*4 34721</td></tr>
<tr><td colspan="2">开户行及账号:工行培华路支行</td><td>358<<+*65265865 0046752</td></tr>
<tr><td colspan="2">货物或应税劳务名称</td><td>规格型号</td><td>单位</td><td>数量</td><td>单价</td><td>金 额</td><td>税率</td><td>税 额</td></tr>
<tr><td colspan="2">A产品</td><td>C01</td><td>件</td><td>200</td><td>500.00</td><td>100 000.00</td><td rowspan="2">13%</td><td>13 000.00</td></tr>
<tr><td colspan="2">B产品</td><td>C02</td><td>件</td><td>100</td><td>400.00</td><td>40 000.00</td><td>5 200.00</td></tr>
<tr><td colspan="2">合 计</td><td></td><td></td><td></td><td></td><td>¥140 000.00</td><td></td><td>¥18 200.00</td></tr>
<tr><td colspan="2">价税合计(大写)</td><td colspan="5">人民币壹拾伍万捌仟贰佰元整</td><td colspan="3">(小写)¥158 200.00</td></tr>
<tr><td rowspan="4">销货单位</td><td colspan="2">名称:远桥木器有限责任公司</td><td colspan="7" rowspan="4"></td></tr>
<tr><td colspan="2">纳税人识别号:610498521463958</td></tr>
<tr><td colspan="2">地址、电话:朝阳路5号 33375467</td></tr>
<tr><td colspan="2">开户行及账号:工行朝阳西路支行</td></tr>
</table>

备注

远桥木器有限责任公司
610498521464585
发票专用章

第一联 记账联 销货方记账凭证

收款人:王飞　　　　复核:李莉　　　开票人:高赟　　　销货单位:(章)

该项经济业务涉及银行存款收款业务,应当填制收款凭证,会计人员方林根据该业务的原始凭证,编制收款凭证如表 5—11 所示。

表5-11 收款凭证

借方科目:银行存款　　　　　2021年9月15日　　　　　　收字第35号

摘要	贷方总账科目	明细科目	金额													√	
			千	百	十	亿	千	百	十	万	千	百	十	元	角	分	
销售产品	主营业务收入								1	4	0	0	0	0	0	0	√
	应交税费	应交增值税(销项税)								1	8	2	0	0	0	0	√
合计								¥	1	5	8	2	0	0	0	0	

会计主管:李明　　　记账:张清　　　复核:沈科　　　出纳:王云　　　制单:方林

实战演练

　　2021年10月16日,南方公司借入6个月期限的借款150 000元,已存入银行。该笔经济业务的序号为18号,原始凭证为一张银行收款通知单。请你根据资料内容填制该业务的收款凭证,并邀请其他同学扮演剩下的角色,完成审核和签字。

收款凭证

借方科目:　　　　　　　　　年　月　日　　　　　　收字第　号

摘要	贷方总账科目	明细科目	金额													√	
			千	百	十	亿	千	百	十	万	千	百	十	元	角	分	
合计																	

会计主管:　　　记账:　　　复核:　　　出纳:　　　制单:

　　(2)付款凭证的填制方法。当企业发生库存现金或银行存款付款业务时,应当选择编制付款凭证。付款凭证的填制与收款凭证基本相同,不同的是在付款凭证的左上角应填列"贷方科目",根据经济业务内容不同填写"库存现金"或"银行存款";借方总账科目栏应填写"库存现金"或"银行存款"所对应的会计科目;右上角的编号应填写付款凭证的编号,可以是"付字第×号"或者"现付字第×号"或者"银付字第×号"。

　　【例5-2】2021年9月18日,远桥木器有限责任公司购买管理部门办公用品共计800元,该笔业务编号为42号,且有关原始凭证如下:

××市商业零售普通发票

发票联

No. 02374581

购货单位:华远木器有限责任公司　　2021年9月18日

商品名称	单位	数量	单价	金额						
				万	千	百	十	元	角	分
工作手册	本	25	20.00		5	0	0	0	0	0
碳素笔	支	50	2.00		1	0	0	0	0	0
计算器	个	8	25.00		2	0	0	0	0	0
合　计			人民币(大写)捌佰元整	¥	8	0	0	0	0	0
销货单位　名称　新源文化用品有限公司			纳税人识别号	610432204251127						

销货单位(章)

发票专用章

开票人:王强

报　销　单

2021年9月18日

现金付讫

开支内容	购买办公用品		
报销金额	(大写)人民币　捌佰元整	(小写)　¥800.00	
经办人	周丽	财务负责人	李莹
部门负责人	刘明明	总经理	同意　赵亮
备注			

会计:张晓明　　　　　审核:李莹　　　　　出纳:王云

以上经济业务涉及库存现金付款业务,选择填制付款凭证,会计人员方林根据该项业务的原始凭证,编制付款凭证如表5-12所示。

表5-12　付款凭证

贷方科目:库存现金　　　　2021年9月18日　　　　付字第42号

摘要	借方总账科目	明细科目	金额													√	附件
			千	百	十	亿	千	百	十	万	千	百	十	元	角	分	
报销办公用品	管理费用											8	0	0	0	0	√
																	2
																	张
合计											¥	8	0	0	0	0	

会计主管:李明　　记账:张清　　复核:沈科　　出纳:王云　　制单:方林

需要注意的是,当发生"库存现金"和"银行存款"相互划转业务时,为了避免重复记账,一般只填制付款凭证,不再填制收款凭证。例如,将现金存入银行,只填制一张库存现金付款凭证,不再填制银行存款收款凭证;如果是从银行提取现金,则只填制一张银行存款付款凭证,不再填制库存现金收款凭证。

出纳人员在办理收款或付款业务后,应在原始凭证上加盖"收讫"或"付讫"戳记,以避免发生重收重付或漏收漏付的情况。

📚拓展阅读

收讫和付讫

"讫"是完结、终了的意思。收讫包括现金收讫与银行收讫;付讫包括现金付讫与银行付讫。现金收讫是指收到现金,对方已如数交付清楚,在现金单据上加盖收讫章;现金付讫是说此项业务已经付过现金了,在现金单据上加盖现金付讫章。而银行收讫与银行付讫,指的是通过银行收付款项。

📖实战演练

2021年10月20日,南方公司用银行存款购入不需要安装的设备一台,其中价款30 000元,增值税税额为3 900元。该笔经济的序号为39号,原始凭证为银行存款转账支票存根一张,增值税专用发票一张。请你根据资料内容填制该业务的付款凭证,并邀请其他同学扮演剩下的角色,完成审核和签字。

付款凭证

贷方科目：　　　　　　　　年　月　日　　　　　付字第　号

摘要	借方总账科目	明细科目	金额													√	附件
			千	百	十	亿	千	百	十	万	千	百	十	元	角	分	√
																	张
合计																	

会计主管：　　　记账：　　　复核：　　　出纳：　　　制单：

(3)转账凭证的填制方法。凡是不涉及库存现金或银行存款的业务,都可以填制转账凭证。转账凭证右上角的编号应按照经济业务发生顺序编为"转字第×号";总账会计科目栏中既要填写借方科目,也要填写贷方科目,借方在上,贷方在下;借、贷方金额栏中分别填入对应的金额,并分别计算出合计数;其他内容的填制与收款凭证和付款凭证相同。

【例5-3】2021年9月25日,远桥木器有限责任公司生产车间领用甲材料100千克,价值13 000元,用于生产A产品,该笔业务编号为55号,有关原始凭证如下:

领料单

领料单位:基本生产车间

用途:制造A产品　　　　　　　　　　　领料日期:2021年9月25日

材料编号	材料名称及规格	计量单位	数量		单价	金额
			请领	实领		
M8142	甲材料	千克	100	100	130	13 000

仓库主管:赵新　　　发料:李前　　　领料负责人:郭翔宇　　　领料:刘可嘉

由于该项经济业务没有涉及银行存款或库存现金的收付款业务,因此可以选择填制转账凭证,会计高宇根据该业务原始凭证,填制转账凭证如下所示:

表5-13　转账凭证

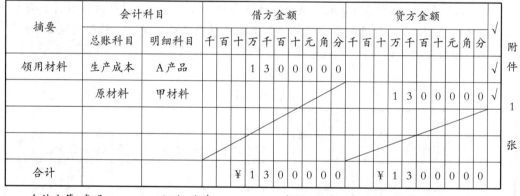

2021年9月25日　　　　　　　　　　　　　　　转字第55号

摘要	会计科目		借方金额										贷方金额											
	总账科目	明细科目	千	百	十	万	千	百	十	元	角	分	千	百	十	万	千	百	十	元	角	分		√
领用材料	生产成本	A产品			1	3	0	0	0	0	0													√
	原材料	甲材料													1	3	0	0	0	0	0			√
合计				¥	1	3	0	0	0	0	0			¥	1	3	0	0	0	0	0		

附件1张

会计主管:李明　　　记账:张清　　　复核:沈科　　　制单:高宇

实战演练

2021年10月31日,南方公司根据当月考勤记录表,计算确定本月职工的工资如下:生产工人工资98 000元,车间管理人员工资16 000,管理部门人员工资28 000元。该笔经济业务为96号,原始凭证是一张工资汇总表。请你填制该项业务的转账凭证,并邀请其他同学扮演剩下的角色,完成审核和签字。

转账凭证

年 月 日   字第 号

摘要	会计科目		借方金额										贷方金额										√	附
	总账科目	明细科目	千	百	十	万	千	百	十	元	角	分	千	百	十	万	千	百	十	元	角	分		件
																								张
合计																								

会计主管：   记账：   复核：   制单：

2.通用记账凭证的填制方法

通用记账凭证的名称为记账凭证,不区分收款、付款或转账业务,所有经济业务统一使用同一种格式。填制通用记账凭证时,右上角的编号应该按照业务发生的顺序编为"记字第×号";其他具体格式和填制方法与转账凭证相同。

【例5-4】2021年9月30日,柯宇有限责任公司提固定资产折旧,该笔业务编号为78号,固定资产折旧计提汇总表如下:

固定资产折旧计提汇总表

2021年9月30日   单位:元

使用部门	应计折旧固定资产总额	月折旧率/%	应提折旧额
基本生产车间	416 000	0.6	2 496
行政管理部门	213 000	0.6	1 278
合计	629 000		3 774

主管:江可欣   审核:方婷   记账:雷越宇   制表:白宁

会计白宁根据该业务的原始凭证,编制记账凭证如下所示:

表5-14 记账凭证

2021年9月30日   记字第78号

摘要	会计科目		借方金额										贷方金额										√	附
	总账科目	明细科目	千	百	十	万	千	百	十	元	角	分	千	百	十	万	千	百	十	元	角	分		件
计提折旧	制造费用						2	4	9	6	0	0											√	
	管理费用						1	2	7	8	0	0											√	1
	累计折旧																3	7	7	4	0	0	√	
																								张
合计							¥	3	7	7	4	0	0				¥	3	7	7	4	0	0	

会计主管:江可欣   记账:雷越宇   复核:方婷   出纳: 制单:白宁

📖 **课堂小测试5-4**

判断下列说法是否正确,并说明原因。

1.从银行提取现金的业务,需要编制一张收款凭证和一张付款凭证。 （　　）

2.在入账之前发现记账凭证上的金额填写错误,可以在记账凭证上进行更正。 （　　）

四、记账凭证的审核

正确填制记账凭证是正确登记账簿的前提,因此在记账凭证填制完成后,应由有关稽核人员对记账凭证进行严格的审核,审核的内容主要包括以下几个方面:

1.审核凭证内容是否真实

审核记账凭证时首先需要审核记账凭证所附的原始凭证是否齐全,记账凭证上填写的附件张数是否与所附原始凭证的张数相符,所附原始凭证的内容与记账凭证的内容是否一致。

2.审核各项目填写是否完整

审核记账凭证所附的原始凭证无误后,接下来需要审核记账凭证中的记录是否文字工整、数字清晰;凭证上日期、凭证编号、摘要、会计科目、金额、所附原始凭证张数及有关人员签章等各项目是否填写齐全,有无遗漏的情况,是否按规定进行更正等。若发现记账凭证的填制有差错或者填列不完整、签章不齐全,应查明原因,责令更正、补充或重填。只有经过审核无误的记账凭证,才能据以登记账簿。

3.审核借贷关系是否正确

记账凭证上的会计分录是否正确是凭证审核的重点,主要审核记账凭证上填写的应借、应贷科目是否正确、账户对应关系是否清楚;记账凭证所记录的金额与原始凭证的有关金额是否一致,有无计算错误。

在审核中如果发现记账凭证错误,需要立即查明原因并及时进行处理。如果发现错误的记账凭证尚未登记入账,则应当重新填制正确的记账凭证,并将错误的记账凭证作废或撕毁。如果发现错误的记账凭证已经入账,则需要根据规定的方法进行更正。

📖 **思考与讨论**

2021年11月10日,某市审计局对该市一水泥厂进行年度财务检查,查阅记账凭证时发现,一张记账凭证上的会计分录为:

借:原材料——燃料(烟煤)　　94 560

　　贷:应收账款——A公司　　94 560

但是购入的烟煤没有购货发票,也没有入库单,只是在记账凭证后面附了一张由该厂开具给A公司的收款收据。经核查,A公司既不耗用烟煤也不经营烟煤。通过调查了解,原来是该厂以购烟煤为名,行以车抵债之实。进一步追问得知,A公司以一台吉普车抵还了欠该厂的货款,由于厂长要求会计人员不要将其入为固定资产账,于是就做烟煤处理掉了。请问审计人员对发现的这一情况应如何处理?

第四节　会计凭证的传递、装订和保管

一、会计凭证的传递

会计凭证的传递是指各种会计凭证从取得或填制起到归档保管为止的全部过程,即在单位内部有关人员和部门之间传送、交接的过程。各单位应当正确、合理地组织会计凭证的传递,使传递程序合理有效,同时又要尽量节约传递时间,减少传递的工作量,进而提高经济业务处理效率、加强会计监督作用。比如,对于材料收入业务的凭证传递,企业应该明确规定材料运达后在多长时间内验收入库,由谁负责填写收料单,又由谁在何时将收料单送交给会计及其他有关部门,会计部门由谁负责审核收料单,又由谁在何时填制记账凭证和登记账簿,由谁负责整理和保管凭证等。这样既可以把材料收入业务从验收入库到登记入账的全部工作在本单位内部进行分工协作,同时也便于考核经办业务部门和人员是否按照规定的会计手续办理业务。

不同的企业经济业务内容不同,会计凭证的传递程序也有所差异,但是为了合理、有效地传递会计凭证,企业在制定会计凭证传递程序时需要注意以下几方面内容:

(1)确定有序的传递路线。会计凭证的传递路线是指凭证的流经环节及先后次序。各单位应根据经济业务的特点、机构设置、人员分工情况以及经营管理的需要,确定合理有序的凭证传递路线,既要使凭证有必要的处理和审核环节,又要避免在不必要的环节停留,从而保证会计凭证沿着最快捷、最合理的路线传递。

(2)明确合理的传递时间。会计凭证的传递时间是指凭证在有关部门和人员手里停留的最长时间。各单位应当根据有关部门和人员办理经济业务的情况,恰当地规定凭证在各环节的停留时间和交接时间,从而防止拖延处理和积压凭证,确保会计工作高效、有序地进行。

(3)规定严密的传递手续。会计凭证的手续是指相关部门和人员在凭证交接过程中应当办理的手续。为了避免凭证的损坏或丢失,消除凭证在传递过程中的安全隐患,应在凭证收发和交接的各个环节办理相关手续,以明确各环节有关人员的经济责任,保证会计凭证的安全性和完整性。

二、会计凭证的装订

会计凭证的装订是指定期将编制好的各种会计凭证进行分类整理并按照编号顺序,

连同所附的原始凭证一起外加封面和封底,装订成册,并在装订线上加贴封签,由装订人员在封签处签名或盖章,并入档保管。

(一)会计凭证的装订整理

会计凭证在装订前首先应将凭证进行整理。会计凭证的整理工作主要是对凭证进行排序、粘贴和折叠。因为原始凭证的纸张面积与记账凭证的纸张面积不可能完全一致,所以需要会计人员在整理时应注意以下几种情况。

(1)对于纸张面积大于记账凭证的原始凭证,可按记账凭证的面积尺寸,先自右向后,再自下向后两次折叠,注意应把凭证的左上角或左侧面让出来,以便装订后,还可以展开查阅。

(2)对于纸张面积过小的原始凭证,一般不能直接装订,可先按一定的次序和类别排列,再粘在"原始凭证粘贴单"上或一张同记账凭证大小相同的白纸上,粘贴时以胶水为宜。小票应分张排列,同类同金额的单据尽量粘在一起;同时,在一旁注明张数和合计金额。

(3)对于纸张面积略小于记账凭证的原始凭证,可以用回形针或大头针别在记账凭证后面,待装订凭证时,抽去回形针或大头针。

有的原始凭证不仅面积大,而且数量多,可以单独装订,如工资单、耗料单等,但在记账凭证上应注明"附件另订"及原始凭证的名称和编号,以便查阅。经过整理后的会计凭证,为汇总装订打好了基础。

(二)会计凭证的装订方法

对于会计凭证的装订,既要做到美观大方,又要便于翻阅。在装订时,要先确定好装订册数以及每册的厚度。凭证的厚度一般为1.5厘米,最多不超过3厘米,太厚了不便于翻阅核查,太薄了又不利于放置。凭证装订的册数可以根据凭证多少来定,原则上应将每月的会计凭证订成一册或若干册。但是对于单位业务量较小、凭证不多的单位,也可以把若干个月的凭证合并成一册,并在凭证封面注明本册所含的凭证月份。

装订好的会计凭证封面应注明单位名称、凭证种类、凭证张数、起止号数、年度、月份、会计主管人员、装订人员等有关事项,会计主管人员和保管人员应在封面上签章。装订后的会计凭证封面格式一般如图5-3所示。

年 月 份 第 册	会计凭证封面		
	年　月份		编号
	单　位　名　称		
	凭　证　名　称		
	凭　证　册　数	第　　册共　　册	
	起　讫　编　号	自第　号至第　号止　附单据共　张	
	起　讫　日　期	自　年　月　日至　年　月　日	

图5-3　会计凭证装订封面的一般格式

课堂小测试5-5

判断下列说法是否正确,并说明原因。

1.确定合理有序的凭证传递路线,既要使凭证有必要的处理和审核环节,又要避免在必要的环节停留,从而保证会计凭证沿着最快捷、最合理的的路线传递。 （ ）

2.对于单位业务量较小、凭证不多的单位,可以把若干个月的凭证合并订成一册,并在凭证封面注明本册所含的凭证月份。 （ ）

三、会计凭证的归档保管

会计凭证作为重要的会计档案和经济资料,各单位会计部门在完成经济业务手续和记账之后必须加以归类整理,并妥善保管,以便日后随时查阅。会计凭证归档保管的主要方法和要求具体如下:

(1)会计凭证的造册归档。每年的会计凭证都应由会计部门按照归档的要求整理立卷或装订成册。装订后的会计凭证,在年度终了时,可暂由单位会计机构保管一年,期满后应当移交本单位档案机构统一保管。未设立档案机构的,应当在会计机构内部指定专人保管,出纳人员不得兼管会计档案。

(2)会计凭证的借阅。会计凭证在装订好后应贴封条,防止抽换凭证。此外,在保管过程中,还要防止自然环境和人为原因等因素造成的损坏和丢失。一般来说,原始凭证不得外借,其他单位如有特殊原因确实需要使用时,经本单位会计机构负责人、会计主管人员批准,可以复制。向外单位提供的原始凭证复制件,应在专设的登记簿上登记,并由提供人员和收取人员共同签名或盖章。

(3)会计凭证的销毁。严格遵守会计凭证的保管期限要求,原始凭证和记账凭证的保管期限均为30年,期满前不得任意销毁。保管期满后,按规定销毁会计凭证时,必须开列清单,报经批准后,由档案部门和会计部门共同指派人员监督销毁。在销毁会计凭证之前,监督销毁人员应认真清点核对,销毁后,应在销毁清册上签名或盖章,并将监督销毁情况报告本单位负责人。按规定需要永久保存的会计凭证不得销毁。

本章小结

本章主要介绍了会计凭证的含义、作用和种类,原始凭证和记账凭证的概念、种类、基本内容、填制和审核,以及会计凭证的传递与保管。

1.会计凭证是用来记录经济业务,明确经济责任,并作为登记账簿依据的书面证明文件,按照填制程序和用途不同可以分为原始凭证和记账凭证。

2.原始凭证按其来源不同可分为外来原始凭证和自制原始凭证;按照填制方法不同,又可分为一次凭证、累计凭证和汇总凭证。

3.记账凭证是用来确定会计分录,作为记账直接依据的会计凭证。记账凭证根据填制方式不同可分为通用记账凭证和专用记账凭证,其中专用记账凭证按其经济业务内容不同又可分为收款凭证、付款凭证和转账凭证三种。

4.企业应当正确合理地组织会计凭证传递、规范会计凭证的装订,并按规定妥善保管,从而加强会计监督职能。

自我检测

一、单项选择题

1.下列各项中,属于原始凭证主要作用的是(　　)。

    A.登记账簿的依据　　　　　　　　B.对经济业务进行分类

    C.证明经济业务发生或完成　　　　D.保证账簿记录的正确性

2.下列会计凭证中,属于外来原始凭证的是(　　)。

    A.购货发票　　　　B.领料单　　　　C.工资汇总表　　　D.库存商品出库单

3.下列人员中,填制记账凭证的是(　　)。

    A.经办人员　　　　B.出纳人员　　　　C.会计人员　　　D.主管人员

4.记账凭证填制的依据是(　　)。

    A.经济业务　　　　B.账簿记录　　　C.会计报表　　　D.经审核的原始凭证

5.企业销售一批商品,货款尚未收到,则会计人员应该填制(　　)。

    A.收款凭证　　　　B.转账凭证　　　C.付款凭证　　　D.原始凭证

6.将现金存入银行,应填制(　　)。

    A.现金付款凭证　　　　　　　　B.银行存款收款凭证

    C.银行存款付款凭证　　　　　　D.转账凭证

7.如果企业规模较小、业务较少,可选用(　　)进行业务核算。

    A.专用记账凭证　　B.通用记账凭证　C.单式记账凭证　D.付款凭证

8.下列关于会计凭证说法错误的是(　　)。

    A.会计凭证在装订好后应贴封条

    B.会计凭证的保管期限均为30年

    C.会计凭证传递要确定有序的传递路线

    D.原始凭证可以随意外借

二、多项选择题

1.下列单据可作为会计核算中原始凭证的有(　　)。

    A.购销发票　　　　B.火车票　　　　C.购料申请表　　　D.转账支票存根

2.原始凭证按照填制手续不同,可分为(　　)。

    A.一次凭证　　　　B.累计凭证　　　C.汇总凭证　　　D.通用原始凭证

3.专用记账凭证按照反映经济业务是否与现金和银行存款有关,分为(　　)。

    A.转账凭证　　　　B.收款凭证　　　C.记账凭证　　　D.付款凭证

4.下列哪些情况企业在填制记账凭证的时候可以不附原始凭证(　　)。

A.结账　　　　　　B.销售业务　　　　C.购买材料　　　　D.更正错账

5.下列业务中,需要填制收款凭证的是( )。

A.用银行存款购买机器设备　　　B.生产车间领用原材料

C.销售商品取得银行存款　　　　D.收到投资者的投资款

6.下列业务中,需要填制转账凭证的是( )。

A.用银行存款归还短期借款　　　B.计提累计折旧

C.结账已完工产品的成本　　　　D.销售产品货款尚未收回

三、判断题

1.外来原始凭证一般都是一次凭证,自制原始凭证一般都属于累计凭证。 ( )

2.向银行提交的原始凭证填写错误,可以在原始凭证上进行更正。 ( )

3.记账凭证记录的内容必须与所附原始凭证上的内容一致。 ( )

4.出纳人员根据收款凭证或付款凭证收、付款后,为避免重收重付,应当在原始凭证上加盖"收讫"或"付讫"戳记。 ( )

5.记账凭证填制日期应是经济业务发生或完成的日期。 ( )

6.任何单位在完成经济业务手续和记账后,都必须将会计凭证按规定立卷归档,形成会计档案资料,妥善保管,以便日后随时查阅。 ( )

职业能力提升

1.[目的] 熟悉专用记账凭证的分类。

[资料] 豪美有限责任公司是一家食品加工企业,2021年8月份发生以下经济业务:

(1)8月3日,收到投资者投入的货币资金500 000元,已存入银行。(原始凭证为1张银行进账单。)

(2)8月5日,购入一台不需要安装的机器设备,发票上注明价款为40 000元,增值税为5 200元,款项尚未支付。(原始凭证为1张材料入库单和1张增值税专用发票。)

(3)8月10日,从银行提取现金20 000元,准备向员工发放工资。(原始凭证为1张现金支票存根和1张银行付款通知单。)

(4)8月11日,用现金200 000元向员工发放工资。

(5)8月15日,以银行存款偿还短期借款80 000元。(原始凭证为1张银行存款转账支票存根和1张银行付款通知单。)

(6)8月18日,生产车间领用一批原材料用于生产产品,价值15 000元。(原始凭证为1张领料单。)

(7)8月20日,用现金1 000元购买行政部门使用的办公用品。(原始凭证为1张销售商店发票。)

(8)8月25日,收到购货方前期所欠的购货款45 200元,款项已通过银行划转。(原始凭证为1张银行收款通知单。)

[要求]指出以上经济业务分别应填制什么样的专用记账凭证,并根据凭证类别以及业务的发生对相应的专用记账凭证进行编号。

表5-15　各经济业务的专用记账凭证类别及编号

经济业务的序号	选择的专用记账凭证类别	专用记账凭证编号
（1）	收款凭证	收字第001号
（2）		
（3）		
（4）		
（5）		
（6）		
（7）		
（8）		

2.［**目的**］练习通用记账凭证的填制。

［**资料**］豪美有限责任公司2021年8月份发生的经济业务同上。

［**要求**］假设该公司所有经济业务选择编制通用记账凭证，请根据每项经济业务的内容及相关原始凭证填制通用记账凭证。通用记账凭证如下：

表5-16　记账凭证

年　月　日　　　　　　　　　字第　号

摘要	会计科目		借方金额									贷方金额									√	附件
	总账科目	明细科目	千	百	十	万	千	百	十	元	角	分	千	百	十	万	千	百	十	元	角	分		
																							张
合计																							

会计主管：　　　记账：　　　复核：　　　出纳：　　　制单：

表5-17　记账凭证

年　月　日　　　　　　　　　字第　号

摘要	会计科目		借方金额									贷方金额									√	附件
	总账科目	明细科目	千	百	十	万	千	百	十	元	角	分	千	百	十	万	千	百	十	元	角	分		
																							张
合计																							

会计主管：　　　记账：　　　复核：　　　出纳：　　　制单：

表5-18 记账凭证

年 月 日 　　　　　　　　　字第 号

摘要	会计科目		借方金额										贷方金额										√	
	总账科目	明细科目	千	百	十	万	千	百	十	元	角	分	千	百	十	万	千	百	十	元	角	分		附件
																								张
合计																								

会计主管： 　　记账： 　　复核： 　　　　出纳： 　　　　制单：

表5-19 记账凭证

年 月 日 　　　　　　　　　字第 号

摘要	会计科目		借方金额										贷方金额										√	
	总账科目	明细科目	千	百	十	万	千	百	十	元	角	分	千	百	十	万	千	百	十	元	角	分		附件
																								张
合计																								

会计主管： 　　记账： 　　复核： 　　　　出纳： 　　　　制单：

表5-20 记账凭证

年 月 日 　　　　　　　　　字第 号

摘要	会计科目		借方金额										贷方金额										√	
	总账科目	明细科目	千	百	十	万	千	百	十	元	角	分	千	百	十	万	千	百	十	元	角	分		附件
																								张
合计																								

会计主管： 　　记账： 　　复核： 　　　　出纳： 　　　　制单：

表 5-21 记账凭证

年 月 日 字第 号

摘要	会计科目		借方金额										贷方金额										√	
	总账科目	明细科目	千	百	十	万	千	百	十	元	角	分	千	百	十	万	千	百	十	元	角	分		附件
																								张
合计																								

会计主管: 记账: 复核: 出纳: 制单:

表 5-22 记账凭证

年 月 日 字第 号

摘要	会计科目		借方金额										贷方金额										√	
	总账科目	明细科目	千	百	十	万	千	百	十	元	角	分	千	百	十	万	千	百	十	元	角	分		附件
																								张
合计																								

会计主管: 记账: 复核: 出纳: 制单:

表 5-23 记账凭证

年 月 日 字第 号

摘要	会计科目		借方金额										贷方金额										√	
	总账科目	明细科目	千	百	十	万	千	百	十	元	角	分	千	百	十	万	千	百	十	元	角	分		附件
																								张
合计																								

会计主管: 记账: 复核: 出纳: 制单:

课外项目

[**实训项目**] 进一步认识原始凭证和记账凭证

[**项目任务**] 班里的同学自发组成小组,每个小组4～5个同学,然后以小组为单位完成以下课外任务:

1.小组的每个成员搜集不同的原始凭证,然后比较各自收集到的凭证在格式和具体内容上有什么不同,并指明各凭证所属的类别。

2.在实际工作中,有时会发生单位领导指使下属销毁或伪造会计凭证等会计资料的现象,搜集近年来发生的类似案例,了解其具体违规行为和处罚结果。

[**成果展示**] 每个小组指定一名同学对本小组关于原始凭证和违规案例的搜集结果,在课堂上做简短汇报,并由教师对每一个小组的完成情况进行点评。

第六章　会计账簿

学习目标

1.认识会计账簿的概念以及设置会计账簿的意义和作用,了解会计账簿的种类以及账簿的更换和保管;

2.熟悉各类会计账簿的格式和登记方法;

3.掌握错账查找与更正方法以及对账和结账的方法。

导入案例

东泰有限公司是一家加工企业,自创办以来一直请会计师事务所代理记账。2022年1月公司决定聘请某高校会计专业毕业的学生小杨做会计工作。公司老板将企业的情况向小杨进行了简单介绍:企业为一般纳税人,注册资本500万元,2022年准备追加投资100万元。公司管理人员12人,合同制生产人员100名,开户银行为工商银行,库存现金限额为5 000元;企业生产A和B两种产品,要求单独核算A产品和B产品的成本;企业的购销活动很多,经常会有往来账项;原材料、库存商品等分品种按照实际成本进行会计核算;其他情况可以查看2021年的会计凭证等资料。

公司老板将一些近期发生的业务活动发票交给了小杨,希望小杨尽快展开工作,月底需要提供企业的财务状况以及1月份的经营成果等信息资料。

请问小杨应该如何向企业老板连续、系统、全面地汇报公司的会计信息?如何把分散在会计凭证上的零散资料加以集中和分类整理?小杨应该怎样设置会计账簿?公司月末结账时,其资产、负债、所有者权益、收入、费用和利润究竟是多少?我们将在本章讨论和学习相关问题。

第一节　会计账簿概述

一、会计账簿的概念

对于企业发生的各项经济业务,都必须取得和填制原始凭证,然后由会计人员根据原始凭证记录的经济内容编制成一张张记账凭证。但是由于记账凭证数量繁多、分散,且所记载的缺乏联系的零散信息不能全面、连续地反映和监督经济业务活动,也无法满足经营管理的需要。因此,企业需要利用会计账簿把分散在会计凭证中的信息资料加以集中和归类整理,以便为经营管理提供系统和完整的核算资料。

会计账簿简称账簿,是由具有一定格式且相互联系的账页所组成,以审核无误的会计凭证为依据,用来全面、系统、连续地记录各项经济业务的簿籍。通俗地来说,会计账簿就是账户的合订本。

许多初学者往往无法区分账簿和账户,其实二者之间既有联系又有区别。账簿和账户所反映的经济业务内容是一致的,但是账户只是在账簿中根据会计科目设置的户头,账簿中的每一账页就是账户的存在形式和载体,而账簿是全面、系统、连续地进行分类记录经济活动内容的载体。因此,账簿只是一个外在形式,账户才是它真正的内容,两者之间是形式和内容的关系。

思考与讨论

M公司是一家商贸公司,成立于2020年,注册资本800万元。但由于种种原因,公司成立至今,并无实际业务发生,也未设置相应会计账簿。请问M公司未设置账簿的行为是否正确? 企业设置会计账簿有哪些作用?

二、会计账簿的作用

与会计凭证相比,会计账簿能够为企业的经营管理提供综合、系统的会计信息,同时也是后续编制会计报表的基础,因此设置和登记账簿是会计核算重要的方法之一,也是会计工作的重要环节。科学设置和正确登记账簿,对于加强会计核算、提高经济管理水平具有重要作用。具体来说,会计账簿的作用主要体现在以下几个方面:

1. 可以记载、储存会计信息

通过设置和登记账簿,企业可以将会计凭证上所记载的零散的、孤立的信息资料加以归档、整理和汇总,形成总括的会计核算资料,进而可以全面反映企业在一定期间内所发生的各项资金运动,为企业经营管理提供系统的、完整的会计信息。

2. 可以分类、汇总会计信息

会计账簿由不同的相互关联的账户所构成。通过登记账簿,可以分门别类地反映各项会计信息。比如在总分类账中,通过开设"银行存款""原材料"账户,可以提供一定时期内企业银行存款、原材料的增减变动情况;此外,通过发生额和余额的计算,提供各方面所需要的总括会计信息,反映财务状况、经营成果和现金流量的综合价值指标。

3. 可以检查、校正会计信息

通过设置和登记账簿,可以正确地计算成本、费用、收入和利润,结合有关资料,并将其与计划、预算进行对比,检查各项计划、预算的完成情况,找出经营过程中存在的问题,及时总结经验,以便加强企业管理。此外,会计账簿可以具体反映各项财产物资的增减变动及其结存情况,定期将账簿记录与财产物资进行核对,可以反映财产物资的具体情况,发现问题,及时解决,做到账实相符,提供如实、可靠的会计信息。

4.可以编制、输出会计信息

企业在经营过程中,内外部会计信息使用者需要及时了解企业的财务状况和经营成果。为了满足相关人员对企业财务信息的需求,企业则需要定期编制财务报表。而会计账簿记录积累了一定会计期间发生的大量经济业务的数据资料,这些资料经过加工和整理之后就成为编制会计报表的依据。会计报表是否正确、及时,与会计账簿的记录有着密切的关系。

三、会计账簿的基本内容

各单位均应按照会计核算的基本要求和会计规范的有关规定,结合本单位经济业务的特点和经营管理的需要,设置必要的会计账簿。由于各种会计账簿所记录的经济内容不同,其形式和格式也是多种多样,但是都需要具备以下基本内容:

（1）封面,主要用来标明账簿的名称,如总分类账、各种明细分类账、库存现金日记账、银行存款日记账等。

（2）扉页,主要用来列明会计账簿的使用信息,如账簿启用及经管人员一览表、账户目录（或科目索引）等。"账簿启用及经管人员一览表"的格式如表6-1所示,其内容一般包括单位名称、账簿名称、账簿页数、启用日期、单位领导签章和会计主管人员签章、经管人员姓名和签章、接管日期、移交日期等。"账户目录"的格式如表6-2所示,一般是由记账人员在账簿中开设账页户头后,按每个账户的名称和页码顺序登记的,主要是为了方便查阅账簿中登记的内容。

表6-1　账簿启用及经管人员一览表

单位名称								单位公章	
账簿名称									
账簿编号	字　第　　　号　第　　册　共　　册								
账簿页数	本账簿共　　　页								
启用日期	年　　月　　日								
经管人员	接管日期			移交日期				会计负责人	
姓名	盖章	年	月	日	年	月	日	姓名	盖章
备注									

表6-2 账户目录

序号	科目名称	页码	序号	科目名称	页码

(3)账页,是账簿用来记录经济业务的载体,也是账簿的主要内容和核心,具体包括账户的名称、记录经济业务的日期、凭证种类和编号栏、经济业务的摘要以及增加额、减少额、余额等基本内容。

四、会计账簿的分类

会计账簿的种类很多,不同类别的会计账簿可以提供不同的信息,满足会计信息使用者的不同需要。为了便于了解和使用账簿,需要依据一定的分类标准对会计账簿进行分类。

(一)按用途分类

会计账簿按其用途不同,可以分成序时账簿、分类账簿和备查账簿。

1.序时账簿

序时账簿,也称为日记账,是按照经济业务发生时间的先后顺序,逐日、逐笔进行连续登记的账簿。在实际工作中,它是按照会计部门收到凭证的先后顺序,即按凭证编号的顺序进行登记的。

序时账簿按其记录的经济业务内容不同,又可以分为普通日记账和特种日记账。普通日记账是指用来登记所有经济业务发生情况的日记账;特种日记账是用来登记某一特定种类经济业发生情况的日记账。由于普通日记账要按照发生的时间顺序记录全部经济业务,记账工作量比较大,因而目前在实际工作中已很少采用,大多使用特种日记账。为了加强货币资金的收付管理,在我国会计实务中,通常只对现金和银行存款设置日记账进行序时登记。

表6-3 库存现金日记账 　　　　第　页

年		凭证号数		摘要	对方科目	收入(借方)	支出(贷方)	余额
月	日	字	号					

163

2.分类账簿

分类账簿是指按照会计要素的具体类别而设置的进行分类登记的账簿。分类账簿是会计账簿的主体，也是编制财务报表的主要依据。分类账簿按其反映经济业务的详略程度不同，又可分为总分类账簿和明细分类账簿。

总分类账簿简称总账，是根据总分类账户开设的，用来分类登记全部经济业务，能够提供总括的会计核算资料。总分类账簿主要为编制财务报表提供直接数据资料，通常采用三栏式，其格式如表6-4所示。

表6-4　总分类账　　　　　　　　　　　　　　　　第　页

年		凭证号数		摘要	借方	贷方	借或贷	余额
月	日	字	号					

明细分类账簿简称明细账，是根据明细分类账户开设的，用来提供明细的核算资料的分类账簿。明细分类账簿是总分类账簿不可缺少的详细补充记录，一般可以采用的格式主要有三栏式明细账、数量金额式明细账等。

3.备查账簿

备查账簿又称为辅助登记簿或补充登记簿，是对某些在序时账簿和分类账簿中未能记载或记载不全的经济业务进行补充登记以备查考的账簿。备查账簿主要是为某些经济业务的经营决策提供必要的参考资料，比如企业对租入的固定资产关于资产的租入时间、租赁期限、归还时间以及租金支付时间和方式等情况不需要在分类账簿中记录，就可以采用备查账簿"租入固定资产登记簿"加以记录，从而在关于租入固定资产相关环节上的财务处理起到提示作用。再比如反映为其他企业代管商品的"代管商品物资登记簿"、反映受托加工材料情况的"受托加工材料登记簿"等都是企业设置的备查账簿。

表6-5　租入固定资产登记簿　　　　　　　　　第　页

固定资产名称及规格	租约合同编号	出租单位名称	租入日期	使用日期	租金	使用部门	归还日期

备查账簿只是对其他账簿记录的一种补充,与其他账簿之间不存在严密的依存和钩稽关系。每个单位不一定都设置备查账簿,而是根据自身的实际需要确定,一般没有固定的格式要求,各单位可以自行设计,也可以使用分类账的账页格式。

(二)按账页格式分类

会计账簿按照账页格式不同,可以分为两栏式账簿、三栏式账簿、多栏式账簿、数量金额式账簿和横线登记式账簿五种。

1.两栏式账簿

两栏式账簿是指只设有借方和贷方两个基本金额栏目的账簿,用以记录有关会计科目发生额的增加和减少。普通日记账一般采用两栏式账簿。

表6-6 两栏式账簿(普通日记账)　　　　　第　页

年		凭证号数		摘要	会计科目	借方	贷方	账页	过账符号
月	日	字	号						

2.三栏式账簿

三栏式账簿是指设有借方、贷方和余额三个金额栏目的账簿。各种日记账、总账以及资本、债权、债务明细账一般都可采用三栏式账簿。根据在摘要栏和借方科目栏之间是否有"对方科目"一栏,三栏式账簿又可以分为设有对方科目和不设对方科目两种。设有"对方科目"栏的,称为设对方科目的三栏式账簿;不设"对方科目栏"的,称为不设对方科目的三栏式账簿,其格式与总账的格式基本相同。

表6-7 三栏式账簿　　　　　第　页

年		凭证号数		摘要	借方	贷方	借或贷	余额
月	日	字	号					

3.多栏式账簿

多栏式账簿是指在账簿的借方和贷方两个金额栏目下,按需要再分设若干专栏的账簿。这种账簿可以按"借方"和"贷方"分设专栏,也可以只设"借方"或"贷方"专栏,具体设多少栏可以根据需要确定。多栏式账簿一般适用于收入、成本、费用、利润和利润分配明细账,例如"生产成本""管理费用""营业外收入""本年利润"等账户的明细分类核算。

表6-8　多栏式账簿(生产成本明细分类账)　　　　第　页

年		凭证号数		摘要	借方			合计
月	日	字	号		直接材料	直接人工	制造费用…	

4.数量金额式账簿

数量金额式账簿是指在账簿的借方、贷方和余额三个栏目内,每个栏目下面又分别设置数量、单价和金额三个小栏的账簿。这种账簿通过分设数量、单价和金额小栏来反映财产物资的实物数量和价值量,一般适用于既需要进行金额核算,又需要进行数量核算的各明细分类账,如原材料、库存商品等明细分类账。

表6-9　数量金额式账簿　　　　第　页

年		凭证号数		摘要	收入			发出			结存		
月	日	字	号		数量	单价	金额	数量	单价	金额	数量	单价	金额

5.横线登记式账簿

横线登记式账簿也称为平行式账簿,是将前后密切相关的经济业务登记在同一横行上,以便检查每笔业务的发生和完成情况的账簿。通常其他应收款、在途物资、材料采购等明细账一般采用横线登记式账簿。

表6-10　横线登记式账簿(其他应收款—备用金明细账)　　　　第　页

年		凭证		摘要	借方			年		凭证		摘要	贷方			余额
月	日	字	号		原借	补付价	合计额	月	日	字	号		报销	退回	合计	

(三)按外形特征分类

会计账簿按照外表形式不同,可以分为订本式账簿、活页式账簿和卡片式账簿。

1.订本式账簿

订本式账簿简称订本账,是指在账簿启用之前,将一定数量且编有顺序页码的账页装订成册的账簿。因为订本式账簿在启用前就已把账页装订成册,所以能够有效防止账页散失和被非法抽换,从而确保了账簿的安全性。但是这种账簿使用起来不够灵活,在同一时间只能由一人负责登记,因此不便于会计人员分工记账和计算机打印记账。此外,由于账页数量固定且连续编号,导致记账过程中不能根据经济内容的记录需要随时增减账页,影响账户记录的连续性。一些重要的且具有统驭性的账簿,比如总分类账、库存现金日记账和银行存款日记账等一般都采用订本式账簿。

2.活页式账簿

活页式账簿简称活页账,是将一定数量的账页放置于活页账夹内,可以随时取放的账簿,一般适用于明细分类账。活页式账簿的优点是使用起来灵活,记账时可以根据实际需要,任意增减空白页,而且便于分工记账,有利于提高工作效率;缺点是由于账页是散开的,因此容易造成账页散失或被故意抽换。为了确保账簿的完整性和安全性,活页账的空白账页在使用时必须连续编号,并在账页上加盖相关人员的印章;在会计期末时(通常是一个会计年度结束后)应将所有账页装订成册并妥善保管。

3.卡片式账簿

卡片式账簿简称卡片账,是将一定数量的卡片式账页存放于专设的卡片箱中,可以根据需要随时取放的账簿。与活页账优缺点相同,卡片式账簿使用起来比较灵活,数量可多可少,便于分工记账;但是如果保管不善,容易造成账页散失和被非法抽换。在我国,企业一般只对固定资产的核算采用卡片式账簿,也有少数企业在材料核算中使用材料卡片。

课堂小测试6-1

1.(单选题)必须逐日、逐笔登记的会计账簿是( )。

  A.总分类账   B.明细分类账   C.日记账   D.备查账

2.(单选题)总分类账和特种日记账从外表上适于采用的账簿是( )。

  A.订本式账簿   B.活页式账簿   C.卡片式账簿   D.多栏式账簿

第二节 会计账簿的设置与登记要求

一、会计账簿的设置与启用

(一)会计账簿的设置

会计账簿的设置包括确定账簿的种类、设计账页的格式和内容、规定账簿的登记方法等。一个企业应设置哪些账簿,各类账簿应设置多少,都应当根据经济业务的特点和自身管理的需要来确定。一般而言,企业在设置会计账簿时应当遵循以下基本原则。

1.满足需要

设置会计账簿要适应本企业的规模和特点,适合本企业经营管理的需要。所设置的账簿应当能够全面反映本单位的经济活动情况,为会计信息使用者提供总括的和明细的核算资料,满足经济管理的需要。

2.组织严密

会计账簿的设置要组织严密、层次分明,尽量避免漏设必要的账簿和重复设置账簿,所设置的各账簿之间既要有密切的联系又要有明确的分工,使之形成相互联系又密切配合的账簿体系,以便提供完整和系统的信息资料。

3.繁简得当

设置账簿不但要确保完成会计任务的需要,还要结合科学管理的要求,既要防止账簿重叠、辗转誊抄、烦琐复杂,又要防止过于简化。一般来讲,设置会计账簿要结合企业自身的特点来确定繁简程度,经济业务复杂、规模较大、会计人员多的单位,会计账簿可以设置得细化一点;而经济业务简单、规模较小、会计人员少的单位,会计账簿可以设置得简化一些。

(二)会计账簿的启用

每一个企业在新的会计年度开始时都需要启用新的会计账簿,在启用新会计账簿时需要完成的工作及注意事项具体如下。

1.设置账簿的封面与封底

在启用新会计账簿时,需要在账簿的封面上写明单位名称、账簿名称等内容,对于没有封面和封底的账簿,比如活页账等,应当设置封面和封底。

2.填写账簿启用及经管人员一览表

设置好账簿的封面和封底之后,应填写扉页上的"账簿启用及经管人员一览表"(见表6-1)其中包括单位名称、账簿名称、账簿编号、启用日期、单位负责人、会计主管和记账人员等内容,并加盖单位公章。账簿是重要的会计档案,必须要由专人负责登记。当会计人员发生变更时,应办理交接手续,将本人所经管的会计工作移交给接替人员并填写"账簿启用及经管人员一览表"中的交接说明,并由交接双方人员签名或盖章。

3.填写账户目录

总分类账应按照会计科目的编号顺序填写账户名称及启用页码,即填写账户目录或科目索引(见表6-2)。启用订本式账簿应当从第一页到最后一页按顺序编订页数,中间不得跳页或缺页。启用活页式账簿时应当按账户顺序编号,并定期装订成册,此外还需要另加账户目录,并记明每个账户的名称和页次。

4.粘贴印花税票

采用购买印花税票方式缴纳印花税的单位,应在需要缴纳印花税账簿的启用表右上角粘贴印花税票,并画线予以注销;在使用缴款书缴纳印花税时,需要在启用表右上角注明"印花税已缴"以及缴款金额。

拓展阅读

印花税

印花税是对合同、凭证、收据、账簿及权利许可证等文件征收的一种税。纳税人通过在文件上加贴印花税票,或者盖章来履行纳税义务。

现行印花税只对印花税条例列举的凭证征税,具体有五类:(1)经济合同,包括购销合同、加工承揽合同、建设工程勘察设计合同、建设工程承包合同、财产租赁合同、货物运输合同、仓储保管合同、借款合同、财产保险合同和技术合同;(2)产权转移书据;(3)营业账簿,如包括总账、各个明细账、现金和银行存款日记账等;(4)房屋产权证、工商营业执照、商标注册证、专利证、土地使用证、许可证照;(5)经财政部确定征税的其他凭证。

印花税票是缴纳印花税的完税凭证,由国家税务总局负责监制。其票面金额以人民币为单位,分为壹角、贰角、伍角、壹元、贰元、伍元、拾元、伍拾元、壹佰元9种。缴纳印花税时,按照规定的应缴纳额,购贴相同金额的印花税票,凭以完税。

二、会计账簿的登记要求

会计账簿是形成和存储会计信息的重要载体,为了保证账簿记录的正确性和完整性,会计人员在登记账簿时必须遵循有关法律法规和国家会计制度的规定,并严格按照会计基础规范要求进行记账。

(一)内容准确完整

会计账簿必须根据审核无误的记账凭证及所附的原始凭证进行登记。登记账簿时,应当将会计凭证上的日期、凭证种类和编号、业务内容摘要、金额和其他有关资料逐项记入账簿内。各栏次内容的登记应做到不漏不错、数字准确、摘要清楚、字迹工整、登记及时。登记完毕后,记账人员应在记账凭证上签名或盖章,并在记账凭证的"过账"栏内注明所记账簿的页次或画"√",表示已经登账,防止漏记或重记。

(二)使用蓝黑墨水

为了保持账簿记录的持久性并防止涂改,登记账簿时必须使用蓝黑墨水或碳素墨水书写,不得使用圆珠笔(银行的复写账簿除外)或铅笔书写。

在账簿登记中,红字表示减少数,除特殊情况外一般不得随意使用红色墨水记账。可以使用红墨水记账的情况有:(1)按照红字冲账的记账凭证,冲销错误记录;(2)在不设借贷等栏的多栏式账页中,登记减少数;(3)在三栏式账户的余额栏前,如未印明余额方向的,在余额栏内登记负数余额;(4)根据国家会计制度规定可以用红字登记的其他会计记录。除以上情况外,其他一律不得使用红色墨水登记账簿。

(三)书写适当留空

在登记账簿时,应当在文字和数字的上方适当留有空距,不要写满格,文字和数字一般应占行高的1/2,以便在发生错账时为填写正确的文字或金额留有余地。

（四）账页连续登记

会计账簿应当按照连续编号的页码顺序连续登记，不得跳行或隔页。如果记账时不慎发生错误或者隔页、缺号、跳行的，不得随意涂改、撕毁或抽换账页。如果记账过程中发生跳行、隔页的情况，应当在空页、空行处用红色墨水画对角线注销，或者注明"此页空白"或"此行空白"字样，并由记账人员和会计机构负责人（会计主管人员）在更正处签字或盖章，从而避免在账簿登记中可能出现的漏洞。

（五）注明余额方向

凡是需要结出余额的账户，结出余额后，应当在"借或贷"栏内注明"借"或"贷"字样，以表示余额的方向；对于没有余额的账户，应在"借或贷"栏内写"平"字，并在"余额"栏"元"位处用"θ"表示。库存现金日记账和银行存款日记账必须逐日结出余额。

（六）账页过次承前

登记账簿时，每张账页登记完毕结转下页时，应当结出本页发生额合计及余额，并在该账页最后一行"摘要"栏内注明"转次页"或"过次页"字样，并将本页发生额合计及余额记入下一页第一行有关金额栏内，并在该行"摘要"栏内注明"承前页"字样，以确保账簿记录的连续性，便于后续对账和结账。

（七）规范错账更正

账簿记录发生错误时，应当根据错误的性质和发现时间的不同，采用规定的方法进行更正，不得使用涂改液、小刀、橡皮等随意涂改、刮擦、挖补或用褪色药水更改字迹。

课堂小测试6-2

判断下列说法是否正确，并说明原因。

1.各种日记账、总账以及资本、债权、债务明细账一般都可采用三栏式账簿。（　　　）

2.如果记账中不慎发生隔页情况，将空白页撕掉即可。（　　　）

第三节　会计账簿的格式与登记方法

一、日记账的格式与登记方法

设置日记账是为了使经济业务发生或完成的时间顺序清晰地反映在账簿记录中。在我国，大多数企业一般只设置库存现金日记账和银行存款日记账。

（一）库存现金日记账的格式与登记方法

库存现金日记账是用来核算和监督库存现金日常收、付和结存情况的序时账簿。该账簿由出纳人员根据审核无误的现金收付款凭证和有关的银行存款付款凭证按照业务发生时间的先后顺序逐日逐笔进行登记。其中，对于从银行提取现金的交易，由于只填制银行存款付款凭证,不再填制库存现金收款凭证,故而应根据银行存款付款凭证登记。每日业务终了,应结出当日余额,并将其与库存现金实有数进行核对,检查每日库存现金收、付和结存的情况,做到日清日结。库存现金日记账必须使用订本账,账簿的格式主要为三栏式,具体如表6-11所示。

表6-11　库存现金日记账

2021年		凭证号数		摘要	对方科目	收入	支出	结余
月	日	字	号					
10	1			月初余额				4 000
	2	银付	01	提取现金	银行存款	5 000		9 000
	2	现付	01	报销办公费	管理费用		1 500	7 500
	2	现付	02	支付邮电费	管理费用		500	7 000
				本日合计		5 000	2 000	7 000
				(略)				

三栏式库存现金日记账通常设有借方、贷方和余额三个金额栏目,一般将其分别称为收入、支出和结余三个基本栏目。三栏式库存现金日记账的登记方法如下:

(1)日期栏:填写记账凭证的日期,一般应与库存现金实际收付日期一致。

(2)凭证栏:登记收款凭证或付款凭证的种类和编号,其中"库存现金收款凭证"简写为"现收","库存现金付款凭证"简写为"现付"。例如,第12号现金付款凭证就记为"现付12号";类似地,"银行存款收款凭证"和"银行存款付款凭证"则分别简写为"银收"和"银付"。凭证栏还应准确登记凭证的编号数,以便于查账和对账。

(3)摘要栏:简要说明经济业务的内容,应与记账凭证中的摘要内容保持一致。

(4)对方科目栏:登记现金收入和支出的对应科目名称,也就是现金收入的来源科目或现金支出的用途科目。比如用现金支付管理部门办公费200元,借贷记账法下应当借记"管理费用",贷记"库存现金",则库存现金日记账的对方科目栏应填入"管理费用"。

(5)收入、支出和结余栏:收入栏和支出栏分别登记实际发生的现金收入和支出金额,结余栏则反映余额数,每日终了应结出当日现金余额,并与库存现金数核对,即为"日清"。

(二)银行存款日记账的格式和登记方法

银行存款日记账是用来核算和监督银行存款每日收入、支出和结存情况的账簿。该账簿由出纳人员根据银行存款收款、付款凭证和有关的现金付款凭证按照业务发生时间的先后顺序逐日逐笔进行登记。对于库存现金存入银行的业务,由于只填制库存现金付款凭证,因而应根据库存现金付款凭证进行登记。

银行存款日记账应按企业在银行开立的账户和币种分别设置,每个银行账户设置一本日记账,且必须使用订本账,账簿的格式可以采用三栏式或多栏式。三栏式银行存款日记账的格式和登记方法如表6-12所示。

表6-12　银行存款日记账

2021年		凭证号数		摘要	结算凭证		对方科目	收入	支出	结余
月	日	字	号		种类	号数				
11	1			月初余额						300 000
	1	银付	01	付材料款	转账支票	0201	在途物资		27 000	273 000
	1	银付	02	提取现金	现金支票	0409	库存现金		10 000	263 000
	1	银收	01	股东投资	转账支票	0202	实收资本	500 000		763 000
				本日合计				500 000	37 000	763 000
				（略）						

与库存现金结算直接收付现金的方式不同,企业通过银行办理收付款结算业务时,往往要使用到一些结算凭证,如支票、汇票等。为了便于同银行定期核对账目,也为了反映银行存款收付款所采用的结算方式,银行存款日记账中特别增设了"结算凭证"一栏,用来登记企业通过银行办理收付款结算业务时所使用的结算凭证的种类和编号。

银行存款日记账中其他内容的登记方法与现金日记账基本相同,根据银行存款收款凭证和有关的库存现金付款凭证登记银行存款收入栏,根据银行存款付款凭证登记其支出栏,每日结出存款余额,并要将记录结果定期与银行之间核对相符。

思考与讨论

一家小型企业的出纳人员既登记现金日记账、银行存款日记账,又登记"库存现金"总账和"银行存款"总账,同时还负责到银行支取、存入现金。你认为该企业可能会出现什么情况？为什么？如何改进？

库存现金和银行存款是企业非常重要的资产,因此企业要注重对库存现金和银行存款的管理,实行钱账分管,加强内部牵制。为此,出纳人员不得兼管稽核、会计档案保管和收入、费用、债务债权账目的登记工作。一般出纳人员负责登记现金日记账和银行存款日记账,登记过后将各种收付款凭证交由会计人员据以登记总分类账及有关的明细分类账。此外,通过定期核对"库存现金"和"银行存款"总账与日记账金额,达到有效监控库存现金和银行存款的目的。

实战演练

2021年12月份,华远公司发生以下关于"银行存款"的经济业务,已知该公司本月月初银行存款余额为423 400元,请编制下列业务的会计分录并登记银行存款日记账。

(1)12月3日,收到投资人投入的货币资金500 000元并存入银行。

(2)12月7日,到银行提取现金10 000元;

(3)12月12日,用银行存款支付广告费2 000元;

(4)12月17日,公司收到前期所欠的售货款68 000元并存入银行;

(5)12月28日,用银行存款支付本月管理部门水电费600元。

已知华远公司编制通用记账凭证,且以上经济业务的顺序号分别为11号、32号、51号、67号和93号。

表6-13 银行存款日记账

年		凭证号数		摘要	对方科目	收入	支出	结余
月	日	字	号					

二、分类账的格式和登记方法

分类账簿包括总分类账簿和明细分类账簿,这两类账簿的格式差异较大,登记的方法也有很大的不同。

(一)总分类账的格式和登记方法

总分类账能够全面、系统地记录和反映经济业务引起的资金运动情况,为企业提供总括的会计信息。因此,每个企业都必须设置总分类账,且账簿采用订本式,一般按照会计科目的编码顺序设置,并依据经济内容的多少为每个账户预留出若干空白账页。总分类账最常用的格式为三栏式,即在账页中设置借方、贷方和余额三个栏目,其一般格式与登记方法如表6-14所示。

表6-14 原材料总分类账   第×页

2021年		凭证号数		摘要	借方	贷方	借或贷	余额
月	日	字	号					
12	1			月初余额			借	25 000
	1	转	01	甲材料入库	50 000		借	75 000
	2	转	04	发出乙材料		12 000	借	63 000
	4	转	12	发出甲材料		20 000	借	43 000
				(略)				
	31			本月合计	120 000	123 000	借	22 000

总分类账簿可采用以下两种方法登记:一是逐笔登记,即根据记账凭证按照经济业务发生的时间顺序逐笔登记;二是汇总登记,即先将记账凭证定期进行汇总,编制成科目汇总表或汇总记账凭证,然后根据汇总的金额登记总分类账。一般经济业务较少的小型企业,总分类账可以采用第一种方法逐笔登记;经济业务较多的大中型企业,总分类账可以用第二种方法定期汇总登记。不管采取哪一种方法登记,会计人员每月都应将所发生的经济业务全部登记入账,并在月末的时候结出总分类账各账户的本期发生额和期末余额,作为后续编制会计报表的主要依据。

(二)明细分类账的格式和登记方法

设置明细分类账能够详细地反映经济活动和财务收支情况,为企业提供比较详细和具体的会计信息,从而弥补总分类账所提供核算资料的不足。因此,各单位在设置总账的基础上,还应设置必要的明细分类账,作为总分类账的必要补充说明。对于明细分类账,一般根据记账凭证和相应的原始凭证逐笔登记,通常采用活页式账簿,也有采用卡片式账簿的。账簿常用的格式主要有三栏式、多栏式和数量金额式。

1.三栏式明细分类账

三栏式明细分类账与三栏式总分类账格式相同,即在账页中设置借方、贷方和余额三个栏目,用来分类核算各项经济业务。这种格式适用于只需要进行金额核算,而不需要进行数量核算的明细分类账,如应收账款、应付账款、长期借款、短期借款和实收资本等科目的明细核算。

2.多栏式明细分类账

多栏式明细分类账又称为专栏式明细账,是指根据经济业务的特点和经营管理的需要,在账页上的借方、贷方或借贷双方再设置若干专栏的账簿。多栏式明细分类账可以在同一张账页上集中反映各项有关明细项目的详细资料,适用于需要对金额进行进一步分析的明细分类账,如费用、成本、收入、利润等账户的明细分类核算。比如企业的管理费用包括工资、福利费、办公费、折旧费、水电费等内容,为详细反映这些费用的发生情况,就需要在账页上按费用的项目内容设置多个专栏。管理费用多栏式明细账的格式与登记方法见表6-15。

表6-15　管理费用明细分类账　　　　　　　　　　第×页

2021年		凭证号数		摘要	借方					合计
月	日	字	号		工资费	福利费	办公费	折旧费	…	
7	8	转	09	分配工资	25 000					25 000
	8	转	10	提取福利费		3 000				28 000
	15	付	15	购买办公用品			3 000			31 000
	21	转	23	提取折旧费				6 000		37 000
	31	转	35	月末结转	25 000	3 000	3 000	6 000		37 000

在实际工作中,生产成本、制造费用、管理费用等账户的多栏式明细分类账可以只按借方发生额设置专栏,平时在借方登记成本、费用的发生额,而贷方发生额由于每月只发生一笔或少数几笔,所以平时贷方如果有发生额,可以用红字在借方栏中登记。因此,在表6-15中,管理费用明细分类账没有设置贷方栏,则月末结转管理费用时,就需要用红字登记。同样的,对于主营业务收入、营业外收入等多栏式明细分类账只在贷方设置专栏的,平时贷方登记增加额,当借方有发生额时用红字在贷方登记即可。

思考与讨论

张先生应聘为一家公司的会计,发现这家公司在会计处理方面有许多地方与其他公司不同,具体表现为:

(1)公司所有的账簿均采用活页式,理由是活页式账簿便于分工记账;

(2)在记账发生错误时允许使用涂改液,但是强调必须由有关责任人签字;

(3)经理要求张先生在登记"库存现金"总分类账的同时也要负责出纳工作。

尽管这家公司的报酬较高,但是经过3个月的试用期后,张先生还是决定辞职。请问他为什么辞职? 该公司在会计处理方面存在哪些问题?

3.数量金额式明细分类账

数量金额式明细分类账要求在账页上对借方、贷方和余额栏下方分别设置数量、单价和金额栏,以同时提供金额和数量信息。这类账簿适用于既要进行金额核算,又要进行数量核算的各种财产物资账户,如原材料、库存商品等存货科目的明细分类核算。原材料明细账的格式和登记方法如表6-16所示。

表6-16　原材料明细账

材料类别:原料　　　　　　　　　　　　　　　　计量单位:千克
材料名称:B材料　　　　　　　　　　　　　　　　存放地点:5号仓库
材料编号:0168　　　　　　　　　　　　　　　　储备定额:8 000千克

2021年		凭证号数		摘要	收入			发出			结存		
月	日	字	号		数量	单价	金额	数量	单价	金额	数量	单价	金额
8	1			月初余额							4 000	2	8 000
	2	转	02	车间领用				1 500	2	3 000	2 500	2	5 000
	5	转	05	车间领用				2 000	2	4 000	500	2	1 000
	9	转	12	购入	3 000	2	6 000				3 500	2	7 000
				(略)									
8	31			本月合计	3 000	2	6 000	3 500	2	7 000	3 500	2	7 000

明细分类账的登记应根据各单位业务量大小、业务性质以及管理要求选择不同的登

记方法。有些会计账户,所涉及的经济业务内容简单且发生次数较少,也可以不设置明细分类账。

(三)总分类账与明细分类账的平行登记

平行登记是指以会计凭证为依据,对所发生的每项经济业务,既在有关的总分类账户中登记,又在其所属的明细分类账户中登记的方法。总分类账户与明细分类账户平行登记的要点主要包括以下四个方面:

(1)依据相同。对于发生的每项经济业务,都以相同的会计凭证作为依据,既在总分类账中进行登记,又在其所属的明细分类账中进行登记。

(2)期间一致。一项经济业务发生后,记入总分类账户和所属明细分类账账户的具体时间可以有先后,但必须都要在同一个会计期间,一般指在同一个月内。

(3)方向相同。无论是本期发生额还是余额,同一项经济业务登记到总分类账和明细分类账中的方向应该是相同的,即在总分类账户中记入借方,所属的明细分类账户中也应记入借方;在总分类账户中记入贷方,所属的明细分类账户中也应记入贷方。

(4)金额相等。对于同一项经济业务,记入总分类账户的金额必须与记入其所属的各明细分类账户的金额合计数相等。

【例6-1】长城公司2021年11月发生以下关于原材料的经济业务,且月初"原材料"总分类账户及其所属明细分类账户的期初余额见表6-17、表6-18和表6-19,请根据材料内容对"原材料"总分类账和其所属的明细分类账户进行平行登记。

(1)11月11日,公司购入甲材料1 800千克,单价为6元,共计10 800元,增值税额为1 404元,材料已验收入库,款项尚未支付。编制该项业务的会计分录如下:

借:原材料——甲材料 10 800

　　应交税费——应交增值税(进项税额) 1 404

　　贷:应付账款 12 204

(2)11月18日,公司购入乙材料1 000千克,单价为10元,共计10 000元,增值税额为1 300元,款项通过银行转账支付,材料已验收入库。该项经济业务的会计分录如下所示:

借:原材料——乙材料 10 000

　　应交税费——应交增值税(进项税额) 1 300

　　贷:银行存款 11 300

(3)11月25日,生产车间领用甲、乙材料共计20 000元,用于生产产品,其中:甲材料2 000千克,单价6元,价值12 000元;乙材料800千克,单价10元,价值8 000元。该项经济业务可编制会计分录如下:

借:生产成本 20 000

　　贷:原材料——甲材料 12 000

　　　　　　——乙材料 8 000

根据上述材料和会计分录,对"原材料"总分类账和其所属的明细分类账户进行平行登记的具体过程如下:

表6-17 原材料总分类账

2021年		凭证号数		摘要	借方	贷方	借或贷	余额
月	日	字	号					
11	1			月初余额			借	55 000
	11	记	36	购入材料	10 800		借	65 800
	18	记	44	购入材料	10 000		借	75 800
	25	记	67	生产领用		20 000	借	55 800
	30			本月合计	20 800	20 000	借	55 800

表6-18 原材料明细分类账

材料名称:甲材料　　　　　　　　　　　　　　　　　　　　数量单位:千克

2021年		凭证号数		摘要	借方			贷方			余额		
月	日	字	号		数量	单价	金额	数量	单价	金额	数量	单价	金额
11	1			月初余额							6 000	6	36 000
	11	记	36	购入材料	1 800	6	10 800				7 800	6	46 800
	25	记	67	车间领用				2 000	6	12 000	5 800	6	34 800
	30			本月合计	1 800	6	10 800	2 000	6	12 000	5 800	6	34 800

表6-19 原材料明细分类账

材料名称:乙材料　　　　　　　　　　　　　　　　　　　　数量单位:千克

2021年		凭证号数		摘要	借方			贷方			余额		
月	日	字	号		数量	单价	金额	数量	单价	金额	数量	单价	金额
11	1			月初余额							1 900	10	19 000
	18	记	44	购入材料	1 000	10	10 000				2 900	10	29 000
	25	记	67	车间领用				800	10	8 000	2 100	10	21 000
	30			本月合计	1 000	10	10 000	800	10	8 000	2 100	10	21 000

平行登记的结果会使总分类账户的期末(期初)余额等于所属明细分类账户的期末(期初)余额之和;总分类账户的借方和贷方发生额分别等于所属明细分类账户的借方发生额合计数和贷方发生额合计数。利用这样的等量关系,可以核对总分类账和明细分类账的登记是否正确。

课堂小测试6-3

1.(多选题)可以作为库存现金日记账依据的有(　　)。

　A.库存现金收款凭证　　B.库存现金付款凭证　　C.银行存款收款凭证

　D.银行存款付款凭证　　E.转账凭证

2.(多选题)总分类账与明细分类账的平行登记的要点包括(　　)。

　A.金额相等　　　　　　B.方向相同　　　　　　C.期间一致

　D.次数相同　　　　　　E.依据相同

三、备查账簿的格式与登记方法

备查账簿是辅助性账簿,对主要账簿起到补充说明的作用,提供备查性质的资料。备查账簿一般没有固定的格式,每个单位可以根据实际需要灵活设计。

设置和登记备查账簿,可以对某些经济业务的内容提供必要的补充参考资料,例如企业为了加强对租入固定资产的管理,记录其租入、租金、使用和归还等情况以供日后查考,可设置"租入固定资产备查登记簿"。

实战演练

2022年1月份,华远公司发生以下关于"销售费用"的经济业务,请根据资料内容编制下列业务的会计分录并登记"销售费用"总分类账。

(1)1月6日,销售人员出差回来报销差旅费2 500元;

(2)1月11日,用银行存款支付广告费15 000元;

(3)1月25日,用银行存款支付销售部门办公费8 200元;

(4)1月31日,计算本月销售部门员工的工资为46 000元;

(5)1月31日,结转销售费用到"本年利润"账户。

已知华远公司编制通用记账凭证,且以上经济业务的顺序号分别为18号、45号、76号、91号和98号。

表6-20　销售费用总分类账

年		凭证号数		摘要	借方	贷方	借或贷	余额
月	日	字	号					

第四节 错账查找与更正方法

账簿登记是一项细致的工作,稍有不慎就会发生错误,从而影响会计信息的准确性。为了及时更正账簿中的错误,会计人员需要掌握一定的方法和技巧查找错账,并严格按照规定的方法对错账进行更正。

一、错账的基本类型

会计人员在记账过程中,由于种种原因可能会导致记账凭证或账簿登记出现错误,即发生错账,错账的基本类型有:

(1)记账凭证填制正确,但是在登记账簿时发生过账错误。

(2)记账凭证填制错误,导致账簿登记时也发生错误。这类错误又包括三种情况:一是由于记账凭证上的会计科目用错而导致账簿出错;二是记账凭证上的会计科目正确,但是应记金额多写而发生的错误;三是记账凭证上会计科目正确,但是金额少记导致发生的错误。

会计小故事

失眠的会计师

有一位会计师患了失眠症,于是他去找医生:"医生,我晚上无法睡着!"

医生说:"那你有没有试过数绵羊呢?"

会计师:"啊! 这就是问题所在。我数绵羊时出了个错,结果花了3个小时的时间想找出这个错!"

二、错账的查找方法

记账过程中可能会发生各种各样的错误,比如重记、漏记、数字颠倒、数字记错、科目记错、借贷方向记反等,会计人员需要运用合理的方法和技巧及时找出错误并予以更正。

(一)影响试算平衡的错误查找方法

影响试算平衡的错误是指在会计期末进行试算平衡时发现借方合计数不等于贷方合计数,即试算不平衡。试算不平衡说明一定有错账存在,对于这类型的错账可以通过以下四种方法进行查找。

1. 差数法

差数法是指根据试算平衡表中借方和贷方合计数的差额查找错账的方法,一般适用于记账时重记或漏记了某项业务的借方或贷方,从而造成试算平衡借、贷双方不等的情况。例如,在会计期末进行试算平衡时,发现借方发生额合计与贷方发生额合计相差12 574元,则会计人员通过回忆查找金额为12 574元的相关记账凭证，就能很快查找到错账。

2.尾数法

尾数法是指对于发生的差错只查找末位数，以提高查错效率的方法。这种方法一般适用于借贷方金额的其他位数都一致，只有末位数出现差错的情况。例如，试算平衡表中的借方和贷方差额的末尾数字为"0.36"，则会计人员只需要查看金额末尾数字有"0.36"的记账凭证，从而提高了查错的效率。

3.除2法

除2法是指用借贷方差数除以2来查找错账的方法。在记账时，有时会因为会计人员疏忽，把应该记入借方的金额误记入了贷方，或者把应该记入贷方的金额误记入了借方，那么就会出现一方合计数增多而另一方合计数减少的情况，所以用差额除以2所取得的商数就是记错借贷方向的金额。例如，在"银行存款"账户贷方应记1 363.42元，但是记账时误在"银行存款"账户借方记了1 363.42元，从而导致试算平衡表借方合计比贷方合计多出2 726.84元，那么追查错账时就以2 726.84除以2得到1 363.42元，这样只要去查找1 363.42元这笔账是否记错方向就可以了。

除2法是用来查找金额记错借贷方向的有效方法，但是它有一个特定的规律就是错账差数一定是偶数，只要将差数用2除得的商就是错账数；如果错误差数是奇数，那就没有记账反向的可能，就不再适用于"除2法"来查找。

4.除9法

除9法是指用借贷方差额除以9来查找差错的一种方法。查找错账时，如果借贷双方的差额比较大，而且能够被9除尽，则优先考虑用除9法来检查错误。这种方法主要适用于以下两种情况：

(1)数字错位。数字错位是指记账时会计人员可能会把数字的位数看错，比如把500误记为5 000，或者把3 000错记为300，如果出现这种情况，差数均可被9整除，其商数就是要查找的差错数。如果将500误记为5 000，即数字写大，则可用500和5 000的差数4 500除以9，得到500就是正确的数字；如果将3 000错记为300，即数字写小，则用3 000和300的差额2 700除以9，得到300再乘以10则为正确的数字。

在试算平衡时，对于借方合计数和贷方合计数之间存在能被9整除的差额，会计人员其实并不能一眼就看出是将数字写大了还是写小了。这时，只能将差额除以9，尝试着去寻找应记的正确金额。

(2)邻数颠倒。如果记账时出现将相邻两位数或三位数的数字顺序颠倒，也可用"除9法"来查找错误。比如，记账凭证上显示，借记"管理费用"账户489元，贷记"库存现金"账户489元；但是在记账时，借方金额误记为849元，贷方金额没有问题，这样导致试算平衡表中的借方发生额合计比贷方发生额合计多出360元，用该差额360除以9，得到商为40。根据商数中的非零数字4，可以判断出被颠倒的两个相邻数字的差额为4；而且凡商位数为百位数的，则百位数和千位数颠倒；凡商位数为千位数的，则千位数和万位数颠倒，以此类推。从上述商数40来看，颠倒的应该是十位数和百位数，则通过在账簿记录中查找十位数和百位数之间差额为4的数字，即查找15、26、48、59中哪一个数字颠倒了，当查到48这个数字时就可结合该项业务的会计凭证,核对其是否将489元误记成849元。

(二)不影响试算平衡的错误查找方法

试算平衡表不平衡则表示一定存在记账错误,但是试算平衡并不代表一定没有错误。有一些错误不能通过试算平衡发现,比如重记、漏记、应借应贷科目记反或者用错会计科目,对于这类错误只能采用全面检查法,即将一定时期内的全部账目进行一一核对。全面检查法具体又可以分为以下两种。

1.顺查法

顺查法也称为正查法,是指按照记账的程序,从检查原始凭证开始,依次审查原始凭证、记账凭证、会计账簿和试算平衡表的一种检查方法。顺查法的检查步骤具体如下:

(1)将记账凭证和所附的原始凭证进行核对,检查有无内容和计算上的错误;

(2)将记账凭证和有关的账簿记录进行逐笔核对,检查账证内容是否一致;

(3)审查会计账簿,再次核算各个账户的发生额与期末余额,检查是否存在错误;

(4)将账簿与试算平衡表进行核对,检查有无抄写和计算错误。

顺查法的检查是从原始凭证开始,逐笔依次查到试算平衡表,核查的范围全面,不易遗漏,故其查账结果也比较精确,但是顺查法的缺点也显而易见:工作量较大,费时费力。所以在实际工作中,一般是在采用其他方法查找不到错误的情况下才采用这种方法。

2.逆查法

逆查法又称为"倒查法",与"顺查法"相反,是从检查试算平衡表开始,依次审查试算平衡表、会计账簿、记账凭证和原始凭证的一种检查方法。逆查法的检查步骤具体如下:

(1)检查试算平衡表的编制是否正确;

(2)检查会计账簿中各账户的发生额和余额计算有无差错;

(3)将记账凭证及所附的原始凭证与账簿记录逐笔核对,检查是否存在错误;

(4)将原始凭证与记账凭证进行核对,检查记账凭证填制是否正确。

逆查法和顺查法一样,都是一种全面检查的方法,优缺点相似:检查的范围全面、结果准确,但是耗时耗力。在实际工作中,对由于某种原因造成后期产生差错的可能性较大的情况下可以采用此方法。

思考与讨论

刘新大学毕业后被一家生产加工企业录用,从事会计工作,试用期为3个月。可上班不到1个月,刘新就碰到了一个难题,急得茶饭不思。月底刘新被安排编制公司当月的试算平衡表,可编制完刘新发现试算平衡表的借方发生额合计为63 780.60元,而贷方发生额合计为63 780.00元,反复计算了很多遍就是不相等。刘新推断一定是记账出错了,可是半天也找不出来到底是哪笔账错了。如果是你,你会如何来查找错账?

三、错账的更正方法

当会计人员发现账簿记录有错时,应当采用正确的方法及时更正,不得随意涂改、挖补、刮擦或用药水更改字迹。错账的更正方法一般有划线更正法、红字更正法和补充登记法三种。

（一）划线更正法

划线更正法又称为红线更正法，是指将错误数字或文字画一条红线表示注销，然后在注销的错误数字或文字上面进行更正的一种方法。

适用范围：划线更正法适用于在结账前发现账簿记录有文字或数字错误，而所依据的记账凭证没有错误的情况。

更正方法：首先在错误的文字或数字上画一条红线，以示注销，但是必须保持原有字迹清晰可辨，以备查阅；然后在红线的上方用蓝色或黑色记账笔填写正确的文字或数字，并由更正人在划线处签名或盖章，以明确责任。若是文字出现错误，可只划去错误的文字进行局部更正；但若是数字出现错误，应全部划红线更正，不能只更正其中有错误的个别数字。

【例6-2】恒源公司2021年2月5日用库存现金325元购买行政管理部门办公用品，付款凭证上的会计分录如下，并已登记入账。

借：管理费用　　　　　　　　　　　　　　　　　　　　　　　　325
　　贷：库存现金　　　　　　　　　　　　　　　　　　　　　　　325

记账人员张颖在登记"管理费用"总账时，由于疏忽，错将该笔业务发生后的余额"3 825"写成了"3 852"，这笔错账在记账后很快被发现，张颖再次对该笔业务的登记进行检查，没有发现其他的错误，这时便可采用划线更正法对错账进行更正，具体操作过程如下表所示：

表6-21　管理费用总分类账　　　　　第 × 页

2021年		凭证号数		摘要	借方	贷方	借或贷	余额
月	日	字	号					
2	2	转	01	领用甲材料	2 000		借	2 000
	3	转	02	领用乙材料	1 500		借	3 500
	5	付	01	购买办公用品	325		借	3 825 / 3 852 张颖
				（略）				此为红线

（二）红字更正法

红字更正法又称为红字冲销法，是指首先用红字冲销或冲减原有的错误记录，然后用蓝字或黑字登记正确的账户或金额的一种方法。红字更正法一般适用于以下两种情况：

记账以后，发现原记账凭证中的会计科目或记账方向有错误，导致账簿记录中记错账户。更正时，应首先用红字金额填制一张与原错误记账凭证完全相同的记账凭证，并在其摘要栏内注明"冲销某月某日某号凭证错账",据以用红字登记入账,冲销原有的错误记录;然后再用蓝字或黑色填制一张正确的记账凭证,并在其摘要栏内注明"更正某月某日某号凭证错账",重新登记入账。经过上述两个步骤的处理,原来的错账即可得到更正。

需要注意的是,在填写红字金额冲销凭证的时候,只有会计科目和原先错误凭证的会计科目相同,其他各个内容都是不同的,日期应该填写更正时的日期,编号是更正时的新编号,摘要内容不同,金额是红字,没有附件。

【例6-3】2021年6月10日,长城公司生产车间领用甲材料130 000元用于生产A产品,原始凭证为一张领料单,会计人员张晓根据相关资料填制记账凭证如下,该笔业务的编号为34号且已登记入账。

表6-22　记账凭证

2021年6月10日　　　　　　　　　　　记字第34号

摘要	会计科目		借方金额										贷方金额										√	附件
	总账科目	明细科目	千	百	十	万	千	百	十	元	角	分	千	百	十	万	千	百	十	元	角	分		
车间领用材料	制造费用				1	3	0	0	0	0	0	0											√	
		原材料													1	3	0	0	0	0	0	0	√	1 张
合计			¥	1	3	0	0	0	0	0	0	0	¥	1	3	0	0	0	0	0	0	0		

会计主管:王雨　　记账:白凡　　复核:于田　　出纳:　　制单:张晓

6月11日,会计人员张晓发现以上经济业务记账凭证中会计科目"制造费用"选用错误,由于该业务已登记入账,导致账簿也出现错误,这时只能采用红字更正法进行更正,首先用红字填制一张和上面一样的记账凭证,张晓编制的记账凭证编号编到了34号,则该红字记账凭证顺着进行编号为35号,具体如下:

表6-23　记账凭证

2021年6月11日　　　　　　　　　　　记字第35号

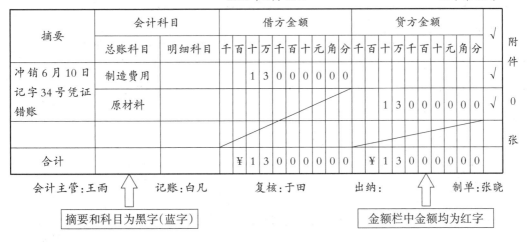

摘要	会计科目		借方金额										贷方金额										√	附件
	总账科目	明细科目	千	百	十	万	千	百	十	元	角	分	千	百	十	万	千	百	十	元	角	分		
冲销6月10日记字34号凭证错账	制造费用				1	3	0	0	0	0	0	0											√	
		原材料													1	3	0	0	0	0	0	0	√	0 张
合计			¥	1	3	0	0	0	0	0	0	0	¥	1	3	0	0	0	0	0	0	0		

会计主管:王雨　　记账:白凡　　复核:于田　　出纳:　　制单:张晓

摘要和科目为黑字(蓝字)　　　　　　　金额栏中金额均为红字

会计人员张晓填制完红字记账凭证后,再用黑字或蓝字填制一张正确的记账凭证,编号可顺着编为36号,具体编制如下。关于凭证的编号也可以将冲销和更正错误看作一笔业务,两张凭证分别编为 $35\frac{1}{2}$ 号和 $35\frac{2}{2}$ 号。

表6-24 记账凭证

2021 年 6 月 11 日 记字第 36 号

摘要	会计科目		借方金额											贷方金额											√	附件
	总账科目	明细科目	千	百	十	万	千	百	十	元	角	分	千	百	十	万	千	百	十	元	角	分		√	
更正6月10日记字34号凭证错账	生产成本			1	3	0	0	0	0	0	0													√	0
	原材料													1	3	0	0	0	0	0	0			√	张
合计			¥	1	3	0	0	0	0	0	0		¥	1	3	0	0	0	0	0	0				

会计主管:王雨 记账:白凡 复核:于田 出纳: 制单:张晓

记账人员白凡首先根据红字记账凭证登记入账,入账时金额用红字,将原来的错账冲销掉,然后再根据正确的记账凭证登记入账,这样错账就能得到更正。

记账以后,发现记账凭证和账簿记录中应借、应贷会计科目没有错误,只是所记的金额大于应记金额,这种情况也可以使用红字更正法进行更错。更正时,可按照正确数字与错误数字的差额用红字金额填制一张与原来记账凭证应借、应贷科目相同的记账凭证,在其摘要栏内注明"冲销某月某日某号凭证多记金额",并据以用红字登记入账,冲销掉原来多记的部分,错账就可得到更正。

【例6-4】2021 年 6 月 18 日,长城公司用银行存款偿还前期所欠的货款 45 000 元,会计人员根据原始凭证填制记账凭证如下,该笔经济业务的编号为65号且已登记入账。

表6-25 记账凭证

2021 年 6 月 18 日 记字第 65 号

摘要	会计科目		借方金额											贷方金额											√	附件
	总账科目	明细科目	千	百	十	万	千	百	十	元	角	分	千	百	十	万	千	百	十	元	角	分		√	
偿还所欠货款	应付账款					5	4	0	0	0	0	0												√	
	银行存款															5	4	0	0	0	0	0		√	1
																									张
合计						¥	5	4	0	0	0	0	0				¥	5	4	0	0	0	0	0	

会计主管:王雨 记账:白凡 复核:于田 出纳:高阳 制单:张晓

会计人员张晓在 6 月 20 日发现以上业务的记账凭证中金额填写错误,将"45 000 元"

误写成了"54 000元",多记"9 000元",其他内容没有问题,该凭证已登记入账,这时可采用红字更正法进行错账更正。由于此错误是将金额多记,则用红字冲销掉多记金额即可,那么张晓需要填制一张红字记账凭证如下:

表6-26 记账凭证

2021年6月20日 　　　　　　　　　　　　记字第78号

摘要	会计科目		借方金额									贷方金额									√	附件
	总账科目	明细科目	千	百	十	万	千	百	十	元	角	分	千	百	十	万	千	百	十	元	角	分		
冲销6月18日记字65号凭证多记金额	应付账款						9	0	0	0	0	0											√	0
	银行存款																9	0	0	0	0	0	√	张
合计						¥	9	0	0	0	0	0				¥	9	0	0	0	0	0		

会计主管:王雨　　　记账:白凡　　　复核:于田　　　出纳:高阳　　　制单:张晓

摘要和科目为黑字(蓝字)　　　　　　金额栏中金额均为红字

记账人员白凡根据以上红字记账凭证登记入账,入账时金额用红字,则表示将原来多记金额"9 000元"冲销掉,这样错账就得到了更正。

思考与讨论

甲公司2021年2月末计提生产用固定资产折旧8 000元,会计人员编制会计分录如下,并据此已经登记入账。

借:生产成本　　　　　　　　　　　　　　　　　　　　　　　8 000
　贷:累计折旧　　　　　　　　　　　　　　　　　　　　　　　　8 000

请判断该会计处理是否正确,如果不正确,思考并讨论该项错误会对账户造成什么样的影响,应该如何进行更正?

(三)补充登记法

补充登记法又称为补充更正法,是指在会计核算中,将少记金额补充登记入账以更正原来错误账簿记录的一种方法。

适用范围:记账后发现记账凭证和账簿记录中应借和应贷会计科目没有错误,只是所记金额小于应记金额的情况。

更正方法:用蓝字或黑字填制一张与原来记账凭证应借和应贷科目完全相同的记账凭证,将少记的金额填入金额栏内,并在摘要栏内注明"补充某月某日某号凭证少记金额",并据此登记入账,则可更正由少记引起的错账。

【例6-5】2021年6月25日,长城公司收到丙公司所欠的货款80 000元存入银行,会计人员根据原始凭证填制记账凭证如下,该笔业务的编号为86号且已登记入账。

表6-27　记账凭证

2021年6月25日　　　　　　　　　　　　　　　　　　　记字第86号

摘要	会计科目		借方金额											贷方金额											√	附件
	总账科目	明细科目	千	百	十	万	千	百	十	元	角	分	千	百	十	万	千	百	十	元	角	分			
收到前欠货款	银行存款					8	0	0	0	0	0													√	0
	应收账款															8	0	0	0	0	0			√	
																									张
合计						¥	8	0	0	0	0	0				¥	8	0	0	0	0	0			

会计主管:王雨　　　记账:白凡　　　复核:于田　　　出纳:高阳　　　制单:张晓

　　会计人员张晓在6月28日核对账目时发现"记字第86号"凭证的金额填写错误,由于疏忽误将"80 000元"写成了"8 000元",少记"72 000元",会计科目没有错误,且该业务已登记入账。因为此项错误只是少记金额,并其他没有错误,这时可采用补充登记法,将少记金额补登即可,此时会计人员张晓需要用蓝字或黑字填制一张记账凭证如下:

表6-28　记账凭证

2021年6月28日　　　　　　　　　　　　　　　　　　　记字第97号

摘要	会计科目		借方金额											贷方金额											√	附件
	总账科目	明细科目	千	百	十	万	千	百	十	元	角	分	千	百	十	万	千	百	十	元	角	分			
补充6月25日记字86号凭证少记金额	银行存款					7	2	0	0	0	0	0												√	0
	应收账款															7	2	0	0	0	0	0		√	
																									张
合计						¥	7	2	0	0	0	0	0			¥	7	2	0	0	0	0	0			

会计主管:王雨　　　记账:白凡　　　复核:于田　　　出纳:高阳　　　制单:张晓

　　记账人员白凡根据以上记账凭证登记入账,入账时金额使用黑字或蓝字,将原来少记的金额"72 000元"补充上,则错账就可以得到更正。

课堂小测试6-4

　　1.(单选题)记账后,发现登账错误是由于记账凭证中金额少记引起的,凭证所列会计科目没有错误,这时可采用的错账更正方法是(　　　)。

　　　A.红字更正法　　　B.划线更正法　　　C.补充登记法　　　D.以上方法均可

　　2.(单选题)记账后发现记账凭证没有错,仅仅是账簿记录中的文字或数字发生错误,应采用的错账更正方法是(　　　)。

　　　A.红字更正法　　　B.划线更正法　　　C.补充登记法　　　D.以上方法均可

第五节　对账与结账

一、对账

在实际会计核算中,由于种种原因,有时难免会发生各种差错和账实不符的情况,为了确保会计账簿记录的正确性和完整性,则需要对各种账簿的记录进行定期检查和核对。

> **思考与讨论**
>
> 　　新来的出纳员小刘有一天发现公司现金实际数额与日记账账面余额相比少了300元,她从来没有核对过现金数和日记账的记录情况,所以她不清楚是现金少了还是记账记错了,也不清楚是哪天开始账实出现了偏差。财务负责人知道后严厉批评了小刘。请问小刘在工作中哪里做得不对? 在今后工作中应该如何改正?

(一)对账的概念

所谓对账,就是指在全部经济业务登记入账之后对账簿记录进行的检查和核对工作,简单来说就是核对账目,以保证账簿记录的正确性和可靠性。

对账工作每年应至少进行一次,通常是在月末、季末或年末结出各账户的期末余额之后、在结账之前进行。各个单位都应建立定期对账制度,通过对账工作,检查账簿记录内容是否完整,有无错记或漏记,确保账证相符、账账相符、账实相符,为后续编制会计报表提供真实可靠的数据资料。

(二)对账的内容

对账工作贯穿于会计核算的全过程,内容主要包括账证核对、账账核对和账实核对,对账的内容不同,所采用的核对方法也各不相同。

1.账证核对

账证核对就是将账簿的各项记录与有关的会计凭证进行核对,以检查其是否相符。账证核对是对账工作的第一步,也是保证账账和账实相符的基础,一般是在日常填制凭证和记账过程中进行的。账证核对可以采用的方法有逐笔核对和抽查核对两种,重点核对总账、明细账、日记账的记录与记账凭证及所附的原始凭证所记载的时间、凭证字号、业务内容、金额、科目及其方向等是否一致。如果发现错误,要按照规定的方法及时进行更正,以确保账证相符。

2.账账核对

账账核对是指各种会计账簿之间有关记录的核对,一般是在账证核对的基础上进行的。账账核对至少在每月末进行一次,主要内容包括以下几个方面:

(1)总分类账簿之间的核对。总分类账簿之间的核对是指将总账全部账户的借方发生额合计数与贷方发生额合计数核对以及期末借方余额合计数与期末贷方余额合计数进行核对。各总分类账户之间的核对可以采用编制试算平衡表的方法进行。

(2)总分类账簿与所属明细分类账簿之间的核对。总分类账簿与所属明细分类账簿之间的核对主要核对总账的借方发生额、贷方发生额及期末余额分别与所属的全部明细账的借方发生额合计数、贷方发生额合计数及期末余额合计数是否相等,一般可以采用编制本期发生额及余额表等方法进行。

(3)总分类账簿与序时账簿之间的核对。总分类账簿与序时账簿之间的核对是将"现金总账"和"银行存款总账"的余额分别与"现金日记账"和"银行存款日记账"的余额进行核对相符。

(4)明细分类账簿之间的核对。明细分类账簿之间的核对主要核对会计部门登记的各种财产物资明细账簿记录与财产物资保管和使用部门的有关账簿记录是否相一致,这种核对由各级明细分类账簿之间存在的发生额和余额之间的相等关系决定的,主要采用直接核对法。

3.账实核对

账实核对是指各种财产物资的账面余额与实存数额进行核对。账实核对一般是在账账核对的基础上,通过财产清查来进行,从而确保账实相符,核对的主要内容包括:

(1)现金日记账的账面余额与库存现金的实有数进行核对,这种核对应该每天都要进行,主要采用实地盘点法。

(2)银行存款日记账的记录与余额应定期与银行转来的对账单余额进行核对,主要采用将企业银行存款日记账与银行对账单直接核对的方法。

(3)各项财产物资明细账账面余额与其实存数额核对,主要采用实地盘点法。实地盘点法是指对材料物资用逐一清点或用计量器具来确定其实有数量的方法。

(4)有关债权、债务明细账账面余额与对方单位的债权、债务账面记录进行核对,此项核对一般应定期或不定期进行。

二、结账

结账是指将一定时期内所发生的经济业务全部登记入账后,结算出每个账户的借贷方发生额和期末余额,并将余额结转下期或新的账簿的过程,简单地来说就是结清账目。结账是为了总结某一个会计期间内的经济活动的财务收支状况,据以编制财务会计报表。

在结账前,一定要检查本期发生的经济业务是否已全部入账,若发现漏账、错账,应及时补记和更正。结账工作一般在会计期末进行,不得提前或推后,以确保会计资料的真实性和可靠性。结账方法主要采用划线法,即期末结出每个账户的本期发生额和期末余额后,加划线标记,并将期末余额结转至下期。按照结算时期的不同,结账可以分为月结、季结和年结。

(一)月结

月结是指企业在每个月末进行结账。每月结束时,应在各个账簿本月记录的最后一笔经济业务下面通栏划单红线;然后在红线的下一行结出本月借方发生额、贷方发生额和余额,在摘要栏内注明"本月合计"或"本月发生额及余额"字样,再在这一行下面画一条通栏单红线,表示完成月结工作。

表6-29 原材料总分类账 第×页

2021年		凭证号数		摘要	借方	贷方	借或贷	余额
月	日	字	号					
12	1			月初余额			借	25 000
	1	转	001	甲材料入库	50 000		借	75 000
	2	转	002	发出乙材料		12 000	借	63 000
				(略)				
	31			本月合计	120 000	12 3000	借	22 000

均为单红线　　在本月最后一笔业务下一行计算出本期发生额和余额

实战演练

华远公司2021年9月份的库存现金总分类账登记情况如下所示,9月份所有业务已登记入账,假设你是该公司的会计人员,请你根据所掌握的相关知识在下面库存现金总账中完成本月的结账工作。

表6-30 库存现金总分类账

2021年		凭证号数		摘要	借方	贷方	借或贷	余额
月	日	字	号					
9	1			期初余额			借	5 000
	6	收	15	员工退回借款	2 000		借	7 000
	12	付	26	报销办公费		1 500	借	5 500
	20	付	37	支付广告费		3 200	借	2 300
	28	收	68	从银行提取现金	6 000		借	8 300

(二)季结

季结是企业在每个季度末所进行的结账。季度终了,需要结算出本季度3个月的借贷方发生额合计及季末余额,填写在最后一个月月结的下一行,在"摘要"栏内注明"本季合计"或"本季度发生额及余额"字样。然后,在这一行下面画一条通栏单红线,表示季结工作结束。

表6-31　原材料总分类账　　　　　　　　　　　　　　第×页

2021年		凭证号数		摘要	借方	贷方	借或贷	余额
月	日	字	号					
12	1			月初余额			借	25 000
	1	转	001	甲材料入库	50 000		借	75 000
	2	转	002	发出乙材料		12 000	借	63 000
				（略）				
	31			本月合计	120 000	123 000	借	22 000
	31			本季合计	460 000	463 000	借	22 000

　　均为单红线　　　　　　第四季度3个月发生额合计

（三）年结

年结即企业在年末进行的结账，具体做法是计算出账户全年借贷方发生额及期末余额记录在本月12月月结或第四季度季结的下一行，并在"摘要"栏内注明"本年累计"或"本年发生额及余额"字样。然后，在这一行下面画上通栏双红线，表示年末封账。有余额的账户，应将其余额结转至下年。在"本年累计"下面的摘要栏内注明"结转下年"，结账方法见下表：

表6-32　原材料总分类账　　　　　　　　　　　　　　第×页

2021年		凭证号数		摘要	借方	贷方	借或贷	余额
月	日	字	号					
12	1			月初余额			借	25 000
	1	转	001	甲材料入库	50 000		借	75 000
	2	转	002	发出乙材料		12 000	借	63 000
				（略）				
	31			本月合计	120 000	123 000	借	22 000
	31			本季合计	460 000	463 000	借	22 000
	31			本年累计	1 560 000	1 563 000	借	22 000
				结转下年			借	22 000

　　为双红线　　　　为单红线　　　　一年12个月发生额合计

190

📝**课堂小测试6-5**

1.(单选题)期末根据账簿记录,计算并记录各账户本期发生额和期末余额,这项工作是( )。

    A.对账　　　　　B.结账　　　　　C.查账　　　　　D.调账

2.(单选题)下列不属于对账内容的是( )。

    A.账证核对　　　B.账账核对　　　C.证表核对　　　D.账实核对

第六节　会计账簿的更换与保管

一、会计账簿的更换

为了清晰地反映每个会计年度的财务状况和经营成果,企业应按照会计制度的规定在适当的时间进行会计账簿的更换。所谓会计账簿的更换是指在每一会计年度终了时,将上年度的旧账簿更换为次年度新账簿,以保证账簿资料的连续性。

企业在每一新的会计年度开始都要建立新账,但是并不是所有账簿都要更换为新的。一般来说,现金日记账、银行存款日记账、总分类账和大多数的明细分类账应当每年更换一次,但是有些财产物资明细账和债权债务明细账,如固定资产明细账、原材料明细账等,可以跨年度使用,不必每年更换一次。同时各种备查账簿也可以连续使用。

更换会计账簿时,首先需要检查本年度账簿记录在年终结账时是否全部结清,应结转下年的账户余额是否已在账簿中做"下年结转"处理;然后再在新账有关账户的第一行"日期"栏内注明1月1日,在摘要栏内注明"上年结转"或"年初余额"字样,将上年的年末余额以同方向记入新账的"余额"栏内,并在"借或贷"栏内注明余额的方向。需要注意的是,新旧账簿更换时账户余额结转不需要编制记账凭证,也不要记入借方栏或贷方栏,而是直接记入余额栏,凭证号栏、借方栏和贷方栏都无须填写。

二、会计账簿的保管

会计账簿是会计核算的重要资料,也是重要的经济档案,因此每个单位都应该按照国家的有关规定,加强对会计账簿的管理。

(一)日常保管

各种账簿应分工明确,由专门人员保管,一般由账簿的记账人员负责保管;会计账簿未经领导或会计负责人批准,非经管人员不得随意查阅、摘抄和复制;会计账簿一般不得随意携带外出,特殊情况需要带出的应经过单位领导或会计主管人员批准,并指定专人负责外出会计账簿的安全、完整;会计账簿不得随意交与其他人员管理,防止涂改、毁坏账簿等问题发生。

(二)保管的要求

会计账簿归档前,应检查更换的旧账是否齐全,是否全部结账,余额是否都已结转;订本式账簿应注销空行及空页;活页式账簿应抽出未使用的空页,装订成册并注明账页的总页码及每一账户的分页码;更换下来的旧账簿,再进行整理的基础上装订成册;旧账簿整理装订后应编制目录,填写移交清单,办理移交手续,归档保管;将账簿名称、册数、页码、保管期限等填入"会计账簿归档保管登记表"。

会计账簿作为重要的会计档案和历史资料,必须妥善保管,不得丢失和任意销毁。根据国家《会计档案管理办法》相关规定,总分类账、明细分类账、辅助账、日记账均应该保存30年。保管期满后,需要按照规定的审批程序经批准后方可销毁。

本章小结

本章主要阐述了会计账簿的概念、作用和种类,会计账簿的设置与登记,错账的查找与更正,对账与结账的步骤和方法以及账簿的更换和保管。

1. 会计账簿是具有专门格式而又联系在一起的由若干账页组成的簿籍。会计账簿可以按照用途、外表形式、账页格式不同,划分成不同类别的账簿,登记账簿时要按照一定规则进行登记。

2. 不同会计账簿的格式和登记方法不同,日记账采用订本账,逐日逐笔登记,日清月结;总分类账采用订本账,可逐笔登记或汇总登记。

3. 错账查找可以根据是否影响试算平衡采用不同的方法,错账更正的方法有划线更正法、红字更正法和补充登记法。

4. 对账的内容包括账证核对、账账核对和账实核对;结账的时候,采用单红线,年结用双红线。

5. 总账、日记账和大部分明细账每年更换一次,备查账簿可连续使用;会计账簿暂由本单位财会部门保管,保管期满后按规定销毁。

自我检测

一、单项选择题

1. 账簿按( )不同,可分为序时账簿、分类账簿和备查账簿。

　　A.用途　　　　　　B.经济内容　　　C.外表形式　　　　D.会计要素

2. 现金日记账和银行存款日记账必须采用( )。

　　A.活页式账簿　　　B.订本式账簿　　C.卡片式账簿　　　D.多栏式账簿

3. 下列账户适宜采用多栏式明细账格式核算的是( )。

　　A.库存商品　　　　B.生产成本　　　C.固定资产　　　　D.原材料

4. 企业从银行提取现金时,登记现金日记账的依据是( )。

A.库存现金收款凭证　　　　　　　B.库存现金付款凭证

C.银行存款收款凭证　　　　　　　D.银行存款付款凭证

5.在结账前,若发现记账凭证中所记金额大于应记金额,而应借应贷科目没有错误,并已过账,则可以采用(　　)更正。

A.补充登记法　　　B.划线更正法　　　C.红字更正法　　　D.以上方法均可

6.结账时应通栏划双红线的情形是(　　)。

A.月结　　　　　　B.季结　　　　　　C.半年结　　　　　　D.年结

7.账簿记录中的日期一般应按照(　　)填写。

A.记账凭证上的日期　　　　　　　B.原始凭证上的日期

C.实际登记账簿的日期　　　　　　D.以上日期任选其一

8.关于总分类账,以下说法错误的是(　　)。

A.一般为三栏式账页

B.能够提供比较详细和具体的会计信息

C.采用订本式账簿

D.可以采用逐笔登记的方式,也可以采用汇总登记的方式

二、多项选择题

1.下列明细账中,应采用数量金额式明细账的有(　　)。

A.实收资本　　　B.原材料　　　C.库存商品　　　D.应付账款

2.会计账簿的登记规则包括(　　)。

A.以审核无误的会计凭证为依据　　　B.必须逐页、逐行按顺序连续登记

C.必须及时结出余额　　　　　　　　D.必须过次承前

3.错账更正的方法有(　　)。

A.补充登记法　　　B.划线更正法　　　C.红字更正法　　　D.顺序更正法

4.对账的内容包括(　　)。

A.账证核对　　　B.账账核对　　　C.表表核对　　　D.账实核对

5.下列关于会计账簿的更换和保管的表述中,正确的有(　　)。

A.备查账可以连续使用　　　　　　　B.保存期满的会计账簿可以直接销毁

C.会计账簿的保管期限为30年　　　D.总账、日记账每年更换一次

三、判断题

1.只有经过审核无误的记账凭证,才能作为登记会计账簿的依据。　　　　(　　)

2.按经济业务发生的时间先后顺序,逐日逐笔进行登记的账簿是总分类账簿。
　　　　　　　　　　　　　　　　　　　　　　　　　　　　　　　　(　　)

3.每日经济业务登记完毕,应计算出现金日记账的当日余额,并与库存现金的实存额进行核对,检查账实是否相符。　　　　　　　　　　　　　　　　(　　)

4.如果账簿记录发生错误,应根据错误的具体情况,采用规定的方法予以更正,不得涂改、挖补、刮擦或用退色药水更改字迹。　　　　　　　　　　　　(　　)

5. 新的年度开始,必须全部更换新的账簿。 （　　）

6. 各账户在一张账页上记满时,应该在该账页最后一行结出余额,并在"摘要"栏内注明"转次页"字样。 （　　）

🌳职业能力提升

1. [**目的**] 练习错账的更正方法。

[**资料**] 2021年5月,豪美有限责任公司发生以下经济业务:

（1）从银行提取现金10 000元,以备发放员工工资。会计人员编制的记账凭证中会计分录如下,但被审核人员当即发现。

借:应付职工薪酬　　　　　　　　　　　　　　　　　　　　10 000
　　贷:银行存款　　　　　　　　　　　　　　　　　　　　　　10 000

（2）用银行存款偿还前欠某公司货款89 000元,编制如下会计分录并据以登记入账。

借:应付账款　　　　　　　　　　　　　　　　　　　　　　98 000
　　贷:银行存款:　　　　　　　　　　　　　　　　　　　　　98 000

（3）计提车间用固定资产折旧3 200元,编制如下会计分录并据以登记入账。

借:制造费用　　　　　　　　　　　　　　　　　　　　　　2 300
　　贷:累计折旧　　　　　　　　　　　　　　　　　　　　　　2 300

（4）生产车间生产领用原材料20 000元,编制如下的会计分录,记账凭证填制无误,但在登记账簿时,"生产成本"账户记录为2 000元。

借:生产成本　　　　　　　　　　　　　　　　　　　　　　20 000
　　贷:原材料　　　　　　　　　　　　　　　　　　　　　　　20 000

[**要求**] 分析每项经济业务是否存在错账,并判断应当采用哪一种更正方法进行更正,并将具体更正内容填写入下表。

表6-33　豪美公司错账的更正

序号	应采用的更正方法	具体更正
（1）		
（2）		
（3）		
（4）		

2. [**目的**] 练习库存现金日记账和银行存款总分类账的登记方法。

[**资料**] 豪美有限责任公司2021年8月1日银行存款总账的余额为120 000元,库存现金日记账的余额为1 800元,且8月份发生经济业务如下:

（1）8月3日,收到投资者投入的货币资金500 000元,已存入银行。（原始凭证为1张银行进账单。）

（2）8月5日,购入一台不需要安装的机器设备,发票上注明价款为40 000元,增值税为5 200元,款项尚未支付。(原始凭证为1份原材料采购合同、1张材料入库单和1张增值税专用发票。)

（3）8月9日,从银行提取现金20 000元,准备向员工发放工资。(原始凭证为1张现金支票存根和1张银行付款通知单。)

（4）8月11日,用现金200 000元向员工发放工资。

（5）8月15日,以银行存款偿还短期借款80 000元。(原始凭证为1张银行存款转账支票存根和1张银行付款通知单。)

（6）8月18日,生产车间领用一批原材料用于生产产品,价值15 000元。(原始凭证为1张领料单。)

（7）8月20日,用现金1 000元购买行政部门使用的办公用品。(原始凭证为1张销售商店发票。)

（8）8月25日,收到购货方前期所欠的购货款45 200元,款项已通过银行划转。(原始凭证为1张银行收款通知单。)

[**要求**] 请根据第五章"职业能力提升"中编制的记账凭证逐笔登记库存现金日记账和银行存款总账,并对库存现金日记账和银行存款进行月结。

表6-34　库存现金日记账　　　　　　　　　　　　　　　单位:元

年		凭证号数		摘要	对方科目	收入(借方)	支出(贷方)	余额
月	日	字	号					

表6-35　银行存款总分类账　　　　　　　　　　　　　　单位:元

年		凭证号数		摘要	借方	贷方	借或贷	余额
月	日	字	号					

续表

年		凭证号数		摘要	借方	贷方	借或贷	余额
月	日	字	号					

课外项目

[实训项目] 熟悉会计账簿

[项目任务] 全班的同学可以单人成组或以2~3人为一组,利用网络资源和实践调查,完成以下课外任务:

1.选择工厂、商店、学校、行政单位等会计主体,了解它们设置的账簿以及各种账簿的账页格式,总结这些账簿的区别,分析账簿产生区别的原因,并思考一个会计主体至少应该设置几册账簿。

2.学习《会计法》《会计基础工作规范》和《会计档案管理办法》等关于会计账簿传递和保管的一些具体规定,并特别注意一些例外情况。

[成果展示] 每个小组将学习和调查的结果做成文档分享给其他小组,小组之间相互查阅,并由教师对各小组任务完成情况进行点评。

第七章　财产清查

学习目标

1.理解财产清查的含义、意义、分类与财产清查的一般程序；

2.掌握货币资金、实物资产及往来款项清查采用的方法；

3.熟练运用不同账户对财产清查结果进行账务处理。

导入案例

小王担任某公司出纳员一职，由于刚参加工作不久，对货币资金清查的相关流程和处理规定不是很了解，出现了不应有的错误，有三件事让他印象深刻，至今记忆犹新。这三件事情的发生，让小王的专业能力受到了质疑，因此他悔恨不已。

第一件事：小王在2020年6月8日和10日两天的现金业务结束后，对现金进行例行清查中分别发现短款80元和溢余50元的情况，对此他经过反复思考也弄不明白原因。为了保全自己的面子和息事宁人，同时又考虑两次账实不符的金额很小，他决定采取下列方法进行处理：短款的80元自掏腰包补齐；溢余50元自己暂时收起。

第二件事：公司在2020年6月末安排财务部进行工作互查，发现出纳员小王保管的库存现金存在严重的账实不符，原因是存在一张账外借条。小王解释说，公司采购经理根据采购合同规定需要支付5 000元定金，于是采购经理打了一张借条写明了用途，小明随后给采购经理支付5 000元现金。

第三件事：公司经常对其银行存款实有数心中无数，甚至有时会影响到公司日常业务的结算。对此，公司经理指派有关人员检查一下小王的工作，结果发现，每次他编制银行存款余额调节表时，只根据银行存款日记账的余额加或减银行转来的对账单中涉及企业未入账款项，从而来确定公司银行存款实有数，而且每次做完此项工作以后，小王就立即将这些未入账的款项登记入账。

结合以上资料，请思考小王对上述事项的处理是否正确，为什么？如果不正确，大家能帮小王进行正确处理吗？本章将会对相关内容进行讨论，以解决上述问题。

第一节　财产清查概述

一、财产清查的概念与意义

（一）财产清查的概念

财产清查是指通过对货币资金、实物资产和往来款项等财产物资进行盘点或核对，确定其实存数，并查明账存数与实存数是否相符以及账实不符原因的一种专门会计核算方法。

在日常会计核算中，财务人员应根据会计信息质量要求及会计核算程序，对企业发生的各项经济活动或事项进行确认、计量和报告，真实准确地反映企业各项财产物资的增减变动及结余情况。但尽管如此，在实际工作中依然不可避免会出现账簿记录与财产物资实有数不相符、相关账户之间的记录不一致的情形，从而影响会计工作的质量。造成账实不符的原因是多方面的，其原因不同，清查结果的会计处理也不尽相同。具体来说，造成账实不符的原因一般表现为以下几个方面：

（1）财产物资保管过程中发生的自然损耗；

（2）财产收发过程中由于计量或检验器具不准确，造成收发差错；

（3）由于规章制度不健全，管理不善或工作人员失职造成的财产损坏、变质或丢失等；

（4）财产物资发生变动时，会计人员没有及时填制凭证或在账簿记录中发生的重记、漏记、错记等；

（5）由于有关凭证未到，形成未达账项，造成结算双方账实不符；

（6）工作人员贪污、盗窃、徇私舞弊而发生的财产损失；

（7）发生意外事故或自然灾害带来的非常损失等；

（8）其他原因造成的财产损失或溢余。

账实不符会影响会计信息的真实性和可靠性，因此，在编制财务报表前必须要按照一定的程序进行财产清查。

（二）财产清查的意义

为了具体掌握各项财务物资的真实情况，保证会计资料的准确可靠，企业应当建立健全财产物资清查制度，加强管理，以保护财产物资的安全完整。因此，企业进行财产清查工作非常必要，具体而言，财产清查的意义主要体现在以下几个方面：

（1）保证会计信息的真实可靠。通过财产清查，可以盘点核对各项财产物资的实有数量，确定实有数量和账面数量之间的差异，并进一步查明原因和责任，以便采取合理的处理方法消除差异，改进工作，从而保证账实相符，提高会计资料的准确性。

（2）保障财产物资的安全完整。通过财产清查，可以查明各项财产物资的保管情况是否良好，有无因管理不善，造成霉烂变质、浪费损失，或者被非法挪用、贪污盗窃的情况,及时发现问题,以便采取有效措施,消除安全隐患,切实保障各项财产物资的安全完整。

(3)提高财产物资的使用效率。通过财产清查,可以查明各项财产物资的库存和使用情况,及时发现积压物资、未使用物资及不足物资等,合理安排生产经营活动,充分挖掘现有各项财产物资的潜力,加速财产物资周转,促进提高各项财产物资的有效利用。

二、财产清查的分类

(一)按照清查的范围分类

财产清查按照清查的范围不同,可分为全面清查和局部清查。

1.全面清查

全面清查,是指对所有的财产进行全面的盘点和核对。全面清查的对象通常包括:库存现金、银行存款、其他货币资金、股票、债券等货币资金;固定资产、原材料、在产品、库存商品、在途物资、委托其他单位加工保管的物资、受托代管物资等实物资产;应收账款、应付账款、其他应收款、其他应付款、银行借款等各种往来结算款项。

全面清查对上述货币资金、实物资产、往来款项等财产物资均要进行盘点和核对,因此体现出"范围大、内容多、时间长、费用高、参与人员多"的特点,不宜经常进行。需要进行全面清查的情况通常有以下几种:

(1)年终决算前;

(2)单位在合并、撤销或改变隶属关系前;

(3)中外合资、国内合资前;

(4)企业股份制改制前;

(5)开展全面的资产评估、清产核资前;

(6)单位主要领导调离工作前等。

2.局部清查

局部清查,是指根据需要只对部分财产进行盘点和核对。局部清查的范围和对象,应根据业务需要和相关具体情况而定,主要针对货币资金、存货等流动性较大,且比较贵重的财产物资。与全面清查相比较而言,局部清查范围小,内容少、时间短、参与人员少,但专业性较强。局部清查一般包括以下内容:

(1)对于库存现金,每日终了,应由出纳人员进行清点核对,做到日清月结;

(2)对于银行存款,每月至少同银行核对一次;

(3)对于各项债权、债务等往来结算款项,企业应每年至少同债权人、债务人核对一至两次;

(4)对于原材料、在产品和库存商品等存货,除全年安排一次全面清查外,平时应根据需要随时轮流盘点或重点抽查;

(5)对于贵重财产物资,每月都要清查盘点一次。

(二)按照清查的时间分类

财产清查按照清查时间的不同,可分为定期清查和不定期清查。

1.定期清查

定期清查,是指按照预先计划安排的时间对财产进行的盘点和核对,一般在年末、季末、月末进行。定期清查,可以是全面清查,也可以是局部清查。通常情况下,企业在年末进行的定期清查往往是全面清查,而在季末、月末进行的则是局部清查。

企业应当定期将会计账簿记录与实物、款项及有关资料相互核对,保证账实相符。同时,在编制年度财务报表前,应当全面清查财产、核实债务。

2.不定期清查

不定期清查,是指事前不规定清查日期,而是根据特殊需要临时进行的盘点和核对,又被称为临时清查。不定期清查应根据实际需要来确定清查的对象和范围,可以是全面清查,也可以是局部清查。一般在发生以下几种情况时需要进行不定期清查:

(1)财产物资、库存现金保管人员更换时,要对有关人员保管的财产物资、库存现金进行清查,以分清经济责任,便于办理交接手续;

(2)发生自然灾害和意外事故时,要对受损失的财产物资进行清查,以查明损失情况;

(3)上级主管、财政、审计和银行等部门,对本单位进行会计检查,应按检查的要求和范围对财产物资进行清查,以验证会计资料的可靠性;

(4)开展临时性清产核资时,要对本单位的财产物资进行清查,以便摸清家底。

(三)按照清查的执行系统分类

财产清查按照清查的执行系统不同,可分为内部清查和外部清查。

1.内部清查

内部清查,是指由本单位内部自行组织清查工作小组所进行的财产清查工作,大部分财产清查工作都是内部清查。

2.外部清查

外部清查,是指由上级主管部门、审计机关、司法部门、注册会计师等本单位以外的机构、部门或人员,根据国家有关规定或情况需要对本单位所进行的财产清查。一般来说,进行外部清查时,也应有本单位相关人员参加。如注册会计师对企业的验资、查账,国家审计与司法机关对企业进行的检查,上级主管部门对下级部门进行监督时所进行的检查,都属于外部清查。

思考与讨论

请根据本章导入案例的资料内容,说明下述财产清查的种类。

①出纳员小王对库存现金与银行存款的核对,属于全面清查还是局部清查?

②公司经理指派有关人员检查小王的出纳工作(包括货币资金的实有数与日记账等会计资料),属于内部清查还是外部清查?

三、财产清查的一般程序

财产清查既是会计核算的一种专门方法,又是财产物资管理的一项重要制度。对于

这项涉及面广、工作量大、细致而又复杂的工作,企业必须有计划、有组织地开展财产清查。财产清查一般包括以下程序:

(1)建立财产清查组织;

(2)组织清查人员学习有关政策规定,掌握有关法律、法规和相关业务知识,以提高财产清查工作的质量;

(3)确定清查对象、范围,明确清查任务;

(4)制定清查方案,具体安排清查内容、时间、步骤、方法,以及必要的清查前准备;

(5)清查时本着先摸清数量、核对有关账簿记录等,后认定质量的原则进行;

(6)填制盘存清单;

(7)根据盘存清单,填制实物、往来账项清查结果报告表。

📖**课堂小测试7-1**

1.(单选题)财产清查的目的是达到(　　　)。

A.账证相符　　　　B.账账相符　　　　C.账表相符　　　　D.账实相符

2.(多选题)不定期清查,一般是在(　　　)时进行。

A.财产物资保管人员更换时　　　　B.发生自然灾害造成财产损失

C.开展临时性清产核资时　　　　D.企业财产被盗

第二节　财产清查的方法

为了实施财产清查工作,应组成由会计部门牵头的清查小组,制订好清查计划,准备好计量器具和各项记录表格等。会计人员要做好账簿登记工作,做到账账相符、账证相符,财产物资保管部门要整理、排放好各项财产物资,并做好不同种类财产物资的收发余等明细登记,准备接受清查。由于货币资金、实物资产、往来款项的特点各有不同,在进行财产清查时,应采用与其特点和管理要求相适应的方法。

一、货币资金的清查方法

(一)库存现金的清查

库存现金的清查是指对库存现金的盘点与核对,包括出纳人员每日终了前进行的库存现金账款核对和清查小组进行的定期与不定期的库存现金盘点、核对。库存现金的清查是采用实地盘点法确定库存现金的实有数,然后与库存现金日记账的账面余额相核对,确定账实是否相符。

除了出纳人员每日业务终了前进行的清查外,库存现金清查通常还由清查人员会同出纳人员进行定期或不定期的清查,共同清点出各种纸币的张数和硬币的个数,并填制库存现金盘点报告表。具体的清查步骤和方法如下：

（1）盘点之前，出纳人员必须确认有关业务在库存现金日记账中全部登记完毕，结出库存现金日记账的余额，做到库存现金的日清月结。

（2）盘点时，出纳人员必须在场，以明确经济责任，清查人员应逐张清点出各种面值钞票的张数和硬币的个数。库存现金清查时，一方面要检查账实是否相符，另一方面还要检查现金管理制度是否符合相关规定，如库存现金有无超出其限额，有无白条抵库、挪用舞弊，有无未按照规定范围用途使用现金，有无坐支现金的现象等情况。

（3）盘点后，应填写"库存现金盘点报告表"（见表7-1），并据以调整库存现金日记账的账面记录。"库存现金盘点报告表"作为调整账簿记录的重要原始凭证，可以进行实存账存的对比，用以分析账实不符的具体原因，进而明确经济责任。

表7-1　库存现金清查盘点报告表

年　月　日

实存金额	账存金额	对比结果		备注
		溢余	短缺	

负责人签章：　　　　　　　　盘点人签章：　　　　　　　　出纳员签章：

思考与讨论

根据本章导入案例的资料内容，请说明库存现金的清查方法与内容。

①出纳员小王在现金业务结束后，例行的现金清查所采用的方法是什么？

②财务部工作互查时，对库存现金清查采用的方法是什么？

③采购经理打的一张借条是否属于库存现金的清查范围？

（二）银行存款的清查

银行存款的清查是采用与开户银行核对账单的方法进行的，即将本单位银行存款日记账的账簿记录与开户银行转来的对账单逐笔进行核对，来查明银行存款的实有数额。银行存款的清查至少每月一次，一般在月末进行。

1.银行存款日记账与银行对账单不一致的原因

在银行存款清查时，必须将截止到清查日的所有银行存款收付业务均已登记入账，对发生的错账、漏账、重复入账应及时查清更正，再与开户银行转来的对账单进行逐笔核对。如果两者余额相符，通常说明没有错误；如果两者余额不相符，则可能存在两方面的原因：第一，可能是企业或银行一方或双方账簿记录有错误，应予以查清及时更正；第二，可能是由于结算凭证在企业、银行之间传递需要一定的时间，造成企业与银行对某项收付款业务的记账时间不一致，而发生的未达账项所致。

所谓未达账项，是指企业与银行之间，一方收到凭证并已入账，另一方未收到凭证而未能入账的款项。未达账项是银行存款收付结算业务中的正常现象，一般分为以下四种情况：

(1)企业已收款记账,银行未收款未记账的款项。例如,企业销售产品,收到购货方开来的转账支票,企业开出销货发票后即可确认银行存款的增加,但此时转账支票尚未送达银行,银行尚未办妥转账手续,因此对于此笔款项,银行尚未入账。

(2)企业已付款记账,银行未付款未记账的款项。例如,企业购买原材料,开出转账支票即可做银行存款的减少,但是收款单位尚未到银行办理转账手续,因此企业开户银行的款项尚未减少,导致银行尚未记账。

(3)银行已收款记账,企业未收款未记账的款项。例如,企业委托银行代收的款项,银行已办妥收款手续并已入账,但是因收款通知尚未到达企业而使企业没有入账。

(4)银行已付款入账,企业未付款未记账的款项。例如,企业应付给银行的借款利息,银行已经办妥付款手续并且入账,但是因付款通知尚未到达企业而使企业没有入账。

上述任何一种未达账项的存在,都会使企业银行存款日记账与银行对账单的余额不一致。其中,在第一种和第四种情况下,会使企业银行存款日记账的账面余额大于银行对账单的余额;而在第二种和第三种情况下,又会使企业银行存款日记账的账面余额小于银行对账单的余额。所以,在与银行对账时,首先应查明是否存在未达账项。如果存在未达账项,就应该编制“银行存款余额调节表”(见表7-2),通过调节后的余额来确定企业银行存款的实有数额。

表7-2　银行存款余额调节表

开户银行：　　　　　　银行账号：　　　　　　　　　　　币种：

项目	金额	项目	金额
企业银行存款日记账余额		银行对账单余额	
加:银行已收、企业未收款		加:企业已收、银行未收款	
减:银行已付、企业未付款		减:企业已付、银行未付款	
调节后的存款余额		调节后的存款余额	

2.银行存款清查的步骤

银行存款的清查按以下四个步骤进行：

(1)根据经济业务、结算凭证的种类、号码和金额等资料,逐日逐笔核对本单位的银行存款日记账与银行转来的对账单,凡双方都有记录的,用铅笔在金额旁打上记号“√”;

(2)找出未达账项,即银行存款日记账和银行对账单中没有打“√”的款项;

(3)将日记账和对账单的月末余额及找出的未达账项填入“银行存款余额调节表”,并计算出调整后的余额;

(4)将调整平衡的“银行存款余额调节表”,经主管会计签章后,送达呈报给开户银行。

凡有几个银行户头以及开设有外币存款户头的单位,应分别按照存款户头开设“银行存款日记账”。每月月底,应分别将各户头的“银行存款日记账”与各户头的“银行对账单”

核对,并分别编制各户头的"银行存款余额调节表"。

银行存款余额调节表的编制,是以银行存款日记账和银行对账单的账面余额为基础,各自分别加上对方已收款入账而己方尚未入账的款项数额,再减去对方已付款入账而己方尚未入账的款项数额。其计算公式如下:

企业银行存款日记账余额+银行已收企业未收款−银行已付企业未付款=

银行对账单存款余额+企业已收银行未收款−企业已付银行未付款

【例7-1】远腾有限公司2020年12月31日银行存款日记账余额为145 000元,银行转来的对账单余额为138 000元。经逐笔核对,发现有下列未达账项:

(1)12月25日,公司收到一张金额为65 000的转账支票,公司已登记银行存款增加,但尚未到银行办理入账手续,因此银行尚未入账;

(2)12月26日,公司委托银行代收某公司的购货款28 000元,银行已收妥并登记入账,但公司尚未收到收款通知;

(3)12月28日,企业开出一张金额为33 600元的转账支票,用以支付材料款,公司已登记银行存款的减少,但支票尚未送达银行办理手续;

(4)12月30日,银行代公司支付水电费3 600元,银行已登记入账,而公司尚未接到银行的付款通知单。

根据以上未达账项分析出:(1)属于企业已收、银行未收款,(2)属于银行已收、企业未收款,(3)属于企业已付、银行未付款,(4)属于银行已付、企业未付款,编制的银行存款余额调节表如表7-3所示。

表7-3　银行存款余额调节表　　　　　　　　　　　　　单位:元

项目	金额	项目	金额
企业银行存款日记账余额	145 000	银行对账单余额	138 000
加:银行已收、企业未收款	(2)28 000	加:企业已收、银行未收款	(1)65 000
减:银行已付、企业未付款	(4)3 600	减:企业已付、银行未付款	(3)33 600
调节后的存款余额	169 400	调节后的存款余额	169 400

经过编制银行存款余额调节表,发现该公司和银行双方均无记账错误,仅仅是因为未达账项的存在,而使得其账面余额不一致,调节后的存款余额即可作为该公司银行存款的实有数额。但是,银行存款余额调节表只是为了核对账目,而不能作为调整企业和银行双方的银行存款账面记录的记账依据。

3.银行存款余额调节表的作用

(1)银行存款余额调节表是一种对账记录或对账工具,不是原始凭证,不能作为调整账户的依据,也不能根据银行存款余额调节表中的未达账项来调整企业银行存款账面记录。未达账项只有在收到有关凭证后才能进行有关的账务处理,如对于银行已收,企业未收的未达账项,当银行的收款凭证送达企业后,企业才能以银行的收款凭证为依据,来登记银行存款的增加。

（2）通过银行存款余额调节表调节后，如果余额相等，则说明双方不存在记账错误，该余额通常为企业可以动用的银行存款实有数额。

（3）通过银行存款余额调节表调节后，如果余额不相等，则说明一方或双方存在记账错误，需要逐笔核对，进一步进行追查，查明原因后及时予以更正和处理。

课堂小测试7-2

1.（单选题）产生未达账项的原因是（　　　　）。

A.双方记账时间不一致　　　　　B.双方结账时间不一致

C.双方对账时间不一致　　　　　D.双方记账金额不一致

2.（多选题）关于银行存款的清查，下列说法正确的是（　　　　）。

A.经过银行存款余额调节表调节后，若双方记账均无错误，调节后的余额应相等，且其金额表示企业可动用的银行存款实有数

B.编制银行存款余额调节表的目的是消除未达账项的影响，核对银行存款账簿记录有无错误

C.银行存款余额调节表是原始凭证，能作为调整账簿记录的依据

D.在清查过程中，若发现长期存在的未达账项，应查明原因及时处理

二、实物资产的清查方法

实物资产主要包括原材料、在产品、产成品、包装物、低值易耗品及固定资产等。其中，原材料、在产品、产成品、包装物、低值易耗品等又属于存货。因此，实物资产的清查主要是指对存货、固定资产等具有实物形态的资产，在数量和质量上所进行的清查。由于实物资产的形态、体积、重量及堆放方式等不尽相同，因而采用的清查方法也不同。实物资产常用的清查方法主要有以下两种：

第一种是实地盘点法。实地盘点法是指在财产物资存放现场逐一清点数量或用计量仪器确定其实存数的一种方法。这种方法数字准确可靠，适用范围广泛，在多数财产物资清查中均可采用。但是，该方法工作量较大，会耗用大量的人力、物力。

第二种是技术推算法。技术推算法是指利用技术方法推算财产物资实存数的方法，故又称估推法。采用这种方法，对于财产物资不是逐一清点计数，而是通过量方、计尺等技术推算财产物资的结存数量。因此，技术推算法只适用于那些大量成堆而又价廉笨重，难以逐一清查的财产物资，比如煤炭、砂石、油罐中的油等大宗物资的清查。此方法盘点数字不够准确，但工作量较小。

在实物资产的清查过程中，不仅要清查其数量，还要检查质量，了解其储存、利用情况，以及在收发、保管等方面是否存在问题。对于实物资产的质量，应根据不同实物的性质或特征，采用物理或化学方法加以检查。

（一）存货的清查

存货是指企业在日常活动中持有以备出售的产成品或商品、处在生产过程中的在产

品、在生产过程或提供劳务过程中储存以备耗用的材料或物料等,包括各类材料、在产品、半成品、产成品、商品以及包装物、低值易耗品、委托代销商品等。对于上述存货,应采用的清查方法和步骤如下:

首先,实物保管人员和清查人员必须同时在场,对具备不同性质或特征的实物采用适当的方法进行清查,确定其实有数量,并同时检查其质量。

其次,对于盘点结果,应如实登记盘存单,并由盘点人和实物保管人共同确认签字或盖章,以明确经济责任。盘存单既是记录盘点结果的书面证明,也是反映财产物资实存数的原始凭证。盘存单的一般格式,如表7-4所示。

表7-4　盘存单

单位名称：　　　　　　　　　　盘点时间：　　　　　　　　　编　号：

财产类别：　　　　　　　　　　存放地点：　　　　　　　　　金额单位：

编号	名称	计量单位	数量	单价	金额	备注

盘点人：　　　　　　　　　　　　　　　　　　　　　　保管人：

最后,为了查明实存数与账存数是否一致,确定盘盈或盘亏情况,应根据盘存单和有关账簿记录,编制实存账存对比表。实存账存对比表是调整账簿记录的原始凭证,也是日后分析账存与实存产生差异的原因,确定经济责任的原始证明材料,相关人员也需要在该表上签字或盖章。实存账存对比表的一般格式,如表7-5所示。

表7-5　实存账存对比表

单位名称：　　　　　　　　　　　年　月　日

编号	类别及名称	计量单位	单价	实存		账存		对比结果				备注
				数量	金额	数量	金额	盘盈		盘亏		
								数量	金额	数量	金额	

主管负责人：　　　　　　　复核：　　　　　　　　　制表：

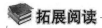 **拓展阅读**

存货的盘存制度

存货发出的数量和期末结存的数量如何确定,取决于存货的盘存制度。存货的盘存制度主要有永续盘存制和实地盘存制两种。

(1)永续盘存制,也称为账面盘存制,是指通过设置存货明细账,对日常发生的存货增加或减少都必须根据会计凭证在账簿中进行连续登记,随时在账面上结算出各项存货的结存数,并定期与实际盘存数进行对比,确定存货盘盈盘亏的一种制度。在永续盘存制下,存货期末账面结存数的计算公式为:期末账存数=期初结存数+本期收入数−本期发出数。永续盘存制的优点是可以通过存货的明细账记录,随时反映某一存货在一定会计期间内收入、发出及结存的详细情况,有利于加强对存货的管理与控制,企业一般都采用这种盘存制度;其缺点是核算工作量大,需要投入大量的人力和费用。同时,采用这种方法需要将财产清查的结果同账面结存进行核对,在账实不符的情况下还需要对账面记录进行调整。

(2)实地盘存制,又称定期盘存制,是指企业平时只在账簿中登记存货的增加数(收入数),不登记减少数(发出数),会计期末通过对某一存货进行实地盘点确定期末实存数,并据以倒算出减少数(发出数),进而完成账簿记录的一种盘存制度。在实地盘存制下,本期减少数的计算公式是:本期减少数=期初结存数+本期增加数−期末结存数。实地盘存制的优点是核算工作比较简单,登记账簿的工作量较小;其缺点是手续不够严密,不能通过账簿随时反映和监督各项存货的收、发、结存情况,反映的数字不够精确,并且仓库管理中尚有多发少发、物资毁损、盗窃、丢失等情况,在账面上均无反映,而全部隐藏在本期的发出数内,不利于存货的管理,也不利于监督检查。因此,实地盘存制只适用于数量大、价值低、收发频繁的存货。

(二)固定资产的清查

固定资产的清查,是指对企业的房屋、建筑物、机器设备、交通工具等固定资产所进行的清查,通常采用实地盘点法。为了保证固定资产核算的真实性,充分挖掘企业现有固定资产的潜力,企业应当定期或者至少于每年年末对固定资产进行清查盘点。

首先,企业在清查之前,应将固定资产总账的期末余额同固定资产明细账核对,保证固定资产总账余额与其所属的固定资产明细账余额相一致。

其次,对固定资产进行实地盘点,按照其明细账上所列明的固定资产名称、类别、编号等内容与固定资产实物进行逐一核对,确认账实是否相符。如果发现存在盘盈、盘亏的固定资产,应当填制固定资产盘盈盘亏报告表,如表7-6所示。

最后,对于固定资产清查的损溢,应当及时查明原因,并按照规定程序报批处理。

表7-6 固定资产盘盈盘亏报告表

部门: 　　　　　　　　　　 年 月 日 　　　　　　　　　 金额:万元

固定资产编号	固定资产名称	固定资产规格或型号	盘盈		盘亏			毁损			原因
			数量	重置价值	数量	原价	累计折旧	数量	原价	累计折旧	
	X设备				1	6.8	4.2				待查
处理意见	审批部门:			清查小组:				使用保管部门:			

盘点人(签章): 　　　　　　　　　　　　　 实物保管员(签章):

三、往来款项的清查方法

往来款项主要包括应收、应付款项和预收、预付款项等。往来款项的清查一般采用发函询证的方法进行核对。具体步骤为:

首先,将本单位的往来账款核对清楚,确认总分类账与明细分类账的余额相等,各明细分类账的余额相符。

其次,在保证往来账户记录完整正确的基础上,按每一个经济往来单位填制"往来款项对账单"一式两联,其中一联送交对方单位核对账目,另一联作为回单联。对方单位经过核对相符后,在回单联上加盖公章退回,表示已核对。如有数字不符,对方单位应在对账单中注明情况退回本单位,本单位进一步查明原因,再行核对。"往来款项对账单"通常用函证信的形式发出,其格式一般如表7-7所示。

表7-7 函证信

××单位:

本公司与贵单位的业务往来款项有下列各项目,为了对清账目,特函请查证,是否相符,请在回执联中注明后盖章寄回。

此致

敬礼!

往来款项对账单

单位:　　　　　　　　　　　地址:　　　　　　　　　　　编号:

会计科目名称	截止日期	经济事项摘要	账面余额

最后,根据回单上的反馈,将清查结果编制"往来款项清查报告单",填列各项债权、债务的余额,其一般格式如表7-8所示。对于有争执的款项以及无法收回的款项,应在报告单上详细列明情况,以便及时采取措施进行处理,避免或减少坏账损失。

表7-8 往来款项清查报告单

总分类账户名称:　　　　　　　　　　　年　月　日

明晰分类账户		清查结果		差异原因及金额			备注
名称	账面余额	核对相符金额	核对不符金额	未达账项	有争议账项	无法收回账项	

课堂小测试7-3

1.(单选题)财产清查过程中,(　　　)是用以调整账簿记录的重要原始凭证。

　A.往来款项询函证　　　　　　　B.实存账存对比表

　C.银行对账单　　　　　　　　　D.银行存款余额调节表

2.(多选题)下列各项中,采用发函询证方法进行财产清查的是(　　　　)。

　A.应付账款　　　B.银行存款　　　C.应收账款　　　D.存货

第三节　财产清查结果的处理

一、财产清查结果处理的程序

财产清查会导致三种结果:一是实存数与账存数相等,即账实相符;二是实存数小于账存数,即盘亏;三是实存数大于账存数,即盘盈。第二、第三种清查结果为账实不符,对于财产清查中发现的此类问题,应核实情况,调查分析产生的原因,按照国家有关的法律法规的规定,进行相应的处理。财产清查结果的一般处理程序如下。

(一)分析产生差异的原因和性质,提出处理建议

对于财产清查所发现的盘盈、盘亏,应及时查明原因,明确经济责任,并依据有关规定进行处理。对于一些合理的物资损耗等,只要在规定的损耗标准和范围内,会计人员可按照规定及时作出处理;对于超出规定职权范围的,会计人员无权自行处理,应及时报请单位负责人作出处理。一般来说,个人造成的损失,应由个人赔偿;因管理不善造成的损失,应作为企业管理费用入账;因自然灾害等原因造成的非常损失,列入企业的营业外支出。

(二)积极处理多余积压财产,清理往来款项

对于财产清查中发现的多余、积压物资,应区分不同情况加以处理。属于盲目采购或者盲目生产等原因造成的积压,一方面要积极利用或改造出售,另一方面要停止采购或生产。同时,对于长期不清的债权、债务等结算往来款项,也要及时清理。

(三)总结经验教训,建立和健全各项管理制度

财产清查后,要针对存在的问题和不足,总结经验教训,采取必要的措施,建立健全财产管理制度,进一步强化财产管理水平,从而提升财产利用效率。

(四)及时调整账簿记录,保证账实相符

对于财产清查中发现的盘盈、盘亏,应及时调整账面记录,以保证账实相符。根据清查中取得的原始凭证编制记账凭证,登记有关账簿,使各项财产物资的账存数与实存数相一致。然而,对于账实不符清查结果的处理,应按照以下两种情况分别进行处理。

1.审批之前的处理

根据"清查盘点报告表""实存账存对比表"等原始凭证,填制记账凭证,记入有关账簿,使账簿记录与实际盘存数相符。同时还应根据权限,按照规定把清查结果及原因报送有关部门批准。

2.审批之后的处理

(1)企业清查的各种财产损溢,应于期末前查明原因及明确责任,并根据企业的管理权限,经股东大会或董事会,或经理(厂长)会议或类似机构部门批准后,在期末结账前处理完毕。企业应严格按照有关部门对财产清查结果提出的处理意见进行账务处理,填制有关记账凭证,登记有关账簿,并追回由责任者原因造成的财产损失。

(2)企业清查的各种财产损溢,如果在期末结账前尚未经相关部门批准,在对外提供财务报表时,先按照上述规定进行处理,并在附注中作出说明;其后批准处理的金额与已处理金额不一致的,调整财务报表相关项目的年初数。

二、财产清查账户的设置

(一)"待处理财产损溢"账户

为了反映和监督企业在财产清查过程中查明的各种财产物资的盘盈、盘亏和毁损及其处理情况,应设置"待处理财产损溢"账户(但固定资产的盘盈和毁损不通过该账户核算,应分别通过"以前年度损益调整"和"固定资产清理"账户核算)。该账户属于双重性质的资产类账户,下设"待处理流动资产损溢"和"待处理非流动资产损溢"两个明细账户,分别进行流动资产与非流动资产清查结果的明细分类核算。

该账户的借方登记财产物资的盘亏数、毁损数和批准转销的财产物资盘盈数;贷方登记财产物资的盘盈数和批准转销的财产物资的盘亏及毁损数。也就是说,各项待处理财产物资的盘盈数额,在批准转销前记入该账户的贷方,批准转销时登记在该账户的借方;而各项待处理财产物资的盘亏及毁损数额,在批准转销前记入该账户的借方,批准转销时登记在该账户的贷方。因此,"待处理财产损溢"账户在结转后无余额,其结构如下:

借方　　　　　　　　　　　　待处理财产损溢　　　　　　　　　　　　贷方	
待处理财产物资的盘亏数和毁损数、根据批准的处理意见结转待处理财产盘盈数	待处理财产物资的盘盈数、根据批准的处理意见结转待处理财产盘亏数和毁损数

(二)"以前年度损益调整"账户

企业在财产清查中盘盈的固定资产,根据《企业会计准则第28号——会计政策、会计估计变更和差错更正》的规定,应当作为重要的前期差错进行会计处理。因此,固定资产的盘盈应设置"以前年度损益调整"账户。该账户属于损益类的过渡性账户,核算企业本年度发生的调整以前年度损益的事项以及本年度发现的重要前期差错更正涉及调整以前年度损益的事项,并且企业在资产负债表日至财务报告批准报出日之间发生的需要调整报告年度损益的事项,也可以通过该账户核算。

该账户的借方登记企业调整减少以前年度利润或增加以前年度亏损数额、由于以前年度损益调整增加的所得税费用;贷方登记企业调整增加以前年度利润或减少以前年度亏损数额、由于以前年度损益调整减少的所得税费用。"以前年度损益调整"的账户金额不体现在本期利润表上,其余额最终转入留存收益的相关账户,结转后应无余额。也就是说,固定资产盘盈数应记入"以前年度损益调整"账户的贷方,而结转至留存收益"盈余公积""利润分配——未分配利润"账户时,应记入该账户的借方,最终无余额。其结构如下:

借方	以前年度损益调整	贷方
企业调整减少以前年度利润或增加以前年度亏损数额、由于以前年度损益调整增加的所得税费用	企业调整增加以前年度利润或减少以前年度亏损数额、由于以前年度损益调整减少的所得税费用	

📖 **课堂小测试7-4**

1.(单选题)下列各项中,属于资产类账户的是(   )。

A.预收账款　　　　　　　　　B.待处理财产损溢

C.以前年度损益调整　　　　　D.本年利润

2.(多选题)"待处理财产损溢"账户可以核算的财产清查结果有(   )。

A.材料的盘亏　　　　　　　　B.现金的溢余

C.固定资产的盘盈　　　　　　D.固定资产的盘亏

三、财产清查结果的账务处理

(一)库存现金清查结果的账务处理

1.库存现金盘盈的账务处理

首先,进行盘盈时的处理,即审批之前的处理。将库存现金盘盈资料上报相关部门,并根据"库存现金盘点报告表"及时办理库存现金的入账手续,调整库存现金的账面记录,使库存现金的账存数等于实存数,即按盘盈的金额借记"库存现金"科目,贷记"待处理财产损溢——待处理流动资产损溢"科目。

其次,进行审批之后的处理。对于盘盈的库存现金应及时查明原因,按管理权限报经批准后,根据相关部门的审批意见进行会计处理。如查明盘盈的现金属于应支付或退还他人或单位的,应借记"待处理财产损溢——待处理流动资产损溢"科目,贷记"其他应付款"科目;如属于无法查明原因的,应借记"待处理财产损溢——待处理流动资产损溢"科目,贷记"营业外收入"科目。

【例7-2】远腾有限公司在现金清查中发现现金溢余260元,后查明其中的160元为应支付给职工李艾伦的报销款,而100元无法查明原因。

（1）发现库存现金盘盈时，应根据"库存现金盘点报告表"确认盘盈数额，调整账面记录，即查明原因批准处理之前，编制会计分录如下：

借：库存现金   260

    贷：待处理财产损溢——待处理流动资产损溢   260

（2）查明原因批准处理后，根据审批意见进行转销处理，编制会计分录如下：

借：待处理财产损溢——待处理流动资产损溢   260

    贷：其他应付款——李艾伦   160

      营业外收入   100

2.库存现金盘亏的账务处理

首先，进行审批之前的处理。将库存现金盘亏资料上报相关部门，并根据"库存现金盘点报告表"及时办理盘亏的确认手续，调整库存现金的账簿记录，使库存现金的账存数等于实存数，即按盘亏的金额借记"待处理财产损溢——待处理流动资产损溢"科目，贷记"库存现金"科目。

其次，进行审批之后的处理。对于盘亏的库存现金应及时查明原因，按管理权限报经批准后，根据相关部门的审批意见进行会计处理。如盘亏的现金属于责任方赔偿的部分，应借记"其他应收款"科目，贷记"待处理财产损溢——待处理流动资产损溢"科目；如属于无法查明原因的，应借记"管理费用"科目，贷记"待处理财产损溢——待处理流动资产损溢"科目；如属于自然灾害等原因造成的净损失的金额，应借记"营业外支出"科目，贷记"待处理财产损溢——待处理流动资产损溢"科目。

【例7-3】远腾有限公司在现金清查中发现现金短缺300元，后经查明其中的220元为出纳员李乐工作失误所致，责令其赔偿，而短缺的另80元无法查明原因。

（1）发现现金盘亏，审批处理之前，应编制会计分录如下：

借：待处理财产损溢——待处理流动资产损溢   300

    贷：库存现金   300

（2）查明原因经批准处理后，根据审批意见进行转销处理，编制会计分录如下：

借：其他应收款——李乐   220

    管理费用   80

    贷：待处理财产损溢——待处理流动资产损溢   300

思考与讨论

请根据本章导入案例的资料内容，作出下列库存现金清查结果的处理。

①2020年6月8日现金清查中发现短款80元，无法查明原因；

②2020年6月10日现金清查中发现溢余50元，无法查明原因；

③2020年6月末现金清查中发现白条抵库。

（二）存货清查结果的账务处理

存货种类繁多、收发频繁，在日常收发过程中可能发生计量差错、计算错误、自然损耗,还可能发生损坏变质以及贪污、盗窃等情况,造成账实不符。对于存货的盘盈、盘亏,企业应填写存货盘存单,及时查明原因,按照规定程序报批处理。

1.存货盘盈的账务处理

第一步,审批之前的处理。企业发生存货盘盈一般是由于收发计量或核算上的误差原因造成的,应及时办理存货入账手续,调整存货账簿的实存数,借记"原材料""库存商品"等科目,贷记"待处理财产损溢——待处理流动资产损溢"科目。

第二步,审批之后的处理。按管理权限报经批准后,冲减管理费用,即按其入账价值,借记"待处理财产损溢——待处理流动资产损溢"科目,贷记"管理费用"科目。

【例7-4】远腾有限公司在财产清查中,盘盈甲材料一批,价值3 500元。后查明原因,为材料收发计量错误导致。

(1)审批处理前,应根据"实存账存对比表"确认盘盈数额,调整账面记录,编制会计分录如下:

借:原材料——甲材料　　　　　　　　　　　　　　　　　　　　　　3 500
　　贷:待处理财产损溢——待处理流动资产损溢　　　　　　　　　　　　3 500

(2)查明原因审批处理后,根据审批意见进行转销处理,编制会计分录如下:

借:待处理财产损溢——待处理流动资产损溢　　　　　　　　　　　　　3 500
　　贷:管理费用　　　　　　　　　　　　　　　　　　　　　　　　　　3 500

2.存货盘亏的账务处理

第一步,审批之前的处理。企业发生存货盘亏时,按照盘亏的金额借记"待处理财产损溢——待处理流动资产损溢"科目,贷记"原材料""库存商品"等科目。同时,在存货清查时,也可能会盘点出存货发生毁损的情况,进而导致账实不符,存货毁损的账务处理与存货盘亏的账务处理一致。

第二步,审批之后的处理。对于盘亏的存货,应及时查明原因,按管理权限报经批准后,分别按照下列不同情况作账务处理。对于入库的残料价值,借记"原材料""库存商品"等科目,贷记"待处理财产损溢——待处理流动资产损溢"科目;对于应由保险公司和过失人的赔偿款,借记"其他应收款"科目,贷记"待处理财产损溢——待处理流动资产损溢"科目。对于扣除残料价值和应由保险公司、过失人赔偿款后的净损失,属于一般经营损失的部分,如定额内损耗、日常收发差错等,借记"管理费用"科目,贷记"待处理财产损溢——待处理流动资产损溢"科目;属于意外事故、自然灾害等导致的非常损失部分,借记"营业外支出"科目,贷记"待处理财产损溢——待处理流动资产损溢"科目。

【例7-5】远腾有限公司在财产清查中发现盘亏A材料100千克,单位成本为18元。经查属于定额内正常损耗,假定不考虑税费。

(1)审批处理之前,编制会计分录如下:

借:待处理财产损溢——待处理流动资产损溢　　　　　　　　　　　　　1 800
　　贷:原材料——A材料　　　　　　　　　　　　　　　　　　　　　　1 800

(2)由于定额内正常损耗属于企业的一般经营损失,因此审批处理之后,应编制会计分录如下:

借：管理费用 1 800

　　贷：待处理财产损溢——待处理流动资产损溢 1 800

【例7-6】远腾有限公司在财产清查中发现盘亏B商品50件，单位成本为200元。经查50件B商品全部在一次火灾中烧毁，根据保险合同规定，保险公司赔偿7 500元，假定不考虑税费。

（1）审批处理之前，编制会计分录如下：

借：待处理财产损溢——待处理流动资产损溢 10 000

　　贷：库存商品——B商品 10 000

（2）由于存货盘亏是由于发生火灾而毁损，属于非常损失，因此由保险公司赔偿的部分记入"其他应收款"科目，其余部分记入"营业外支出"科目。

审批处理之后，应编制会计分录如下：

借：其他应收款——保险公司 7 500

　　营业外支出 2 500

　　贷：待处理财产损溢——待处理流动资产损溢 10 000

（三）固定资产清查结果的账务处理

1.固定资产盘盈的账务处理

企业在财产清查中盘盈的固定资产，经查明确属企业所有，按照管理权限批准后，应根据盘存凭证填制固定资产交接凭证，经有关人员签字后送交企业会计部门，填写固定资产卡片账，并作为前期差错处理，通过"以前年度损益调整"科目核算，而不是通过"待处理财产损溢"科目核算。

首先，盘盈的固定资产，根据"固定资产盘盈盘亏报告表"调整账簿记录，应按其重置成本确定其入账价值，借记"固定资产"科目，贷记"以前年度损益调整"科目。

其次，由于以前年度损益调整而增加的所得税费用，借记"以前年度损益调整"科目，贷记"应交税费——应交所得税"科目；将以前年度损益调整科目余额转入留存收益时，借记"以前年度损益调整"科目，贷记"盈余公积""利润分配——未分配利润"科目。

【例7-7】远腾有限公司于2020年12月进行财产清查，发现存在账外全新X设备一台，该设备为2018年6月购入，重置成本为46 000元（假定预期计税基础不存在差异）。假定远腾有限公司按净利润的10%计提法定盈余公积，不考虑相关税费及其他因素的影响。

（1）盘盈固定资产时，应根据"固定资产盘盈盘亏报告表"调整账簿记录，按其重置成本入账，编制会计分录如下：

借：固定资产——X设备 46 000

　　贷：以前年度损益调整 46 000

（2）结转为留存收益时，编制会计分录如下：

借：以前年度损益调整 46 000

　　贷：盈余公积——法定盈余公积 4 600

　　　　利润分配——未分配利润 41 400

2.固定资产盘亏的账务处理

首先,固定资产盘亏时,应及时办理固定资产注销手续,按盘亏固定资产的账面价值,借记"待处理财产损溢——待处理非流动资产损溢"科目,按已累计计提的折旧额,借记"累计折旧"科目,按已计提的减值准备,借记"固定资产减值准备"科目,按照固定资产的原价,贷记"固定资产"科目。

其次,对于盘亏的固定资产,应及时查明原因,按管理权限报经批准后处理时,按照可收回的保险赔偿或过失人赔偿,借记"其他应收款"科目;扣除赔偿后的净损失,借记"营业外支出"科目;按照盘亏固定资产的账面价值,贷记"待处理财产损溢——待处理非流动资产损溢"科目。

【例7-8】远腾有限公司在财产清查中发现短缺Y设备一台,该设备原价为200 000元,已计提折旧140 000元,已计提减值10 000元。假定不考虑相关税费及其他因素的影响。

(1)盘亏固定资产时,应根据"固定资产盘盈盘亏报告表"确认固定资产盘亏数,调整账簿记录,编制会计分录如下:

借:待处理财产损溢——待处理非流动资产损溢   50 000
  累计折旧   140 000
  固定资产减值准备   10 000
  贷:固定资产——Y设备   200 000

(2)报经批准后,根据审批意见转销处理时,编制会计分录如下:

借:营业外支出   50 000
  贷:待处理财产损溢——待处理非流动资产损溢   50 000

课堂小测试7-5

1.(单选题)固定资产盘盈时,未审批之前,贷方记入的科目是(   )。

  A.固定资产   B.待处理财产损溢

  C.以前年度损益调整   D.固定资产清理

2.(多选题)对于盘亏的存货,查明原因上报相关部门,经审批处理后,可能涉及的科目有(   )。

  A.原材料   B.其他应收款   C.营业外支出   D.管理费用

(四)往来款项清查结果的账务处理

往来款项主要包括应收、应付款项和预收、预付款项等。在财产清查过程中,如果发现长期未结算的往来款项,应当及时清理,但不通过"待处理财产损溢"科目核算。

1.应收款项的账务处理

企业的各项应收款项,包括应收账款及其他应收款等,可能会因购货人拒付、破产、死亡等各种原因无法收回,对于此类无法收回或收回的可能性极小的应收款项就称为坏账。企业对有确凿证据表明确实无法收回的应收款项,经批准后作为坏账损失或减值损失。企业应当在资产负债表日对应收款项的账面价值进行评估,如果发生减值,应当确认减值损失,并计提坏账准备。应收款项减值有两种核算方法,即直接转销法和备抵法。我国企业会计准则规定,应收款项减值的核算应采用备抵法,不得采用直接转销法。

在备抵法下,当企业确认发生坏账损失时,应冲减坏账准备,即借记"坏账准备"科目,贷记"应收账款""其他应收款"等科目。对于已确认为坏账的应收款项,并不意味着企业放弃了追索权,一旦重新收回,应及时入账,并将之前冲减的坏账准备进行转回,即借记"应收账款""其他应收款"等科目,贷记"坏账准备"科目,同时借记"银行存款"科目,贷记"应收账款""其他应收款"等科目。

企业通常应将符合下列条件之一的应收款项确认为坏账:

(1)债务人死亡,以其遗产清偿后仍然无法收回;

(2)债务人破产,以其破产财产清偿后仍然无法收回;

(3)债务人较长时间内未履行其偿债义务,并有足够的证据表明无法收回或者收回的可能性极小。

【例7-9】远腾有限公司在财产清查中,查明应收乙公司的货款60 000元,过期已久,经再三催要收回48 000元,并存入银行,而其余的12 000元收回的可能性极小,确认为坏账损失。

(1)收回48 000元存入银行时,编制会计分录如下:

借:银行存款　　　　　　　　　　　　　　　　　　　　　　　48 000
　　贷:应收账款——乙公司　　　　　　　　　　　　　　　　　48 000

(2)其余的12 000元作为坏账损失处理时,编制会计分录如下:

借:坏账准备　　　　　　　　　　　　　　　　　　　　　　　12 000
　　贷:应收账款——乙公司　　　　　　　　　　　　　　　　　12 000

 拓展阅读

备抵法

备抵法是指采用一定的方法按期坏账损失,记入当期损益,同时建立坏账准备,待坏账实际发生时,冲销已计提的坏账准备和相应的应收款项。采用这种方法,在财务报表上列示应收款项的净额,使财务报表使用者能了解企业应收款项预期可收回金额或真实的财务情况。

采用备抵法核算应收款项减值时,应设置"坏账准备"账户,用以核算应收款项坏账准备的计提和转销等事项。该账户属于资产类的调整账户,借方登记实际发生的坏账损失金额和冲减的坏账准备金额,贷方登记当期计提的坏账准备、收回已转销的应收账款而恢复的坏账准备。该账户的期末余额一般在贷方,表示企业已计提但尚未转销的坏账准备。

坏账准备可按以下公式计算:

当期应计提的坏账准备=当期按应收款项计算的坏账准备金额-(或+)"坏账准备"账户的贷方(或借方)余额

2.应付款项的账务处理

应付款项一般在较短期限内支付,但有时由于债权单位撤销或者其他原因而使应付账款无法清偿。企业对于确实无法支付的应付账款,可按规定程序报经批准后予以转销处理,按其账面价值计入营业外收入,借记"应付账款"科目,贷记"营业外收入"科目。

【例7-10】远腾有限公司确认一笔应付丁公司的货款5 500元为无法支付的款项,对此予以转销。该企业编制会计分录如下:

借:应付账款——丁公司　　　　　　　　　　　　　　　　　　　　　　　　5 500

　　贷:营业外收入　　　　　　　　　　　　　　　　　　　　　　　　　　　　5 500

本章小结

本章主要介绍了财产清查的相关概念、财产清查的具体方法以及对不同财产物资清查之后的账务处理,具体内容如下:

1.财产清查是查明账存数与实存数是否相符以及账实不符原因的一种专门会计核算方法。按照清查的范围不同,可分为全面清查和局部清查;按照清查时间的不同,可分为定期清查和不定期清查;按照清查执行系统不同,可分为内部清查和外部清查。

2.由于货币资金、实物资产、往来款项的特点各有不同,在进行财产清查时,应采用与其特点和管理要求相适应的方法。库存现金清查采用实地盘点法,银行存款清查采用企业银行存款日记账与银行对账单核对法;实物资产一般采用实地盘点法、技术推算法;往来款项采用发询函证法。

3.财产清查的账务处理通常分为审批之前的处理和审批之后的处理。库存现金盘盈盘亏、存货盘盈盘亏及固定资产盘亏应设置"待处理财产损溢"科目,固定资产盘盈应设置"以前年度损益调整"科目。最终,上述过渡性科目结转后均无余额。

自我检测

一、单项选择题

1.财产物资的盘盈是指(　　　)。

　　A.账存数大于实存数　　　　　　　　B.实存数大于账存数

　　C.由于记账错误多记的金额　　　　　D.由于记账错误少记的金额

2.出纳员每日业务终了时对现金进行清点属于(　　　)。

　　A.局部清查和不定期清查　　　　　　B.全面清查和定期清查

　　C.局部清查和定期清查　　　　　　　D.全面清查和不定期清查

3.银行存款的清查方法,应采用(　　　)。

　　A.实地盘点法　　　B.技术推算法　　　C.对账单法　　　　D.发函询证法

4.关于"银行存款余额调节表",下列说法正确的是(　　　)。

　　A.企业可根据"银行存款余额调节表"调整账簿

B."银行存款余额调节表"是重要的原始凭证

C."银行存款余额调节表"调节后的余额一般是企业可以动用的实际存款数

D."银行存款余额调节表"调节平衡后,说明企业与银行双方记账绝对无错误

5.一般来说,单位撤销、合并、改变隶属关系时,应对财产进行(　　　)。

    A.全面清查　　　　B.局部清查　　　　C.实地盘点　　　　D.定期清查

6.存货盘亏时,经查明原因上报批准后,属于收发计量差错造成账实不符,借方记入(　　　)科目。

    A.其他应收款　　B.营业外支出　　C.待处理财产损溢　　D.管理费用

7.企业库存现金清查中,经检查仍无法查明原因的库存现金溢余,经批准应计入(　　　)。

    A.其他应付款　　B.其他应收款　　C.营业外收入　　D.营业外支出

8.企业对于确实无法支付的应付账款,可按规定程序报经批准后予以转销处理,记入(　　　)。

    A.管理费用　　　　B.坏账准备　　　　C.营业外收入　　　　D.待处理财产损溢

9.编制银行存款余额调节表时,下列事项会导致企业银行存款日记账余额大于银行对账单余额的是(　　　)。

A.企业开出支票,银行尚未支付

B.企业收到支票,银行尚未入账

C.银行代收款项,企业尚未接到收款通知

D.银行代付款项,企业收到付款通知,并已入账

10.关于财产清查的账务处理,下列说法错误的是(　　　)。

A.现金盘亏批准后,借方可能记入"管理费用"科目

B.现金盘盈批准前,贷方记入"待处理财产损溢"科目

C.存货盘亏批准后,发生的非常损失,借方记入"营业外支出"科目

D.固定资产盘盈时,应按其可变现净值,借记"固定资产"科目

二、多项选择题

1.下列各项中,企业必须进行财产全面清查的有(　　　)。

    A.股份制改造　　　　　　　　B.单位改变隶属关系

    C.单位主要领导人离任交接前　　D.清产核资

2.以下关于财产清查分类的表述正确的是(　　　)。

A.按清查的范围分为全面清查和局部清查

B.按清查的时间分为全面清查和局部清查

C.按清查的范围分为定期清查和不定期清查

D.按清查的时间分为定期清查和不定期清查

3.局部清查包括(　　　)。

A.对于现金应由出纳员在每日业务终了时点清,做到日清月结

B.对于银行存款,应由出纳员至少每月同银行核对一次

C.对于债权债务,应在年度内至少核对一至二次,有问题应及时核对,及时解决

D.对于原材料、在产品和库存商品等存货,除全年安排一次全面清查外,平时应根据需要随时轮流盘点或重点抽查;对于贵重财产物资,每月都要清查盘点一次

4.下列各项中,关于财产清查的相关表述,正确的是(　　　)。

A.往来款项清查一般采用发函询证法

B.库存现金清查采用实地盘点法

C.银行存款清查采用银行存款日记账与开户行核对账目的方法

D.实物资产清查采用实地盘点法

5.对下列资产的清查,可采用实地盘点法的有(　　　)。

A.库存现金　　　　B.银行存款　　　　C.往来款项　　　　D.存货

6.下列各项中,采用发函询证法进行财产清查的是(　　　)。

A.应付账款　　　　B.银行存款　　　　C.预收账款　　　　D.存货

7.下列未达账项中,会使企业银行存款日记账账面余额小于银行对账单余额的有(　　　)。

A.企业已收,银行未收款　　　　　　B.企业已付,银行未付款

C.银行已收,企业未收款　　　　　　D.银行已付,企业未付款

8.下列关于"待处理财产损溢"账户,表述正确的是(　　　)。

A.该账户属于资产类账户,期末余额在借方

B.该账户下设"待处理流动资产损溢"和"待处理非流动资产损溢"两个明细账户

C.该账户的借方登记财产物资的盘亏数、毁损数和批准转销的财产物资盘盈数

D.该账户的贷方登记财产物资的盘盈数和批准转销的财产物资的盘亏及毁损数

三、判断题

1.在进行库存现金清查时,出纳人员不得在场,只需要清查盘点人员在场。　　(　　　)

2.财产清查应本着先认定质量,后清点数量、且核对有关账簿记录等原则进行。(　　　)

3.财产清查按照清查的执行系统分为内部清查和上级清查。　　　　　　　　(　　　)

4.技术推算法适用于大量成堆、廉价笨重、难以逐一清点的物资,如煤炭、砂石、油罐中的油等大宗物资的清查。　　　　　　　　　　　　　　　　　　　　　　(　　　)

5."银行存款余额调节表"是银行存款清查的重要依据,是调整账簿记录的原始凭证。(　　　)

6.更换出纳人员时,应进行全面清查。　　　　　　　　　　　　　　　　　　(　　　)

7.财产清查中,对于银行存款,应至少每月与银行核对一次。　　　　　　　　(　　　)

8.为了明确经济责任,实物资产清查过程中,实物保管人员和盘点人员必须同时在场,对于盘点结果,应如实登记盘存单,并由盘点人员和实物保管人员共同签章。(　　　)

9.对于账实不符的清查结果,应分别按照审批之前和审批之后进行账务处理。(　　　)

10.全面清查,可以定期进行,也可以不定期进行。   （   ）

11.各种财产物资的盘盈盘亏,在报经批准以前,均先记入"待处理财产损溢"科目。
                                                    （   ）

12.未达账项是造成银行存款日记账与银行对账单余额不相等的唯一原因。（   ）

13.月末,企业银行存款的实有数额=银行对账单存款余额+企业已收银行未收款-企业已付银行未付款。
                                                    （   ）

14.对于无法查明原因的库存现金短缺,应于批准后,记入"营业外支出"科目。
                                                    （   ）

15.企业发生存货盘盈一般是由于收发计量或核算上的误差原因造成的,按管理权限报经批准后,冲减管理费用。
                                                    （   ）

16.对于已确认为坏账的应收款项,意味着企业放弃了追索权。   （   ）

职业能力提升

1.[目的]熟悉库存现金清查的账务处理。

[资料]2020年12月31日,远腾有限公司盘点库存现金,实存现金800元,库存现金日记账余额为1 250元。经调查发现,现金保险柜里有一张金额为350元的白条借据,其余的无法查明原因。上述情况上报相关部门,处理意见为责令出纳员对白条借据金额自行垫补。

[要求]根据上述清查结果,编制审批处理前、审批处理后的会计分录。

2.[目的]判断未达账项,并编制银行存款余额调节表。

[资料]远腾有限公司2020年6月30日银行存款日记账的余额为41 100元,同日转来的银行对账单的余额46 500元,为了确定公司银行存款的实有数,需要编制银行存款余额调节表。经过对银行存款日记账和对账单的核对,发现部分未达账项,情况如下:

(1)6月18日,公司委托银行收取金额为3 600元的款项,银行已收妥入账,但公司尚未收到收款通知;

(2)6月22日,银行代付公司上月水费300元,付款通知尚未到达企业;

(3)6月26日,公司收到其他单位开出的一张金额为1 600元的支票,公司尚未到银行办理手续;

(4)6月29日,公司开出金额为7 200元的转账支票一张,持票人尚未到银行办理转账手续;

(5)6月30日,存入银行支票一张,金额1 500元,银行已承办,企业已凭回单记账,对账单并没有记录;

(6)6月30日,银行收取借款利息2 000元,企业尚未收到支息通知。

[要求](1)判断上述未达账项的类型;(2)编制银行存款余额调节表;(3)说明远腾有限公司2020年6月30日可动用的银行存款实有数。

3.[目的]掌握财产清查结果的账务处理。

[资料]远腾有限公司2020年12月31日进行年终财产清查,发现下列清查事项:

（1）发现账外A机器一台，其重置成本为28 000元，可变现净值为16 000元；

（2）盘亏仪器B一台，原价为5 200，元，已提折旧2 400元，经调查，该仪器系10月发生的火灾导致烧毁；

（3）甲材料盘亏10千克，账面余额为455千克，单位成本为42元，实际盘存量为445千克，经查明其中7千克为定额内损耗，3千克为日常收发计量差错；

（4）乙材料盘亏5千克，单位成本为34元，系保管员失职造成的损失，责令其赔偿；

（5）丙材料盘盈8千克，每千克30元，由日常收发计量差错造成；

（6）经检查其他应收款，尚有某运输公司欠款365元，属于远腾有限公司委托其运输材料，由于装卸工疏忽产生损失，已确定由该运输公司赔偿，但该运输公司已撤销，无法收回。

[**要求**] 根据上述资料，编制相关会计分录。

课外项目

[**实训项目**] 存货盘点实践体验

[**项目任务**] 全班的同学自发组成小组帮助一些小商店或小企业进行存货的盘点，设计所需的原始凭证，针对不同的存货利用所学的盘点方法确定各项存货的实存数，对盘盈盘亏的结果进行账务处理，并针对盘点中发现的一些问题提出解决办法，比如库存短缺、存货积压、保管不善、存货收发手续不严密等。

[**成果展示**] 每个小组完成项目任务后，撰写一份实践报告，并准备PPT逐一进行汇报，最后由其他小组成员和教师共同给出评价。

第八章 财务报告

学习目标

1.理解财务报告的概念、分类、目标及编制基础；

2.掌握资产负债表与利润表的内容、结构,同时了解现金流量表、所有者权益变动表及附注的相关内容；

3.熟练运用资产负债表和利润表的编制方法。

导入案例

小李是公司财务部的实习生,安排给会计老张做助理。在9月末,老张根据账簿记录资料,编制了9月的财务报告,随后老张吩咐小李进行复核财务报告中的资产负债表与利润表。小李工作非常踏实吃苦,认真地将账簿记录与各报表上的金额进行逐个核对并检查,但自己复核后的金额与会计老张的个别不一致,心中困惑不已。于是,小李鼓起勇气,说出了自己的复核结果:第一,资产负债表中"存货"项目的金额不一致;第二,利润表中"营业成本"项目的金额不一致,导致利润表中的各层次利润计算结果也出现了一定的偏差。

对于上述结果,会计老张比较谨慎,对报表数据再次检查,确认自己编制的没有问题。同时,耐心地与小李进行沟通"存货"项目与"营业成本"项目的填列。小李认为,资产负债表中的"存货"项目不应包含"生产成本"科目的期末余额,而应将其余额列示在利润表中的"营业成本"项目中,因为"生产成本"是公司在生产过程中所发生的耗费,应当影响企业的当期利润。会计老张听到解释后,啼笑皆非,最后仔细地为小李讲解了资产负债表和利润表各项目的填列方法。

结合以上资料,请思考企业资产负债表与利润表的编制依据是什么? 小李对"生产成本"科目的理解正确吗? 如果不正确,应该如何对资产负债表中的"存货"项目和利润表中的"营业成本"项目进行填列呢? 本章将会对相关内容进行讨论,以解决上述问题。

第一节　财务报告概述

一、财务报告的概念

财务报告,是指企业对外提供的反映企业某一特定日期财务状况和某一会计期间经营成果、现金流量等会计信息的文件。财务报告是企业对外提供财务会计信息的最主要形式,编制财务报告是会计核算的一种专门方法,也是会计核算的最终结果和最后环节。

财务报告包含财务报表和其他应当在财务报告中披露的相关信息和资料(具体由法律规定和使用者需求而定,如披露企业承担的社会责任、对社区的贡献、可持续发展能力等信息),其中财务报表是财务报告的核心和主体。财务报表是对企业财务状况、经营成果和现金流量的结构性表述,一套完整的财务报表至少包括"四表一附注",即资产负债表、利润表、现金流量表、所有者权益(或股东权益)变动表以及报表附注。我国《财务会计报告条例》规定,年度结账日为公历年度的 12 月 31 日;半年度、季度、月度结账日分别为公历年度每半年、每季、每月的最后一天。

二、财务报告的分类

由于财务报表是财务报告的核心和主体,因此,财务报告的种类主要以财务报表的不同标准来划分。

(一)按编报期间不同

按编报期间不同,财务报表可以分为中期财务报表和年度财务报表。

(1)中期财务报表,是指以中期为基础编制的财务报表。"中期"是指短于一个完整的会计年度(自公历 1 月 1 日起至 12 月 31 日止)的报告期间,可以是年初至本中期末的财务报表,如编制的 1 月 1 日至 9 月 30 日的财务报表。值得注意的是,中期财务报表至少应当包括资产负债表、利润表、现金流量表和附注。其中,资产负债表、利润表和现金流量表应该是完整报表,其格式和内容应当与年度财务报表一致,而附注披露可适当简略。

(2)年度财务报告,是指以一个完整会计年度(自公历 1 月 1 日起至 12 月 31 日止)为基础编制的财务报表。年度财务报表一般包括资产负债表、利润表、现金流量表、所有者权益(或股东权益)变动表以及附注等内容。但是,考虑到小企业规模较小,股东权益比较简单,不如大中型企业和上市公司那么复杂,因此不强制要求小企业对外提供所有者权益变动表。根据我国《小企业会计准则》规定,小企业的年度财务报表包括资产负债表、利润表,现金流量表和附注。

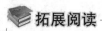拓展阅读

《小企业会计准则》与《企业会计准则》的区别

财政部于2011年10月颁布《小企业会计准则》,并于2013年1月1日在我国小企业开始实施。该准则的出台,标志着适用于大中型企业的《企业会计准则》和适用于小企业的《小企业会计准则》,共同构成了我国企业会计准则框架体系。其区别主要表现在以下几个方面:

(1)范围不同。《小企业会计准则》一般适用于在我国境内依法设立的不对外筹集资金、经济规模较小的企业;《企业会计准则》自2007年1月1日起在上市公司范围内施行,并鼓励其他企业执行。

(2)会计科目数量不同。《小企业会计准则》比《企业会计准则》规定的会计科目少一些,如资产类科目中不设置坏账准备、存货跌价准备、发出商品、投资性房地产、长期应收款等科目,负债类科目中不设置预计负债、应付债券、专项应付款等科目,所有者权益类科目不设置库存股科目,成本类科目不设置劳务成本科目,损益类科目不设置资产减值损失、公允价值变动损益、以前年度损益调整等科目。

(3)会计核算方式不同。《小企业会计准则》的核算方法比《企业会计准则》的核算方法简单,如应收款项不计提坏账准备等。

(4)财务报告不同。《小企业会计准则》只要求提供资产负债表、利润表、现金流量表和附注,而且报表的内容比较简单;《企业会计准则》的财务报表至少应当包括资产负债表、利润表、现金流量表、所有者权益(或股东权益)变动表以及附注。

(二)按编报主体不同

按编报主体不同,财务报表可以分为个别财务报表和合并财务报表。

(1)个别财务报表,是由企业在自身会计核算基础上对账簿记录进行加工而编制的财务报表,主要用以反映企业自身的财务状况、经营成果和现金流量情况。

(2)合并财务报表,是以母公司和子公司组成的企业集团为报告主体,以母公司和子公司单独编制的个别财务报表为基础,由母公司编制的综合反映企业集团财务状况、经营成果及现金流量的财务报表。合并财务报表主要包括合并资产负债表、合并利润表、合并现金流量表、合并所有者权益变动表,分别从不同的方面反映企业集团财务状况、经营成果和现金流量情况,构成一个完整的合并财务报表体系。

(三)按反映的资金运动状况不同

按反映的资金运动状况不同,财务报表可以分为静态报表和动态报表。其中,静态报表,是反映企业在某一时点财务状况的报表,如资产负债表;动态报表,是反映企业在某一期间经营成果和现金流量的报表,如利润表、现金流量表。

请根据本章导入案例的资料内容,判断下列财务报表的种类。

①会计老张编制的9月报表属于年度财务报表还是中期财务报表?

②会计老张编制的利润表属于静态报表还是动态报表?

三、财务报告的目标

企业编制财务报告的基本目标,是向财务报告使用者提供与财务状况、经营成果和现金流量等会计信息,反映企业管理层受托责任履行情况,有助于财务报告使用者做出正确的经济决策。具体体现为以下三个方面的内容。

1.为国家相关部门进行宏观调控和管理提供信息来源

企业对外提供的财务报告经过各层级的汇总后,形成一个庞大的信息系统,既可以全面地反映全国企业的经营情况,也可以分地区、分行业等来呈现。因此,企业对外提供的财务报告信息是国家相关部门了解并掌握全国各地区、各部门、各行业等经济运行情况的源泉,从而为其制定国家产业发展等宏观政策、调控国民经济运行提供重要的决策依据。

2.为企业的利益相关者进行了解并决策提供会计信息

企业的利益相关者包括投资者、债权人、政府及其相关部门、职工和社会公众等,不同的利益相关者对财务报告所提供会计信息的需求各有所需。如投资者主要关注投资的内在风险和投资报酬,通过财务报告信息决定是否买进、持有或卖出企业股票或股权等;债权人主要关注企业的偿债能力和财务风险,通过财务报告信息分析其提供给企业的资金是否安全、能否按期收回、是否继续向企业借贷资金等;财税、工商及审计等部门主要关注国家资源分配的公平合理、市场经济秩序的公正有序,通过财务报告信息了解企业资金筹集和运用是否合理,检查企业税收、利润计划等是否完成,并审查有无违反财经法规和税法的现象等;职工主要关注企业为其提供的就业机会及稳定性、职工薪酬的高低以及福利待遇等方面的信息,通过财务报告信息分析个人在企业的发展潜力、晋升空间以及收入状况等;社会公众主要关注企业的兴衰及长期发展情况。总之,企业对外提供的财务报告信息可以满足其利益相关者的不同需求,是为其提供决策有用信息的媒介和渠道。

3.为企业内部加强管理和改善经营提供会计信息

通过财务报告信息,可以帮助企业管理人员分析、检查企业的各项经营活动是否符合相关制度规定,并考核企业成本、利润等计划指标的完成程度。同时,财务报告可以反映企业财务状况的好坏、经营业绩的大小以及现金流动情况,企业管理人员可与同类单位的相关指标或与本企业其他时期的相关指标做对比分析,对先进的方面进行总结并推广先进经验,而对所发现的问题应及时解决,从而加强和改善企业的经营管理,提高企业的经济效益。

因此,编制财务报告是对会计核算工作的全面总结,也是及时提供合法、真实、准确、完整的会计信息的重要环节。对外提供的财务报告信息,大到整个国家、地区,小到企业管理者、职工、社会公众,都发挥着提供决策有用信息的重要作用。

四、财务报告编制的基本要求

企业应当按照国家统一的会计制度规定的财务报表格式和内容,根据登记完整、核对无误的会计账簿记录和其他有关资料编制财务报告,做到内容完整、数字真实、计算准确,不得漏报或任意取舍。同时,财务报表之间、财务报表各项目之间,凡有对应关系的数字,应当相互一致;财务报表中本期与上期的有关数字应当相互衔接。财务报告编制的基本要求包括:

1.以持续经营为基础编制

企业应当以持续经营为基础,根据实际发生的交易和事项,按照《企业会计准则——基本准则》和其他各项会计准则的规定进行确认和计量,在此基础上编制财务报表。企业如有近期获利经营的历史且有财务资源支持,则通常表明以持续经营为基础编制财务报表是合理的。

在编制财务报表过程中,企业管理层应当利用所有可获得信息对企业自报告期末起至少12月的持续经营能力进行评估,评估时考虑宏观政策风险、市场经营风险、企业目前或长期的盈利能力、偿债能力、财务弹性以及企业管理层改变经营政策的意向等因素。评估结果表明对持续经营能力产生重大怀疑的,企业应当在附注中披露导致对持续经营能力产生重大怀疑的因素以及企业拟采取的改善措施。

以持续经营为基础编制财务报表不再合理,企业应当采用其他基础编制财务报表,并在附注中声明财务报表未以持续经营为基础编制的事实、披露未以持续经营为基础编制的原因和财务报表的编制基础。比如企业在破产清算时将不再持续经营,这时报表的编制基础就要改变,对此就应该在附注中进行披露。

2.按正确的会计基础编制

会计基础有收付实现制和权责发生制两种。除现金流量表按照收付实现制原则编制外,企业应当按照权责发生制原则编制财务报表。

3.至少按年编制财务报表

企业至少应当按年编制财务报表,根据《中华人民共和国会计法》的规定,会计年度自公历1月1日起至12月31日止。年度财务报表涵盖的期间短于一年的,比如在年度中间的某一日(8月20日)设立公司等,应当披露年度财务报表的涵盖期间、短于一年的原因以及报表数据不具可比性的事实。

4.项目列报遵守重要性原则

重要性是指在合理预期下,财务报表某项目的省略或错报会影响使用者据此作出经济决策的,该项目具有重要性。

重要性应当根据企业所处的具体环境,从项目的性质和金额两方面予以判断,且对各项目重要性的判断标准一经确定,不得随意变更。判断项目性质的重要性,应当考虑该项目在性质上是否属于企业日常活动、是否显著影响企业的财务状况、经营成果和现金流量等因素;判断项目金额大小的重要性,应当考虑该项目金额占资产总额、负债总额、所有者权益总额、营业收入总额、营业成本总额、净利润、综合收益总额等直接相关项目金额的比重或所属报表单独列报项目金额的比重。具体来说：

(1)性质或功能不同的项目，应当在财务报表中单独列报，但不具有重要性的项目除外。比如固定资产和无形资产在性质和功能上有本质区别，需单独列报。

(2)性质或功能类似的项目，一般可以合并列报，但其所属类别具有重要性的，应当按其类别在财务报表中单独列报。比如原材料、在产品、半成品、产成品、委托加工物资等在性质和功能上类似，可合并在"存货"类别里进行列报。

(3)某些项目的重要性程度不足以在资产负债表、利润表、现金流量表或所有者权益变动表中单独列示，但对附注却具有重要性，则应当在附注中单独披露。

(4)《企业会计准则第30号——财务报表列报》规定在财务报表中单独列报的项目，应当单独列报。其他会计准则规定单独列报的项目，应当增加单独列报项目。

5.保持各个会计期间财务报表项目列报的一致性

财务报表项目的列报应当在各个会计期间保持一致，除会计准则要求改变财务报表项目的列报或企业经营业务的性质发生重大变化后，变更财务报表项目的列报能够提供更可靠、更相关的会计信息外，不得随意变更。

6.各项目之间的金额不得相互抵销

财务报表中的资产项目和负债项目的金额、收入项目和费用项目的金额、直接计入当期利润的利得项目和损失项目的金额不得相互抵销，但其他会计准则另有规定的除外。比如，销售商品的收入不能与销售商品发生的费用相互抵消而以净额列示，应收客户款也不能与应付客户款相互抵消而以净额列示。

值得注意的是，下列三种情况不属于抵消，可以以净额列示：

(1)一组类似交易形成的利得和损失应当以净额列示，但具有重要性的除外。比如汇兑损益、为交易目的而持有的金融工具形成的利得和损失，应当以净额列示。

(2)资产或负债项目按扣除备抵项目后的净额列示，不属于抵销。比如固定资产按扣除累计折旧和固定资产减值准备后的净额列示。

(3)非日常活动产生的利得和损失，以同一交易形成的收益扣减相关费用后的净额列示更能反映交易实质的，不属于抵销。

7.至少应当提供所有列报项目上一个可比会计期间的比较数据

当期财务报表的列报，至少应当提供所有列报项目上一个可比会计期间的比较数据，以及与理解当期财务报表相关的说明，但其他会计准则另有规定的除外。

财务报表的列报项目发生变更的，应当至少对可比期间的数据按照当期的列报要求进行调整，并在附注中披露调整的原因和性质，以及调整的各项目金额。对可比数据进行调整不切实可行的，应当在附注中披露不能调整的原因。

8.应当在财务报表的显著位置披露编报企业的名称等重要信息

企业应当在财务报表的显著位置(如表首)至少披露下列各项：

(1)编报企业的名称，如企业名称在所属当期发生变更的，还应明确标明；

(2)资产负债表日或财务报表涵盖的会计期间，资产负债表要披露资产负债表日，利

润表、现金流量表和所有者权益变动表要披露财务报表的涵盖期间;

(3)人民币金额单位,如人民币元、人民币万元等;

(4)财务报表是合并财务报表的,应当予以标明。

课堂小测试8-1

1.(单选题)财务报告的编制基础是(　　　)。

　A.重要性　　　　　B.可比性　　　　　C.持续经营　　　　D.会计分期

2.(多选题)财务报表按照编报主体的不同,可以分为(　　　)。

　A.中期财务报表　　B.年度财务报表　C.个别财务报表　D.合并财务报表

第二节　资产负债表

一、资产负债表的概念与作用

(一)资产负债表的概念

资产负债表是反映企业在某一特定日期财务状况的财务报表。它是一种静态报表,根据"资产=负债+所有者权益"这一会计恒等式,依照一定的分类标准和顺序,将企业在某一特定时点上的全部资产、负债和所有者权益项目进行适当分类、汇总和排列后编制而成的。通过资产负债表,可以反映企业在某一特定日期所有或控制的经济资源、所承担的现时义务和所有者对净资产的要求权,帮助财务报表使用者全面了解企业的财务状况、分析企业的偿债能力等情况,从而为其作出经济决策提供依据。

(二)资产负债表的作用

资产负债表提供了企业的经营者、所有者、债权人等利益相关者所需要的信息,其具体作用主要有:(1)可以提供某一特定日期资产的总额及其结构,表明企业拥有或控制的资源及分布情况;(2)可以提供某一特定日期的负债总额及其结构,表明企业未来需要用多长时间和多少资产或劳务清偿债务;(3)可以反映所有者所拥有的权益,据以判断资本保值、增值的情况以及对负债的保障程度;(4)提供进行财务分析的基本资料,如将流动资产与流动负债做比较来分析企业的短期偿债能力,负债总额与资产总额做比较来分析企业的长期偿债能力等,从而有助于会计报表使用者作出经济决策。

二、资产负债表的内容与结构

(一)资产负债表的内容

资产负债表主要反映资产、负债及所有者权益三个方面的内容。

资产应当按照其流动性大小(变现能力的大小)在资产负债表中依次进行列示,分为流动资产和非流动资产两大类别,在其不同类别下再进一步按性质分项列示。资产负债表中列示的流动资产通常包括货币资金、交易性金融资产、应收票据、应收账款、预付款项、其他应收款、存货、合同资产和一年内到期的非流动资产等;非流动资产项目通常包括长期股权投资、固定资产、在建工程、无形资产、开发支出、长期待摊费用、递延所得税资产和其他非流动资产等。

负债应当按照其流动性大小(偿债时间的长短)在资产负债表中依次进行列示,分为流动负债和非流动负债两大类别,在其不同类别下再进一步按性质分项列示。资产负债表中列示的流动负债通常包括短期借款、应付票据、应付账款、预收账款、合同负债、应付职工薪酬、应交税费、其他应付款和一年内到期的非流动负债等;非流动负债项目通常包括长期借款、应付债券、长期应付款、递延所得税负债和其他非流动负债等。

所有者权益一般按照实收资本(或股本)、资本公积、其他综合收益、盈余公积和未分配利润的顺序在资产负债表中进行列示。

(二)资产负债表的结构

资产负债表一般由表头、表体两部分组成。表头部分应列明报表名称、编制单位名称、资产负债表日、报表编号和计量单位。表体部分是资产负债表的核心和主体,列示了用以说明企业财务状况的各个项目。

资产负债表的结构一般有报告式和账户式两种。在我国,《企业会计准则》规定我国资产负债表采用账户式,即左右结构,左边列示资产各项目,右边列示负债和所有者权益项目。同时,资产各项目的合计数额等于负债和所有者权益各项目的合计数额,即账户式资产负债表左方和右方平衡,满足了会计恒等式的平衡关系,反映了资产、负债和所有者权益之间的内在关系。我国一般企业资产负债表格式如表8-1所示。

表8-1 资产负债表 会企01表

编制单位: 年 月 日 单位:元

资产	期末余额	上年年末余额	负债和所有者权益(或股东权益)	期末余额	上年年末余额
流动资产:			流动负债:		
货币资金			短期借款		
交易性金融资产			交易性金融负债		
衍生金融资产			衍生金融负债		
应收票据			应付票据		
应收账款			应付账款		
应收款项融资			预收款项		
预付款项			合同负债		
其他应收款			应付职工薪酬		
存货			应交税费		
合同资产			其他应付款		

续表

资产	期末余额	上年年末余额	负债和所有者权益（或股东权益）	期末余额	上年年末余额
持有待售资产			持有待售负债		
一年内到期的非流动资产			一年内到期的非流动负债		
其他流动资产			其他流动负债		
流动资产合计			流动负债合计		
非流动资产：			非流动负债：		
债权投资			长期借款		
其他债权投资			应付债券		
长期应收款			其中：优先股		
长期股权投资			永续股		
其他权益工具投资			租赁负债		
其他非流动金融资产			长期应付款		
投资性房地产			预计负债		
固定资产			递延收益		
在建工程			递延所得税负债		
生产性生物资产			其他非流动负债		
油气资产			非流动负债合计		
使用权资产			负债合计		
无形资产			所有者权益（或股东权益）：		
开发支出			实收资本（或股本）		
商誉			其他权益工具		
长期待摊费用			其中：优先股		
递延所得税资产			永续债		
其他非流动资产			资本公积		
非流动资产合计			减：库存股		
			其他综合收益		
			专项储备		
			盈余公积		
			未分配利润		
			所有者权益合计		
资产合计			负债和所有者权益合计		

课堂小测试8-2

1.(单选题)资产负债表中,排列资产项目顺序的依据是(　　)。

  A.项目的重要性　　　　　　　　B.项目的可比性

  C.项目的流动性　　　　　　　　D.项目的可理解性

2.(多选题)下列项目中,属于资产负债表中"流动负债"项目的是(　　)。

  A.预收款项　　　　　　　　　　B.交易性金融负债

  C.长期应付款　　　　　　　　　D.一年内到期的长期借款

三、资产负债表的编制

(一)资产负债表项目的填列方法

资产负债表各项目均需填列"期末余额"和"上年年末余额"两栏。

资产负债表的"上年年末余额"栏内各项数字,应根据上年年末资产负债表的"期末余额"栏内所列数字填列。如果上年度资产负债表规定的各个项目的名称和内容与本年度不相一致,应根据本年度的规定对上年年末资产负债表各项目的名称和数字进行调整,填入本表"上年年末余额"栏内。

资产负债表的"期末余额"栏主要有以下几种填列方法:

(1)根据一个或几个总账科目的余额填列。如"短期借款""资本公积"等项目,根据"短期借款""资本公积"各总账科目的余额直接填列;有些项目则需要根据几个总账科目的期末余额计算填列,如"货币资金"项目,需根据"库存现金""银行存款""其他货币资金"三个总账科目的期末余额的合计数填列。

(2)根据明细账科目的余额计算填列。如"应付账款"项目,需要根据"应付账款"和"预付账款"两个科目所属的相关明细科目的期末贷方余额计算填列;"预付款项"项目,需要根据"应付账款"科目和"预付账款"科目所属的相关明细科目的期末借方余额减去与"预付账款"有关的坏账准备贷方余额计算填列;"应收账款"项目,需要根据"应收账款"和"预收账款"两个科目所属的相关明细科目的期末借方余额减去与"应收账款"有关的坏账准备贷方余额计算填列;"预收款项"项目,需要根据"应收账款"科目和"预收账款"科目所属相关明细科目的期末贷方余额计算填列;"开发支出"项目,需要根据"研发支出"科目中所属的"资本化支出"明细科目期末余额填列;"一年内到期的非流动资产""一年内到期的非流动负债"项目,需要根据相关非流动资产和相关非流动负债项目的明细科目期末余额分析计算填列;"未分配利润"项目,需要根据"利润分配"科目中所属的"未分配利润"明细科目期末余额填列。

(3)根据总账科目和明细账科目的余额分析计算填列。如"长期借款"项目,需要根据"长期借款"总账科目余额扣除"长期借款"科目所属的明细科目中将在资产负债表日起一年内到期且企业不能自主地将清偿义务展期的长期借款后的金额计算填列;"其他非流动资产"项目,应根据有关科目的期末余额减去将于一年内(含一年)收回数额后的余额计算填列;"其他非流动负债"项目,应根据有关科目的期末余额减去将于一年内(含一年)到期偿还数额后的金额计算填列。

(4)根据有关科目余额减去其备抵科目金额后的净额填列。如"应收账款""长期股权投资"等项目,应根据"应收账款""长期股权投资"等科目的期末余额,减去"坏账准备""长期股权投资减值准备"等备抵科目余额后的净额填列;"固定资产"项目,应根据"固定资产"科目的期末余额减去"累计折旧""固定资产减值准备"备抵科目余额后的净额填列;"无形资产"项目,应根据"无形资产"科目的期末余额减去"累计摊销""无形资产减值准备"备抵科目余额后的净额填列。

(5)综合运用上述填列方法分析填列。如"存货"项目,需要根据"原材料""库存商品""委托加工物资""周转材料""材料采购""在途物资""发出商品""生产成本""材料成本差异"等总账科目期末余额的分析汇总数,再减去"存货跌价准备"科目余额后的净额填列。

(二)资产负债表项目的填列说明

1.资产项目的填列说明

(1)"货币资金"项目,反映企业库存现金、银行结算户存款、外埠存款、银行本票存款、银行汇票存款、信用卡存款、信用证保证金存款等的合计数。该项目应根据"库存现金""银行存款""其他货币资金"科目的期末余额合计数填列。

【例8-1】2020年12月31日,远腾有限公司"库存现金"科目余额为850元,"银行存款"科目余额为1 083 150元,"其他货币资金"科目余额为465 000元,则2020年12月31日,远腾公司资产负债表中"货币资金"项目"期末余额"栏的列报金额=850+1 083 150+465 000=1 549 000(元)。

(2)"交易性金融资产"项目,反映资产负债表日企业分类为以公允价值计量且其变动计入当期损益的金融资产,以及企业持有的指定为以公允价值计量且其变动计入当期损益的金融资产的期末账面价值。该项目应根据"交易性金融资产"科目的相关明细科目期末余额分析填列。

(3)"衍生金融资产"项目,反映企业持有的建立在基础产品之上,且其价格随基础金融产品的价格变动的派生金融资产的价格。该项目应当根据"衍生金融资产"科目的期末余额填列。

(4)"应收票据"项目,反映企业因销售商品、提供服务等收到的商业汇票,包括银行承兑汇票和商业承兑汇票。该项目应根据"应收票据"科目的期末余额,减去"坏账准备"科目中有关应收票据计提的坏账准备期末余额后的金额填列。

(5)"应收账款"项目,反映企业因销售商品、提供服务等经营活动应收取的款项。该项目应根据"应收账款"和"预收账款"两个科目所属的相关明细科目的期末借方余额合计数,减去"坏账准备"科目中有关应收账款计提的坏账准备期末余额后的金额填列。如"应收账款"科目所属明细科目期末有贷方余额的,应在资产负债表"预收账款"项目内填列。

【例8-2】2020年12月31日,远腾有限公司"应收账款"科目余额为288 000元,且其所属明细科目均为借方余额,"预收账款"有三个明细科目,所属明细科目的余额分别为贷方50 000元、贷方20 000元、借方46 000元,"坏账准备"科目关于应收账款计提的坏账准备金额为 3 340 元,则 2020 年 12 月 31 日,远腾有限公司资产负债表中"应收账款"项目"期末余额"栏的列报金额=288 000+46 000-3 340=330 660(元)。

(6)"应收款项融资"项目,反映资产负债表日以公允价值计量且其变动计入其他综合收益的应收票据和应收账款等。

(7)"预付款项"项目,反映企业按照购货合同规定预付给供应单位的款项等。该项目应根据"预付账款"和"应付账款"科目所属各明细科目的期末借方余额合计数,减去"坏账准备"科目中有关预付账款计提的坏账准备期末余额后的金额填列。如"预付账款"科目所属明细科目期末有贷方余额的,应在资产负债表"应付账款"项目内填列。

(8)"其他应收款"项目,反映企业除应收票据、应收账款、预付款项等经营活动以外的其他各种应收、暂付的款项。该项目应根据"应收利息""应收股利"和"其他应收款"三个科目的期末余额合计数,减去"坏账准备"科目中相关坏账准备期末余额后的金额填列。

(9)"存货"项目,反映企业期末在库、在途和在加工中的各种存货的成本或可变现净值(成本与可变现净值孰低),包括各种材料、商品、在产品、半成品、包装物、低值易耗品、发出商品等。该项目应根据"材料采购""在途物资""原材料""库存商品""周转材料""委托加工物资""发出商品""生产成本""受托代销商品"等科目的期末余额合计数,减去"受托代销商品款""存货跌价准备"科目余额后的金额填列。材料采用计划成本核算,以及库存商品采用计划成本核算或售价法核算的企业,还应按照加或减材料成本差异、商品进销差价后的金额填列。

【例 8-3】2020 年 12 月 31 日,远腾有限公司存货相关科目的余额如下:"原材料"科目借方余额为 100 000 元,"库存商品"科目借方余额为 168 000 元,"发出商品"科目借方余额为 240 000 元,"生产成本"科目借方余额为 80 000 元,"委托加工物资"科目借方余额为 112 000 元。"材料成本差异"科目的贷方余额 10 000 元,"存货跌价准备"科目的贷方余额为 30 000 元。

由于"材料成本差异"科目贷方余额表示库存存货的节约差异,存货的实际成本等于其计划成本减去节约差异,则 2020 年 12 月 31 日,远腾有限公司资产负债表中的"存货"项目"期末余额"栏的列报金额=100 000+168 000+240 000+80 000+112 000-10 000-30 000=660 000(元)。

思考与讨论

请根据本章导入案例的资料内容,说明资产负债表项目的填列方法。

①"生产成本"科目的期末如有借方余额,应在资产负债表中哪个项目中列示?

②资产负债表中"存货"项目如何填列?

---

(10)"合同资产"项目,反映企业按照《企业会计准则第 14 号——收入》(2018)的相关规定,根据本企业履行履约义务与客户付款之间的关系在资产负债表中列示的合同资产。该项目应根据"合同资产"科目的相关明细科目期末余额分析填列,并且同一合同下的合同资产和合同负债应当以净额列示。其中,净额为借方余额的,应当根据其流动性在"合

同资产"或"其他非流动资产"项目中填列,已计提减值准备的,还应减去"合同资产减值准备"科目中相关的期末余额后的金额填列;净额为贷方余额的,应当根据其流动性在"合同负债"或"其他非流动负债"项目中填列。

(11)"持有待售资产"项目,反映企业在资产负债表日划分为持有待售类别的非流动资产及划分为持有待售类别的处置组中的相关资产的期末账面价值。该项目应根据单独设置的"持有待售资产"科目的期末余额,减去"持有待售资产减值准备"科目的期末余额后的金额填列。

(12)"一年内到期的非流动资产"项目,反映企业预计自资产负债表日起一年内变现的非流动资产。该项目应根据有关非流动资产项目的明细科目余额分析填列。

(13)"其他流动资产"项目,反映企业除货币资金、交易性金融资产、应收票据、应收账款、存货等流动资产以外的其他流动资产。该项目应根据有关科目的期末余额分析填列。

(14)"债权投资"项目,反映资产负债表日企业以摊余成本计量的,并以特定日期收取合同现金流量为目的长期债权投资的期末账面价值。该项目应根据"债权投资"科目的相关明细科目期末余额,减去"债权投资减值准备"科目的期末余额后的金额填列。但是,自资产负债表日起一年内到期的债权投资的期末账面价值,在"一年内到期的非流动资产"项目中反映;企业购入的以摊余成本计量的、一年内到期的债权投资的期末账面价值,在"其他流动资产"项目中反映。

(15)"其他债权投资"项目,反映资产负债表日企业分类为公允价值计量且其变动计入其他综合收益的长期债权投资的期末账面价值,包括企业既可能持有至到期收取现金流量,也可能在到期之前全部出售的长期债权投资。该项目应根据"其他债权投资"科目的相关明细科目期末余额分析填列。但是,自资产负债表日起一年内到期的其他债权投资的期末账面价值,在"一年内到期的非流动资产"项目中反映;企业购入的以公允价值计量的、且其变动计入其他综合收益的一年内到期的债权投资的期末账面价值,在"其他流动资产"项目中反映。

(16)"长期应收款"项目,反映企业租赁产生的应收款项、采用递延方式分期收款及实质上具有融资性质的销售商品和提供服务等经营活动产生的应收款项。该项目应根据"长期应收款"科目的期末余额,减去相应的"未实现融资收益"科目和"坏账准备"科目中相关坏账准备期末余额后的金额填列。

(17)"长期股权投资"项目,反映企业对子公司、联营企业及合营企业的权益性投资的期末账面价值。该项目应根据"长期股权投资"科目的期末余额,减去"长期股权投资减值准备"科目的期末余额后的金额填列。

(18)"其他权益工具投资"项目,反映企业不具有控制、共同控制和重大影响的股权投资及非交易性股票投资的期末账面价值,即企业指定为以公允价值计量且其变动计入其他综合收益的非交易性权益工具投资的期末账面价值。该项目应根据"其他权益工具投资"科目的期末余额填列。

(19)"其他非流动金融资产"项目,反映企业自资产负债表日起超过一年到期且预期持有超过一年的、以公允价值计量且其变动计入当期损益的非流动金融资产的期末账面价值。该项目应根据"交易性金融资产"科目所属明细科目进行分析填列。

（20）"投资性房地产"项目,反映企业为赚取租金或资本增值,或两者兼有而持有的房地产的价值。企业若采用成本模式计量投资性房地产,该项目应根据"投资性房地产"科目的期末余额,减去"投资性房地产累计折旧"和"投资性房地产减值准备"科目期末余额后的金额填列;企业若采用公允价值模式计量投资性房地产,该项目应根据"投资性房地产"科目的期末余额填列。

（21）"固定资产"项目,反映资产负债表日企业各种固定资产的期末账面价值和企业尚未清理完毕的固定资产净损益。该项目应根据"固定资产"科目的期末余额,减去"累计折旧"和"固定资产减值准备"两个科目期末余额后的金额,以及"固定资产清理"科目(如为贷方余额,用"-"号)的期末余额分析填列。

【例8-4】2020年12月31日,远腾有限公司"固定资产"科目的借方余额为1 000 000元,"累计折旧"科目的贷方余额为400 000元,"固定资产减值准备"科目的贷方余额为80 000元,"固定资产清理"科目的借方余额为65 000元,则2020年12月31日,远腾有限公司资产负债表中"固定资产"项目"期末余额"栏的列报金额=1 000 000-400 000-80 000+65 000=585 000(元)。

（22）"在建工程"项目,反映企业期末各项未完工程的实际支出及企业为在建工程准备的各项工程物资的实际成本。该项目应根据"在建工程"科目的期末余额减去"在建工程减值准备"科目期末余额后的金额,以及"工程物资"科目的期末余额减去"工程物资减值准备"科目期末余额后的金额分析填列。

（23）"生产性生物资产"项目,反映企业为产出农产品、提供服务或出租等目的而持有的生物资产的价值,包括经济林、薪炭林、产畜和役畜等。该项目应根据"生产性生物资产"科目的期末余额,减去"生产性生物资产累计折旧"和"生产性生物资产减值准备"科目期末余额后的金额填列。

（24）"油气资产"项目,反映油气开采企业所拥有的或控制的油气井和相关设施及矿区权益的价值。该项目应根据"油气资产"科目的期末余额,减去"累计折耗"和"油气资产减值准备"科目期末余额后的金额填列。

（25）"使用权资产"项目,反映承租人企业可在租赁期内具有使用权资产的期末账面价值。该项目应根据"使用权资产"科目的期末余额,减去"使用权资产累计折旧"和"使用权资产减值准备"科目期末余额后的金额填列。

（26）"无形资产"项目,反映企业持有的专利权、非专利技术、商标权、著作权、土地使用权等无形资产的期末账面价值。该项目应根据"无形资产"科目的期末余额,减去"累计摊销"和"无形资产减值准备"科目期末余额后的金额填列。

（27）"开发支出"项目,反映企业开发无形资产过程中能够资本化形成无形资产成本的支出部分。该项目应根据"研发支出"科目中所属的"资本化支出"明细科目期末余额填列。

（28）"商誉"项目,反映企业合并中形成的商誉的价值。该项目应根据"商誉"科目的期末余额,减去相应减值准备后的金额填列。

（29）"长期待摊费用"项目，反映企业已经发生但应由本期和以后各期负担的分摊期限在一年以上的各项费用。该项目应根据"长期待摊费用"科目的期末余额，减去将于一年内（含一年）摊销的数额后的金额分析填列。同时，长期待摊费用中在一年内（含一年）摊销的部分，应在资产负债表中"一年内到期的非流动资产"项目中反映。

（30）"递延所得税资产"项目，反映企业根据所得税准则确认的可抵扣暂时性差异产生的所得税资产。该项目应根据"递延所得税资产"科目的期末余额填列。

（31）"其他非流动资产"项目，反映企业除上述非流动以外的其他非流动资产。该项目应根据有关科目的期末余额分析填列。

课堂小测试8-3

1.（单选题）编制资产负债表时，"预付账款"所属明细账如有贷方余额，应在（　　　）项目内反映。

　　A.应收账款　　　　B.应付账款　　　　C.预收账款　　　　D.预付账款

2.（多选题）资产负债表中，根据总账科目减去备抵科目差额进行填列的有（　　　）项目。

　　A.交易性金融资产　B.固定资产　　　　C.无形资产　　　　D.长期股权投资

2.负债项目的填列说明

（1）"短期借款"项目，反映企业向银行或其他金融机构等借入的期限在一年以下（含一年）的各种借款。该项目应根据"短期借款"科目的期末余额填列。

（2）"交易性金融负债"项目，反映企业资产负债表日承担的交易性金融负债，以及企业持有的直接指定为以公允价值计量且其变动计入当期损益的金融负债的期末账面价值。该项目应根据"交易性金融负债"科目的相关明细科目期末余额填列。

（3）"衍生金融负债"项目，反映企业衍生金融工具的负债价值。该项目应根据"衍生金融负债"科目的期末余额填列。

（4）"应付票据"项目，反映企业因购买材料、商品和接受服务等开出、承兑的商业汇票，包括银行承兑汇票和商业承兑汇票。该项目应根据"应付票据"科目的期末余额填列。

【例8-5】2020年12月31日，远腾有限公司"应付票据"科目的相关明细科目余额如下：160 000元的银行承兑汇票，108 000的商业承兑汇票，则2020年12月31日，远腾有限公司资产负债表中"应付票据"项目"期末余额"栏的列报金额=160 000+108 000=268 000（元）。

（5）"应付账款"项目，反映企业因购买材料、商品和接受服务等经营活动应支付的款项。该项目应根据"应付账款"和"预付账款"两个科目所属各明细科目的期末贷方余额合计数填列。如"应付账款"科目所属明细科目期末有借方余额的，应在资产负债表"预付款项"项目内填列。

（6）"预收款项"项目，反映企业按照合同规定预收购货单位的款项。该项目应根据"预收账款"和"应收账款"两个科目所属各明细科目的期末贷方余额合计数填列。如"预收账款"科目所属明细科目期末有借方余额的，应在资产负债表"应收账款"项目内填列。

（7）"合同负债"项目，反映企业按照《企业会计准则第14号——收入》(2018)的相关规定，根据本企业履行履约义务与客户付款之间的关系在资产负债表中列示的合同负债。该项目应根据"合同负债"科目的相关明细科目期末余额分析填列。

（8）"应付职工薪酬"项目，反映企业为获得职工提供的服务或解除劳务关系而给予的各种形式的报酬或补偿，并且提供给职工配偶、子女、受赡养人、已故员工遗属及其他受益人的福利也属于职工薪酬，具体包括工资、福利费、社会保险费、住房公积金、工会经费、职工教育经费、非货币性福利、辞退福利、离职后福利和其他长期福利等。外商投资企业按规定从净利润中提取的职工奖励及福利基金，也在本项目列示。该项目应根据"应付职工薪酬"科目所属各明细科目的期末余额分析填列。

【例8-6】2020年12月31日，远腾有限公司"应付职工薪酬"科目的相关明细如下：工资、津贴和奖金112 600元，社会保险费12 420元，住房公积金为7 600元，工会经费和职工教育经费1 024元，则2020年12月31日，远腾有限公司资产负债表中"应付职工薪酬"项目"期末余额"栏的列报金额=112 600+12 420+7 600+1 024=133 644(元)。

（9）"应交税费"项目，反映企业按照税法规定计算应交纳的各种税费，包括增值税、消费税、城市维护建设税、教育费附加、企业所得税、资源税、土地增值税、房产税、城镇土地使用税、车船税、矿产资源补偿费等。企业代扣代缴的个人所得税，也通过本项目列示。企业所交纳的税金不需要预计应交数的，如印花税、耕地占用税等，不通过本项目列示。该项目应根据"应交税费"科目的期末贷方余额填列，如"应交税费"科目期末为借方余额，则应以"-"号填列。

（10）"其他应付款"项目，反映企业除应付票据、应付账款、预收款项、应付职工薪酬、应交税费等经营活动以外的其他各种应付、暂收的款项。该项目应根据"应付利息""应付股利""其他应付款"三个科目的期末余额合计数填列。

（11）"持有待售负债"项目，反映资产负债表日处置组中与划分为持有待售类别的资产直接相关的负债的期末账面价值。该项目应根据"持有待售负债"科目的期末余额填列。

（12）"一年内到期的非流动负债"项目，反映企业非流动负债中将于资产负债表日后一年内到期的那部分金额，如将于一年内偿还的长期借款。该项目应根据有关非流动负债项目的明细科目余额分析填列。

（13）"其他流动负债"项目，反映企业除短期借款、交易性金融负债、应付票据、应付账款、应付职工薪酬、应交税费等流动负债以外的其他流动负债。该项目应根据有关科目的期末余额分析填列。

（14）"长期借款"项目，反映企业向银行或其他金融机构借入的期限在一年以上（不含一年）的各项借款。该项目应根据"长期借款"科目的期末余额，扣除掉"长期借款"科目所属的明细科目中将在资产负债表日起一年内到期且企业不能自主地将清偿义务展期的长期借款后的金额计算填列。

【例8-7】2020年12月31日，远腾有限公司"长期借款"科目余额为300 000元，其中向A银行借入的100 000元将于一年内到期，且远腾有限公司不具有自主展期清偿的权利,则2020年12月31日,远腾有限公司资产负债表中"长期借款"项目"期末余额"栏的列报金额=300 000-100 000=200 000(元),"一年内到期的非流动负债"项目"期末余额"栏的列报金额为100 000元。

(15)"应付债券"项目,反映企业为筹集长期资金而发行的债券本金及应付的利息。该项目应根据"应付债券"科目的明细科目余额分析填列。

(16)"租赁负债"项目,反映资产负债表日承租人企业尚未支付的租赁付款额的期末账面价值。该项目应根据"租赁负债"科目的期末余额分析填列。但是,自资产负债表日起一年内到期应予以清偿的租赁负债的期末账面价值,应在"一年内到期的非流动负债"项目中反映。

(17)"长期应付款"项目,反映企业除长期借款、应付债券等以外的其他各种长期应付款项,该项目应根据"长期应付款"科目的期末余额,减去相关的"未确认融资费用"科目期末余额后的金额填列。

(18)"预计负债"项目,反映企业根据或有事项等相关准则确认的各项预计负债,包括对外提供担保、未决诉讼、产品质量保证、重组义务以及固定资产和矿区权益弃置义务等产生的预计负债。该项目应根据"预计负债"科目的期末余额填列。

(19)"递延收益"项目,反映尚待确认的收入或收益,包括企业根据政府补助准则确认的应在以后期间计入当期损益的政府补助金额、售后租回形成融资租赁的售价与资产账面价值差额等其他递延性收入。该项目应根据"递延收益"科目的期末余额填列,并且该项目中摊销期限只剩一年或不足一年的,或预计在一年内(含一年)进行摊销的部分,不得归类为流动负债,仍在本项目中填列,即不转入"一年内到期的非流动负债"项目。

(20)"递延所得税负债"项目,反映企业根据所得税准则确认的应纳税暂时性差异产生的所得税负债。该项目应根据"递延所得税负债"科目的期末余额填列。

(21)"其他非流动负债"项目,反映企业除上述非流动负债以外的其他非流动负债。该项目应根据有关科目的期末余额,减去将于一年内(含一年)到期偿还数额后的余额分析计算填列。非流动负债各项目中将于一年内(含一年)到期的非流动负债,应在"一年内到期的非流动负债"项目中反映。

3.所有者权益项目的填列说明

(1)"实收资本(或股本)"项目,反映企业各投资者实际投入的资本(或股本)总额。该项目应根据"实收资本(或股本)"科目的期末余额填列。

(2)"其他权益工具"项目,反映资产负债表日企业发行在外的除普通股以外、分类为权益工具的金融工具的期末账面价值,并下设"优先股"和"永续债"两个项目,分别反映企业发行的分类为权益工具的优先股和永续债的账面价值。该项目应根据"其他权益工具"科目的期末余额分析填列。

(3)"资本公积"项目,反映企业收到投资者出资超出其在注册资本或股本中所占的份额以及直接计入所有者权益的利得和损失等。该项目应根据"资本公积"科目的期末余额填列。

(4)"其他综合收益"项目,反映企业其他综合收益的期末余额。该项目应根据"其他综合收益"科目的期末余额填列。

(5)"专项储备"项目,反映高危行业企业按国家规定提取的安全生产费的期末账面价值。该项目应根据"专项储备"科目的期末余额填列。

(6)"盈余公积"项目,反映企业盈余公积的期末余额。该项目应根据"盈余公积"科目的期末余额填列。

(7)"未分配利润"项目,反映企业尚未分配的利润。该项目应根据"利润分配"科目中所属的"未分配利润"明细科目的期末余额填列。若"利润分配——未分配利润"科目有借方余额的,表示企业未弥补的亏损,应在本项目中以"-"号填列。

📖 课堂小测试8-4

1.(单选题)资产负债表中的"应付账款"项目,应根据(　　)填列。

A."应付账款"总账账户的期末余额

B."应收账款"总账账户的所属明细账户的期末余额

C."应收账款"和"应付账款"总账账户的本期借方余额的差额

D."应付账款"和"预付账款"总账账户所属明细账户的本期贷方余额

2.(多选题)关于资产负债表项目的填列,正确的有(　　)。

A."短期借款"项目根据"短期借款"总账科目期末余额直接填列

B."实收资本"项目根据"实收资本"总账科目期末余额直接填列

C."开发支出"项目根据"研发支出"科目所属"资本化支出"明细科目期末余额填列

D."长期借款"项目根据"长期借款"总账科目及其明细科目期末余额分析计算填列

四、资产负债表编制举例

【例8-8】根据所给资料,编制驰通有限公司2021年6月30日的资产负债表。

(1)驰通有限公司2020年12月31日有关账户的期末余额见表8-2。其中,"应收账款"科目所属明细科目均为借方余额,"应付账款"科目所属明细科目均为贷方余额。

表8-2　驰通有限公司2020年12月31日有关账户期末余额　　单位:元

账户	借方余额	贷方余额
库存现金	2 360	
银行存款	366 575	
应收票据	83 200	
应收账款	191 750	
原材料	64 400	
库存商品	315 920	
生产成本	56 320	

续表

账户	借方余额	贷方余额
固定资产	450 000	
累计折旧		45 000
短期借款		140 000
应付账款		152 000
应付职工薪酬		106 840
应付利息		5 000
应交税费		6 460
长期借款		260 000
其中,一年内到期的长期借款		60 000
实收资本		800 000
盈余公积		3 645
利润分配		11 580
合计	1 530 525	1 530 525

（2）驰通有限公司2021年6月30日试算平衡表资料见表8-3。其中,"应收账款""预付账款"科目所属明细科目均为借方余额,"应付账款"科目所属明细科目均为贷方余额。同时,"长期借款"科目中的"一年内到期的长期借款"金额为120 000元。

表8-3　驰通有限公司2021年6月30日试算平衡表　　　　　　　单位:元

账户	期初余额		本期发生额		期末余额	
	借方	贷方	借方	贷方	借方	贷方
库存现金	2 800		100 450	100 900	2 350	
银行存款	428 200		290 000	504 398	213 802	
应收票据	43 200				43 200	
应收账款	128 600		983 100	8 600	1 103 100	
预付账款			35 000		35 000	
其他应收款	2 200		1 900	1 900	2 200	
在途物资			96 400	96 400		
原材料	46 320		219 700	169 800	96 220	
库存商品	574 470		254 720	678 000	151 190	
生产成本			254 720	254 720		

账户	期初余额		本期发生额		期末余额	
	借方	贷方	借方	贷方	借方	贷方
制造费用			30 720	30 720		
在建工程	60 000		81 300	81 300	60 000	
固定资产	520 000		190 800		710 800	
累计折旧		70 000		35 700		105 700
无形资产	160 000				160 000	
短期借款		200 000	20 000	80 000		260 000
应付票据		133 000				133 000
应付账款		140 765	27 000	139 030		252 795
应付职工薪酬		98 600	98 600	96 000		96 000
应交税费		23 400	108 228	206 053		121 225
应付利息		4 800		1 200		6 000
长期借款		260 000				260 000
实收资本		850 000		82 000		932 000
资本公积		12 000				12 000
盈余公积		3 645		26 000		29 645
本年利润			1 035 800	1 035 800		
利润分配		169 580	26 000	225 917		369 497
主营业务收入			990 000	990 000		
其他业务收入			32 000	32 000		
主营业务成本			678 000	678 000		
其他业务成本			18 000	18 000		
管理费用			22 850	22 850		
销售费用			12 400	12 400		
财务费用			1 200	1 200		
税金及附加			2 047	2 047		
营业外收入			13 800	13 800		
营业外支出			80	80		
所得税费用			75 306	75 306		
合计	1 965 790	1 965 790	5 700 121	5 700 121	2 577 862	2 577 862

(3)编制驰通有限公司2021年6月30日的资产负债表,见表8-4。

表8-4 资产负债表　　　　　　　　　　　　会企01表

编制单位:驰通有限公司　　　　　2021年6月30日　　　　　　　　单位:元

资产	期末余额	上年年末余额	负债和所有者权益（或股东权益）	期末余额	上年年末余额
流动资产:			流动负债:		
货币资金	216 152	368 935	短期借款	260 000	140 000
交易性金融资产			交易性金融负债		
衍生金融资产			衍生金融负债		
应收票据	43 200	83 200	应付票据	133 000	
应收账款	1 103 100	191 750	应付账款	252 795	152 000
应收款项融资			预收款项		
预付款项	35 000		合同负债		
其他应收款	2 200		应付职工薪酬	96 000	106 840
存货	247 410	436 640	应交税费	121 225	6 460
合同资产			其他应付款	6 000	5 000
持有待售资产			持有待售负债		
一年内到期的非流动资产			一年内到期的非流动负债	120 000	60 000
其他流动资产			其他流动负债		
流动资产合计	1 647 062	1 080 525	流动负债合计	989 020	470 300
非流动资产:			非流动负债:		
债权投资			长期借款	140 000	200 000
其他债权投资			应付债券		
长期应收款			其中:优先股		
长期股权投资			永续股		
其他权益工具投资			租赁负债		
其他非流动金融资产			长期应付款		
投资性房地产			预计负债		
固定资产	605 100	405 000	递延收益		
在建工程	60 000		递延所得税负债		
生产性生物资产			其他非流动负债		

续表

资产	期末余额	上年年末余额	负债和所有者权益（或股东权益）	期末余额	上年年末余额
油气资产			非流动负债合计	140 000	200 000
使用权资产			负债合计	1 129 020	670 300
无形资产	160 000		所有者权益（或股东权益）：		
开发支出			实收资本（或股本）	932 000	800 000
商誉			其他权益工具		
长期待摊费用			其中：优先股		
递延所得税资产			永续债		
其他非流动资产			资本公积	12 000	
非流动资产合计	825 100	405 000	减：库存股		
			其他综合收益		
			专项储备		
			盈余公积	29 645	3 645
			未分配利润	369 497	11 580
			所有者权益合计	1 343 142	815 225
资产合计	2 472 162	1 485 525	负债和所有者权益合计	2 472 162	1 485 525

第三节　利润表

一、利润表的概念与作用

（一）利润表的概念

利润表，又称损益表，是反映企业在一定会计期间的经营成果的财务报表。它是一种动态报表，根据"收入−费用=利润"这一会计等式，按照一定的步骤将一定期间内的收入和相对应的成本费用配比，从而计算出企业的各项利润指标。利润表可以反映企业在一定会计期间收入、费用、利润（或亏损）的金额和构成情况，使财务报表使用者全面了解企业的经营成果、分析企业的获利能力及盈利增长趋势，从而为其作出经济决策提供依据。

（二）利润表的作用

利润表提供了企业一定期间的经营成果信息，其具体作用主要有：（1）可以反映一定会计期间收入的实现情况，如实现了多少营业收入、投资收益及营业外收入等；（2）可以反映一定会计期间成本费用的耗费情况，如耗费了多少营业成本，花费了多少管理费用、销售费用、财务费用、税金及附加及营业外支出等；（3）可以反映企业生产经营活动所取得的成果实现情况，据以判断资本保值增值等情况，如企业实现了多少利润或者发生了多少亏损；（4）与资产负债表信息相结合，提供进行财务分析的基本资料，如将营业收入与应收账款平均余额做比较来分析企业的运营能力，净利润与资产总额做比较来分析企业的盈利能力等，从而有助于会计报表使用者判断企业未来的发展趋势，作出正确的经济决策。

二、利润表的内容与结构

（一）利润表的内容

利润表主要反映收入、费用和利润三个方面的内容。按照利润形成的主要环节应当列示反映下列信息项目：营业收入、营业成本、税金及附加、销售费用、管理费用、研发费用、财务费用、其他收益、投资收益（损失）、净敞口套期收益（损失）、公允价值变动收益（损失）、信用减值损失、资产减值损失、资产处置收益（损失）、营业利润（亏损）、营业外收入、营业外支出、利润总额（亏损总额）、所得税费用、净利润（净亏损）、其他综合收益的税后净额、综合收益总额、每股收益等。

（二）利润表的结构

利润表一般由表头、表体两部分组成。表头部分应列明报表名称、编制单位名称、编制日期、报表编号和计量单位。表体部分是利润表的核心和主体，列示了形成经营成果的各个项目和计算过程。

利润表的结构一般有单步式和多步式两种。在我国，《企业会计准则》规定企业应采用多步式利润表，即通过对当期的收入、费用项目按性质加以归类，按利润形成的环节和顺序，列示出一些中间性利润指标，如营业利润、利润总额和净利润，分步骤计算当期净损益，以便财务报表使用者从不同利润类别中了解企业经营成果的不同来源。我国一般企业利润表格式如表8-5所示，其包括以下步骤和内容：

第一步，以营业收入为基础，减去营业成本、税金及附加、销售费用、管理费用、研发费用、财务费用，资产减值损失、信用减值损失，加上其他收益、投资收益（或减去投资损失）、净敞口套期收益（或减去净敞口套期损失）、公允价值变动收益（或减去公允价值变动损失）、资产处置收益（或减去资产处置损失），计算出营业利润；

第二步，以营业利润为基础，加上营业外收入，减去营业外支出，计算出利润总额；

第三步，以利润总额为基础，减去所得税费用，计算出净利润（或净亏损）；

第四步，以净利润（或净亏损）为基础，计算出每股收益；

第五步，以净利润（或净亏损）和其他综合收益的税后净额为基础，计算出综合收益总额。

表8-5　利润表　　　　　　　　　　　　　会企02表

编制单位：　　　　　　　　　　年　月　　　　　　　　　　　　单位:元

项目	本期金额	上期金额
一、营业收入		
减:营业成本		
税金及附加		
销售费用		
管理费用		
研发费用		
财务费用		
其中:利息费用		
利息收入		
资产减值损失		
信用减值损失		
加:其他收益		
投资收益(损失以"-"填列)		
其中:对联营企业和合营企业的投资收益		
以摊余成本计量的金融资产终止确认收益		
净敞口套期收益(损失以"-"填列)		
公允价值变动收益(损失以"-"填列)		
资产处置收益(损失以"-"填列)		
二、营业利润(亏损以"-"填列)		
加:营业外收入		
减:营业外支出		
三、利润总额(亏损总额以"-"填列)		
减:所得税费用		
四、净利润(净亏损以"-"填列)		
五、其他综合收益的税后净额		
六、综合收益总额		
七、每股收益		
(一)基本每股收益		
(二)稀释每股收益		

三、利润表的编制

(一)利润表项目的填列方法

利润表各项目均需填列"本期金额"和"上期金额"两栏,主要目的是方便财务报表使用者通过比较不同期间利润的实现情况,判断企业经营成果的未来发展趋势。其中,"上期金额"栏内各项数字,应根据上年该期利润表中的"本期金额"栏内所列数字填列。如果上年度利润表与本年度利润表规定的项目名称和内容不相一致,应对上年度利润表中项目的名称和内容按照本年度规定进行调整,然后填入本表"上期金额"栏内。

利润表中的"本期金额"栏内各项目的数字,除"基本每股收益"和"稀释每股收益"项目外,应当按照相关科目的发生额分析填列。如"营业收入"项目,应根据"主营业务收入"和"其他业务收入"科目的发生额分析计算填列;"营业成本"项目,应根据"主营业务成本"和"其他业务成本"科目的发生额分析计算填列;其他项目均按照各自科目的发生额分析填列。

(二)利润表项目的填列说明

(1)"营业收入"项目,反映企业经营主要业务和其他业务所确认的收入总额。该项目应根据"主营业务收入"和"其他业务收入"科目的发生额分析填列。

【例8-9】远腾有限公司是一家家电制造企业,主要生产电视、冰箱、洗衣机和空调。2020年度"主营业务收入"科目发生额如下:电视销售收入合计500万元,冰箱销售收入合计350万元,洗衣机销售收入合计320万元,空调销售收入合计280万元;"其他业务收入"科目发生额合计50万元,则远腾有限公司2020年度利润表中"营业收入"项目"本期金额"栏的列报金额=500+350+320+280+50=1 500(万元)。

(2)"营业成本"项目,反映企业经营主要业务和其他业务所发生的成本总额。该项目应根据"主营业务成本"和"其他业务成本"科目的发生额分析填列。

> **思考与讨论**
>
> 根据本章导入案例的资料内容,请说明利润表中相关项目的填列。
> ①"营业成本"项目填列时应考虑哪些科目?
> ②"营业成本"项目应根据相关科目的期末余额还是本期发生额填列?

(3)"税金及附加"项目,反映企业经营业务所负担的消费税、城市维护建设税、教育费附加、资源税、土地增值税、房产税、车船税、城镇土地使用税、印花税等相关税费。该项目应根据"税金及附加"科目的发生额分析填列。

(4)"销售费用"项目,反映企业在销售商品和材料、提供服务过程中发生的各种费用。该项目应根据"销售费用"科目的发生额分析填列。

(5)"管理费用"项目,反映企业为组织和管理生产经营活动所发生的各种费用。该项目应根据"管理费用"科目的发生额分析填列。

(6)"研发费用"项目,反映企业进行研究与开发过程中发生的费用化支出以及计入管理费用的自行开发无形资产的摊销额。该项目应根据"管理费用"科目下的"研发费用"明细科目的发生额以及"管理费用"科目下"无形资产摊销"明细科目的发生额分析计算填列。

（7）"财务费用"项目，反映企业为筹集生产经营所需资金等而发生的筹资费用。该项目应根据"财务费用"科目的发生额分析填列。对于其中的"利息费用"和"利息收入"项目，应根据"财务费用"科目的相关明细科目的发生额分析填列。

【例8-10】远腾有限公司2020年度"财务费用"科目发生额如下：银行长期借款利息费用合计40万元且全部予以费用化，银行短期借款利息费用合计10万元，银行存款利息收入合计2万元，银行手续支出合计3万元，给予购货方现金折扣合计6万元，则远腾有限公司2020年度利润表中"财务费用"项目"本期金额"栏的列报金额=40+10-2+3+6=57（万元），其中"利息费用"项目列报金额为50万元，"利息收入"项目的列报金额为2万元。

（8）"资产减值损失"项目，反映企业有关资产发生的减值损失。该项目应根据"资产减值损失"科目的发生额分析填列。

（9）"信用减值损失"项目，反映企业按照《企业会计准则第22号——金融工具确认和计量》（2018）的要求计提的各项金融工具信用减值准备所确认的信用损失。该项目应根据"信用减值损失"科目的发生额分析填列。

（10）"其他收益"项目，反映计入其他收益的政府补助，以及其他与日常活动相关且计入其他收益的项目。该项目应根据"其他收益"科目的发生额分析填列。企业作为个人所得税的扣缴义务人，根据《中华人民共和国个人所得税法》收到的扣缴税款手续费，应作为其他与日常活动相关的其他收益在本项目中填列。

（11）"投资收益"项目，反映企业以各种方式对外投资所取得的收益。该项目应根据"投资收益"科目的发生额分析填列。如为投资损失，本项目以"-"号填列。

（12）"净敞口套期收益"项目，反映净敞口套期下被套期项目累计公允价值变动转入当期损益的金额或现金流量套期储备转入本期损益的金额。该项目应根据"净敞口套期损益"科目的发生额分析填列。如为套期损失，本项目以"-"号填列。

（13）"公允价值变动收益"项目，反映企业应当计入当期损益的资产或负债公允价值变动收益。该项目应根据"公允价值变动损益"科目的发生额分析填列。如为净损失，本项目以"-"号填列。

（14）"资产处置收益"项目，反映企业出售划分为持有待售的非流动资产（金融工具、长期股权投资和投资性房地产除外）或处置时确认的处置利得或损失，以及处置未划分为持有待售的固定资产、在建工程、生产性生物资产及无形资产而产生的处置利得或损失。该项目应根据"资产处置损益"科目的发生额分析填列。如为处置损失，本项目以"-"号填列。

（15）"营业利润"项目，反映企业从事日常生产经营活动而实现的利润。该项目应根据（1）~（14）各项目金额分析计算填列，如为亏损，本项目以"-"号填列。

（16）"营业外收入"项目，反映企业发生的与经营业务无直接关系的各项收益，主要包括与企业日常活动无关的政府补助、盘盈利得、捐赠利得等。该项目应根据"营业外收入"科目的发生额分析填列。

(17)"营业外支出"项目,反映企业发生的与经营业务无直接关系的各项支出,主要包括公益性捐赠支出、非常损失、盘亏损失、非流动资产毁损报废损失等。该项目应根据"营业外支出"科目的发生额分析填列。

【例8-11】远腾有限公司2020年度"营业外支出"科目发生额如下:固定资产盘亏损失5万元,罚没支出合计4万元,捐赠支出合计10万元,发生地震造成非常损失3万元,则远腾有限公司2020年度利润表中"营业外支出"项目"本期金额"栏的列报金额=5+4+10+3=22(万元)。

(18)"利润总额"项目,反映企业实现的税前利润。该项目应根据(14)、(15)、(16)各项目金额分析计算填列,如为亏损,本项目以"-"号填列。

(19)"所得税费用"项目,反映企业从当期利润总额中扣除的企业所得税费用。该项目应根据"所得税费用"科目的发生额分析填列。

(20)"净利润"项目,反映企业实现的税后利润。该项目应根据(18)、(19)项目金额分析计算填列,如为亏损,本项目以"-"号填列。

(21)"其他综合收益的税后净额"项目,反映企业根据《企业会计准则》规定未在损益中确认的各项利得和损失扣除所得税影响后的净额。该项目应根据"其他综合收益"科目及其所属有关明细科目的发生额分析填列。

(22)"综合收益总额"项目,反映企业净利润与其他综合收益的税后净额的合计数。

(23)"每股收益"项目,包括基本每股收益和稀释每股收益两项指标,反映普通股或潜在普通股已公开交易的企业,以及正处在公开发行普通股或潜在普通股过程中的企业的每股收益信息。

课堂小测试8-5

1.(单选题)下列各项中,不属于企业利润表项目的是(　　)。

A.综合收益总额　　B.未分配利润　　C.每股收益　　D.公允价值变动收益

2.(多选题)下列各项中,影响利润表中当期营业利润项目金额的有(　　)。

A.出售商品取得收入　　　　B.出租机器设备取得的租金收入

C.出售原材料取得的收入　　D.支付税收滞纳金

四、利润表编制举例

【例8-12】根据【例8-8】中驰通有限公司2021年6月30日的试算平衡表资料,编制驰通有限公司2021年6月的利润表。

(1)从表8-3中筛选出损益类账户的试算平衡表资料,见表8-6。从试算平衡表中可以看出,损益类账户无期初余额和期末余额,本期借方发生额等于贷方发生额。其中,"主营业务收入""其他业务收入""营业外收入"账户的借方发生额表示收益类账户结转为"本年利润"账户的金额,而"主营业务成本""其他业务成本""税金及附加""销售费用""管理费用""财务费用""营业外支出""所得税费用"等账户的贷方发生额表示费用类账户结转为"本年利润"的金额。

表8-6　驰通有限公司2021年6月30日损益类账户的试算平衡表　　　　单位:元

账户	期初余额		本期发生额		期末余额	
	借方	贷方	借方	贷方	借方	贷方
主营业务收入			990 000	990 000		
其他业务收入			32 000	32 000		
主营业务成本			678 000	678 000		
其他业务成本			18 000	18 000		
管理费用			22 850	22 850		
销售费用			12 400	12 400		
财务费用			1 200	1 200		
税金及附加			2 047	2 047		
营业外收入			13 800	13 800		
营业外支出			80	80		
所得税费用			75 306	75 306		
合计			1 845 683	1 845 683		

（2）编制驰通有限公司2021年6月的利润表,见表8-7。（"上期金额"省略）

表8-7　利润表　　　　会企02表

编制单位:驰通有限公司　2021年6月　　　　　　　　　　　　　　　　　　单位:元

项目	本期金额	上期金额(略)
一、营业收入	1 022 000	
减:营业成本	696 000	
税金及附加	2 047	
销售费用	12 400	
管理费用	22 850	
研发费用		
财务费用	1 200	
其中:利息费用		
利息收入		
资产减值损失		
信用减值损失		
加:其他收益		

续表

项目	本期金额	上期金额(略)
投资收益(损失以"-"填列)		
其中:对联营企业和合营企业的投资收益		
以摊余成本计量的金融资产终止确认收益		
净敞口套期收益(损失以"-"填列)		
公允价值变动收益(损失以"-"填列)		
资产处置收益(损失以"-"填列)		
二、营业利润(亏损以"-"填列)	287 503	
加:营业外收入	13 800	
减:营业外支出	80	
三、利润总额(亏损总额以"-"填列)	301 223	
减:所得税费用	75 306	
四、净利润(净亏损以"-"填列)	225 917	
五、其他综合收益的税后净额		
六、综合收益总额		
七、每股收益		
(一)基本每股收益		
(二)稀释每股收益		

第四节 其他报表和附注简介

一、现金流量表

(一)现金流量表的概念

现金流量表是指反映企业在一定会计期间现金及现金等价物流入和流出的报表。现金及现金等价物的流入和流出是以收付实现制为基础确认的,也就是说,实际收到货币即为当期流入,实际支付货币即为当期流出。现金及现金等价物的流入减去流出的余额为现金净流量,反映了企业本期内净增加或净减少的现金及现金等价物数额。

其中,现金是指企业库存现金及可以随时用于支付的存款,包括库存现金、银行存款和其他货币资金(如外埠存款、银行本票存款、银行汇票存款、信用卡存款、信用证保证金存款等),而不能随时用于支付的存款则不属于现金;现金等价物是指企业持有的期限短、流动性强、易于转换为已知金额现金、价值变动风险很小的投资。所谓期限短,一般是指从购买日起3个月内到期,通常包括3个月内到期的债权投资等。而权益性投资变现的金额通常不确定,因而不属于现金等价物。对于现金等价物的范围,企业应当根据具体情况来确定,一经确定不得随意变更。

通过现金流量表,可以为报表使用者提供企业一定期间内现金及现金等价物的流入和流出的信息,便于使用者了解和评价企业获取现金及现金等价物的实际能力,据以预测企业未来的现金流量。

(二)现金流量表的内容

现金流量表一般包含三个项目:经营活动产生的现金流量、投资活动产生的现金流量、筹资活动产生的现金流量。经营活动产生的现金流量主要包括销售商品或提供劳务、购买商品或接受劳务、支付工资和交纳税款等流入和流出的现金及现金等价物;投资活动产生的现金流量主要包括购建固定资产、处置子公司及其他营业单位等流入和流出的现金及现金等价物;筹资活动产生的现金流量主要包括吸收投资、发行股票、分配利润、发行债券、偿还债务(不包括偿还应付账款、应付票据等商业应付款)等流入和流出的现金及现金等价物。

现金净流量也是现金流量表中的一个指标。按照企业生产经营活动的不同类型,现金净流量可以分为经营活动现金净流量、投资活动现金净流量、筹资活动现金净流量。需要注意的是,下列行为不会产生现金流量或不会影响现金净流量的变化,因此不能反映在现金流量表中,包括:(1)企业从银行提取现金、用现金购买短期内到期的国库券等现金和现金等价物之间的相互转换;(2)企业发生的与现金流量或现金等价物无关的经济业务,如企业销售一批商品,而款项尚未收到。

会计小故事

为什么武松需要武大郎接济?

武松和武大郎是亲兄弟。武松原是浪迹江湖的卖艺人,"貌奇伟,尝使技于涌金门外"。杭州知府高权见武松武艺高强,才能出众,遂邀请入府,让他担任都头。不久,武松因功被提拔为提辖,成为知府高权的心腹。武松的职业生涯一帆风顺、平步青云,工资也一升再升,涨到了每月6 000两。相反,武大郎就过得比较凄苦,每天起早贪黑,靠卖烧饼勉强糊口度日,每月也就2 000两的收入。

可是,奇怪的是,富有的武松经常需要武大郎接济,他们身边的朋友们都不相信,但这的确是事实,为什么呢?想一想,我们身边是不是也经常出现此类现象呢?这就要用现金流量来解释了。

首先,武松的收入虽高,但应酬也多,每月支出在3 000两左右;而武大郎勤俭节约,每月开支控制在800两以下;

其次,武松的收入名义上看是不错的,实际上很多收入并没有拿到手里,而是直接作为礼物孝敬给"知府大人"了,这部分的开支每月都在1 000两左右;

再次,衙门最近入不敷出,知府大人铺张浪费,导致财政亏空,武松的工资经常拖欠,甚至拿不到,这个月武松就只拿到了一半薪水。而武大郎就不一样了,做的是卖烧饼的小本生意,要求对方现款结清,于是武大郎的收入就是实打实的现金流入。

因此,武松的现金流入经常会小于现金流出,就导致入不敷出,而武大郎的现金流入却大于现金流出,就会有剩余的现金来接济武松了。

摘自《幸福会计学》,温荣辉 黄静秋著

(三)现金流量表的结构

我国企业现金流量表采用报告式,分类反映经营活动产生的现金流量、投资活动产生的现金流量和筹资活动产生的现金流量,最后汇总反映企业某一期间现金及现金等价物的净增加额。我国一般企业现金流量表的格式如表8-8所示。

表8-8 现金流量表　　　　　　　　　　　会企03表

编制单位:　　　　　　　　　　年　月　　　　　　　　　单位:元

项目	本期金额	上期金额
一、经营活动产生的现金流量:		
销售商品、提供劳务收到的现金		
收到的税费返还		
收到其他与经营活动有关的现金		
经营活动现金流入小计		
购买商品、接受劳务支付的现金		
支付给职工及为职工支付的现金		
支付的各项税费		
支付其他与经营活动有关现金		
经营活动现金流出小计		
经营活动产生的现金流量净额		
二、投资活动产生的现金流量:		
收回投资收到的现金		
取得投资收益收到的现金		
处置固定资产、无形资产和其他长期资产收回的现金净额		
处置子公司及其他营业单位收到的现金净额		
收到其他与投资活动有关的现金		
投资活动现金流入小计		
购建固定资产、无形资产和其他长期资产支付的现金净额		
投资支付的现金		
取得子公司及其他营业单位支付的现金净额		

项目	本期金额	上期金额
支付其他与投资活动有关的现金		
投资活动现金流出小计		
投资活动产生的现金流量净额		
三、筹资活动产生的现金流量:		
吸收投资收到的现金		
取得借款收到的现金		
收到其他与筹资活动有关的现金		
筹资活动现金流入小计		
偿还债务支付的现金		
分配股利、利润或偿付利息支付的现金		
支付其他与筹资活动有关的现金		
筹资活动现金流出小计		
筹资活动产生的现金流量净额		
四、汇率变动对现金及现金等价物的影响		
五、现金及现金等价物净增加额		
六、期末现金及现金等价物余额		

(四)现金流量表的编制

编制现金流量表时,列报经营活动产生的现金流量有两种方法:直接法和间接法。

(1)直接法,是指通过现金收入和现金支出的主要类别列示经营活动产生的现金流量的方法,一般以利润表的营业收入为起算点,调整与经营活动有关的项目的增减变动,然后计算出经营活动的现金流量。在实际工作中,采用直接法编制现金流量表时,通常具体可以采用工作底稿法或T型账户法,也可以根据有关科目记录分析填列。

(2)间接法,是指以净利润为起算点,通过调整不涉及现金的收入、费用、营业外收支等有关项目,据此计算并列报经营活动产生的现金流量的方法。

我国企业的现金流量表可以分别采用直接法和间接法进行编制,其正表按照直接法编制,而间接法编制出的补充资料则是对正表的核对和补充说明。

二、所有者权益变动表

(一)所有者权益变动表的概念

所有者权益变动表是指反映构成所有者权益各组成部分当期增减变动情况的报表。通过所有者权益变动表,既可以为财务报表使用者提供所有者权益总量增减变动的信息,也能为其提供所有者权益增减变动的结构性信息,特别是反映直接计入所有者权益的利得和损失,从而能够让财务报表使用者准确理解所有者权益增减变动的根源,有助于其深入分析企业所有者权益的增减变动情况,进而做出企业资本保值增值情况的正确判断。

（二）所有者权益变动表的内容

在所有者权益变动表中,企业至少应当单独列示反映下列信息的项目:

(1)综合收益总额;

(2)会计政策变更和差错更正的累积影响金额;

(3)所有者投入资本和向所有者分配利润等;

(4)提取的盈余公积;

(5)实收资本、其他权益工具、资本公积、其他综合收益、专项储备、盈余公积、未分配利润的期初和期末余额及其调节情况。

（三）所有者权益变动表的结构

所有者权益变动表以矩阵的形式列示。一方面,列示导致所有者权益变动的交易或事项,即所有者权益变动的来源,对一定时期所有者权益的变动情况进行全面反映;另一方面,按照所有者权益各组成部分(即实收资本、其他权益工具、资本公积、库存股、其他综合收益、专项储备、盈余公积、未分配利润)列示交易或事项对所有者权益各部分的影响。我国一般企业所有者权益变动表的格式如表8-9所示。

表8-9　所有者权益变动表　　　　　　　　　　　　会企04表

编制单位:　　　　　　　　　　___年度　　　　　　　　　　　单位:元

项目	本年金额								上年金额							
	实收资本（或股本）	其他权益工具	资本公积	减：库存股	其他综合收益	专项储备	盈余公积	未分配利润	所有者权益合计	实收资本（或股本）	其他权益工具	资本公积	减：库存股	其他综合收益	专项储备	盈余公积	未分配利润	所有者权益合计
一、上年年末余额																
加:会计政策变更																
前期差错更正																
其他																
二、本年年初余额																
三、本年增减变动金额（减少以"-"号填列）																
（一)综合收益总额																
（二)所有者投入和减少资本																

项目	本年金额									上年金额								
	实收资本（或股本）	其他权益工具	资本公积	减：库存股	其他综合收益	专项储备	盈余公积	未分配利润	所有者权益合计	实收资本（或股本）	其他权益工具	资本公积	减：库存股	其他综合收益	专项储备	盈余公积	未分配利润	所有者权益合计
1.所有者投入的普通股																		
2.其他权益工具持有者投入的资本																		
3.股份支付计入所有者权益的金额																		
4.其他																		
(三)利润分配																		
1.提取盈余公积																		
2.对所有者(或股东)的分配																		
3.其他																		
(四)所有者权益内部结转																		
1.资本公积转增资本(或股本)																		
2.盈余公积转增资本(或股本)																		
3.盈余公积弥补亏损																		
4.设定受益计划变动额结转留存收益																		
5.其他综合收益结转留存收益																		
6.其他																		
四、本年年末余额																		

（四）所有者权益变动表的编制

所有者权益变动表各项目均需填列"本年金额"和"上年金额"两栏。

所有者权益变动表"上年余额"栏内各项数字,应根据上年度所有者权益变动表"本年金额"栏内所列数字填列。上年度所有者权益变动表规定的各个项目的名称和内容同本年度不一致的,应对上年度所有者权益变动表各项目的名称和数字按照本年度的规定进行调整,填入所有者权益变动表中的"上年金额"栏内。

所有者权益变动表"本年金额"栏内各项数字一般应根据"实收资本(或股本)""其他权益工具""资本公积""库存股""其他综合收益""专项储备""盈余公积""利润分配""以前

年度损益调整"科目的发生额分析填列。

三、附注

(一)附注的概念

附注是对资产负债表、利润表、现金流量表和所有者权益变动表等报表中列示项目的文字描述或明细资料,以及对未能在这些报表中列示项目的说明等。

附注应当以财务报表的编制为基础,其相关信息应与资产负债表、利润表、现金流量表和所有者权益变动表等报表中所列示的项目相互参照。企业编制附注的目的是通过对财务报表本身做补充说明,以便更加全面、系统地反映企业财务状况、经营成果和现金流量以及所有者权益的情况,从而有助于作出更加科学合理的决策。

(二)附注的主要内容

附注是财务报告的重要组成部分。根据《企业会计准则》的规定,企业应当按照如下顺序披露附注的主要内容:

1.企业的基本情况

(1)企业注册地、组织形式和总部地址;

(2)企业的业务性质和主要经营活动;

(3)母公司以及集团最终母公司的名称;

(4)财务报告的批准报出者和财务报告的批准报出日;

(5)营业期限有限的企业,还应当披露有关营业期限的信息。

2.财务报表的编制基础

财务报表的编制基础是指财务报表是在持续经营基础上还是非持续经营基础上编制的。企业一般是在持续经营基础上编制财务报表,清算、破产属于非持续经营基础。

3.遵循《企业会计准则》的声明

企业应当声明编制的财务报表符合《企业会计准则》的要求,真实、完整地反映了企业的财务状况、经营成果和现金流量等有关信息,以此明确企业编制财务报表所依据的制度基础。

4.重要会计政策和会计估计

企业应当披露采用的重要会计政策和会计估计,不重要的会计政策和会计估计可以不披露。在披露重要会计政策和会计估计时,企业应当披露重要会计政策的确定依据和财务报表项目的计量基础,以及会计估计中所采用的关键假设和不确定因素。

5.会计政策和会计估计变更以及差错更正的说明

企业应当按照会计政策、会计估计变更和差错更正会计准则的规定,披露会计政策和会计估计变更以及差错更正的有关情况。

6.报表重要项目的说明

企业对报表重要项目的说明,应当按照资产负债表、利润表、现金流量表、所有者权益变动表及其项目列示的顺序,采用文字和数字描述相结合的方式进行说明并披露。报表重要项目的明细金额合计应当与报表金额相衔接,主要包括以下重要项目:应收款项、存货、长期股权投资、投资性房地产、固定资产、无形资产、职工薪酬、应交税费、短期借款和长期借款、应付债券、长期应付款、营业收入、公允价值变动收益、投资收益、资产减值损失、营业外收入、营业外支出、所得税费用、其他综合收益、政府补助、借款费用。

7.或有和承诺事项、资产负债表日后非调整事项、关联方关系及其交易等需要说明的事项

8.有助于财务报表使用者评价企业管理资本的目标、政策及程序的信息

课堂小测试8-6

1.(单选题)下列属于投资活动现金流量的有(　　)。

A.购买材料支付的现金　　　B.分配股利支付的现金

C.取得的银行借款　　　　　D.购买固定资产支付的现金

2.(多选题)下列各项中应在企业财务报表附注中披露的内容有(　　)。

A.财务报表的编制基础　　　B.会计政策和会计估计变更以及差错更正的说明

C.重要会计政策和会计估计　D.遵循企业会计准则的声明

本章小结

1.财务报告,是指企业对外提供的反映企业某一特定日期财务状况和某一会计期间经营成果、现金流量等会计信息的文件,包含财务报表和其他应当在财务报告中披露的相关信息和资料。财务报表是财务报告的核心和主体。

2.财务报表是对企业财务状况、经营成果和现金流量的结构性表述,一套完整的财务报表至少包括"四表一附注",即资产负债表、利润表、现金流量表、所有者权益(或股东权益)变动表以及报表附注。按编报时间不同,财务报表分为年度财务报表和中期财务报表;按编报主体不同,可分为个别财务报表和合并财务报表;按反映的资金运动状况不同,可分为静态报表和动态报表。

3.资产负债表是反映企业在某一特定日期财务状况的财务报表,主要反映资产、负债及所有者权益三个方面的内容。我国企业资产负债表采用账户式结构,其"期末余额"栏主要有以下填列方法:(1)根据一个或几个总账科目的余额填列;(2)根据明细账科目的余额计算填列;(3)根据总账科目和明细账科目的余额分析计算填列;(4)根据有关科目余额减去其备抵科目金额后的净额填列;(5)综合运用以上填列方法分析填列。

4.利润表,又称损益表,是反映企业在一定会计期间的经营成果的财务报表,主要反映收入、费用及利润三个方面的内容。我国企业利润表采用多步式结构,其"本期金额"栏根据相关科目的发生额分析填列。

自我检测

一、单项选择题

1.下列财务报表中,(　　)是一张静态财务报表。

A.资产负债表　　B.利润表　　　C.现金流量表　　D.所有者权益变动表

2.反映企业一定时点财务状况的报表是(　　)。

    A.资产负债表　　B.利润表　　C.现金流量表　　D.所有者权益变动表

3.反映企业一定期间经营成果的报表是(　　)。

    A.资产负债表　　B.利润表　　C.现金流量表　　D.所有者权益变动表

4.资产负债表的编制依据是(　　)。

    A.期末余额=期初余额+本期增加额−本期减少额

    B.资产=负债+所有者权益

    C.资产+费用=负债+所有者权益+收入

    D.利润=收入−费用

5.我国企业资产负债表的格式为(　　)。

    A.账户式　　B.报告式　　C.单步式　　D.多步式

6.以下项目中,属于资产负债表中"非流动负债"项目的是(　　)。

    A.应付账款　　B.其他应付款　　C.应交税费　　D.应付债券

7.下列资产负债表项目中,可以根据总账科目期末余额直接填列的是(　　)。

    A.应收账款　　B.存货　　C.短期借款　　D.固定资产

8.编制资产负债表时,"应收账款"所属明细账如有贷方余额,应在(　　)项目内反映。

    A.应收账款　　B.应付账款　　C.预收账款　　D.预付账款

9.某公司的账户余额有:原材料50 000元,库存商品120 000元,固定资产230 000元,累计折旧45 000元,生产成本23 000元。则该公司的存货为(　　)元。

    A.423 000　　B.400 000　　C.193 000　　D.148 000

10. 2020年12月31日,某公司"应付票据""应付账款""其他应付款"相关明细科目期末贷方余额分别列示如下:商业承兑汇票20万元,银行承兑汇票30万元,应付A公司账款35万元,其他应付款5万元。不考虑其他因素,该企业2020年12月31日资产负债表中"应付票据"项目的期末余额为(　　)万元。

    A.30　　B.50　　C.85　　D.90

11.某企业一笔长期借款将于2021年7月1日到期,则该笔长期借款应列于企业2020年12月31日资产负债表中的(　　)项目。

    A.一年内到期的非流动负债　　B.其他非流动资产

    C.短期借款　　D.长期借款

12.下列有关科目的期末余额应列入资产负债表中"在建工程"项目的是(　　)。

    A.在途物资　　B.工程物资　　C.委托加工物资　　D.固定资产清理

13. 2020年12月31日,某企业"其他应收款"科目借方余额为5 000元,"应收利息"科目借方余额为42 000元,"应收股利"科目借方余额为38 000元,"坏账准备"科目中有关其他应收款计提的坏账金额为2 000元。不考虑其他因素,该企业2020年12月31日资产负债表中"其他应收款"项目期末余额为(　　)元。

    A.3000　　B.80 000　　C.83 000　　D.85 000

14.编制利润表的主要依据是(　　)。

A.资产、负债及所有者权益各账户的本期发生额

B.资产、负债及所有者权益各账户的期末余额

C.损益类各账户的本期发生额

D.损益类各账户的期末余额

15.利润表中的"营业收入"项目,应根据（　　）填列。

A."主营业务收入"账户的发生额

B."其他业务收入"账户的发生额

C."主营业务收入"和"其他业务收入"账户的发生额相加

D."主营业务收入""其他业务收入"和"营业外收入"账户的发生额相加

16.下列各项中,不影响利润表中的利润总额项目的是（　　）。

A.主营业务收入　　B.主营业务成本　　C.营业外收入　　D.所得税费用

17.支付的在建工程人员工资,属于（　　）。

A.经营活动现金流量　　　　　　B.投资活动现金流量

C.筹资活动现金流量　　　　　　D.支付给职工以及为职工支付的现金

18.下列各项中,不属于筹资活动现金流量的有（　　）。

A.吸收投资收到的现金　　　　　B.收回投资收到的现金

C.偿还债务支付的现金　　　　　D.取得借款收到的现金

19.下列各项中,不在所有者权益变动表中列示的项目是（　　）。

A.综合收益总额　　B.利润分配　　C.每股收益　　D.所有者投入资本

20.下列各项中,关于财务报表附注的表述不正确的是（　　）。

A.附注中包括财务报表重要项目的说明

B.对未能在财务报表列示的项目在附注中说明

C.附注中需要写明编制财务报表的编制基础

D.如果没有需要披露的重大事项,企业不必编制附注

二、多项选择题

1.财务报表按照编报时间的不同,可以分为（　　）。

A.中期财务报表　　B.年度财务报表　　C.个别财务报表　　D.合并财务报表

2.资产负债表中的"货币资金"项目,应根据（　　）科目期末余额的合计数填列。

A.备用金　　　　B.库存现金　　　　C.银行存款　　　　D.其他货币资金

3.编制资产负债表时,填列"固定资产"项目,应考虑的账户包括（　　）。

A.固定资产　　　　　　　　　　B.累计折旧

C.固定资产减值准备　　　　　　D.固定资产清理

4.下列项目中,属于资产负债表中"流动资产"项目的是（　　）。

A.预付款项　　　　B.开发支出　　　　C.存货　　　　D.交易性金融资产

5.为计算营业利润,需要从营业收入中减去（　　）。

A.营业成本　　　　　　　　　　B.税金及附加

C.销售费用、管理费用、财务费用　　D.资产减值损失

6.下列各项中,属于企业利润表列示的项目有(   )。

A.递延收益   B.资产处置收益 C.信用减值损失   D.其他收益

7.下列各项中,关于利润表项目本期金额的填列方法,表述正确的有(   )。

A."税金及附加"项目应根据"应交税费"科目的本期发生额分析填列

B."营业利润"项目应根据"本年利润"科目的本期发生额分析填列

C."营业收入"项目应根据"主营业务收入"和"其他业务收入"科目的本期发生额分析填列

D."管理费用"项目应根据"管理费用"科目的本期发生额分析填列

8.现金流量表中的"现金"包括(   )。

A.库存现金   B.银行存款   C.其他货币资金   D.现金等价物

9.现金流量表中的现金流量,包括(   )产生的现金流量。

A.经营活动   B.投资活动   C.筹资活动   D.收、付款活动

10.下列各项中,属于"所有者权益变动表"中单独列示的项目有(   )。

A.会计估计变更的累积影响金额   B.会计政策变更的累积影响金额

C.综合收益总额   D.提取的盈余公积

三、判断题

1.半年度、季度和月度财务报告统称为中期财务报告。   (   )

2."生产成本"账户如有期末余额,应在资产负债表"存货"项目中列示。   (   )

3.财务报表附注是对在资产负债表、利润表、现金流量表和所有者权益变动表等报表中列示项目的文字描述或明细资料,以及对未能在这些报表中列示项目的说明等。

(   )

4.如果"投资收益"有借方余额1 000元,则在填列利润表中以"-"号表示。   (   )

5.对于在资产负债表日起1年内到期的负债,企业预计能够自主地将清偿义务展期至资产负债表日后1年以上的,应当归类为流动负债。   (   )

6.企业在资产负债表日或之前违反了长期借款协议,导致贷款人可随时要求清偿的负债,应当归类为流动负债。   (   )

7.我国企业利润表采用单步式结构。   (   )

8."应付账款"所属明细科目有借方余额的,应填列在"应收账款"项目内。 (   )

9.企业日常核算不设置"预付账款"科目的,期末编制资产负债表时就不需要填列"预付款项"项目。   (   )

10.企业年度财务报告中,所有者权益变动表中的"未分配利润"项目本年年末余额应与资产负债表中的"未分配利润"项目年末余额相一致。   (   )

11.企业利润表中的"综合收益总额"项目,应根据企业当年实现的"净利润"和"其他综合收益的税后净额"的合计数计算填列。   (   )

12.计提固定资产减值准备不影响营业利润。   (   )

13.增值税税额不影响利润表中的"税金及附加"项目。   (   )

14.所有者权益变动表是反映企业当期所有者权益各构成部分增减变动情况的报表。
（　　）

15.企业在财务报表附注中应当披露采用的重要会计政策和会计估计,不重要的会计政策和会计估计可以不披露。（　　）

职业能力提升

1.[**目的**] 熟练资产负债表中有关项目期末余额的计算。

[**资料**] 广厦有限责任公司2020年12月31日有关科目余额如表8-10所示:

表8-10　广厦公司2020年12月31日有关科目余额　　单位:万元

科目名称	总账余额	明细科目余额	
		借方余额	贷方余额
应收账款	借方12	A公司13	B公司1
应付账款	贷方15	C公司3	D公司18
预付账款	借方0.8	E公司0.8	
预收账款	贷方0.6	F公司0.4	H公司1
坏账准备	贷方1.3		A公司1.3

[**要求**] 根据上述资料,计算资产负债表中应收账款、应付账款、预付款项、预收款项项目的金额。

2.[**目的**] 理解资产负债表的编制方法。

[**资料**] 假设H公司2020年年初、年末的相关科目余额资料如下:

(1)H公司2020年年初的相关科目余额表如表8-11所示。其中,"应收账款""预付账款"科目所属的明细科目余额均为借方,"应付账款"科目所属明细科目余额均为贷方。

表8-11　H公司2020年1月1日相关科目余额表　　单位:元

科目名称	借方余额	科目名称	贷方余额
库存现金	2 500	坏账准备——应收账款	6 000
银行存款	1 985 000	存货跌价准备	6 500
其他货币资金	128 000	累计折旧	600 000
交易性金融资产	136 000	固定资产减值准备	200 000
应收票据	80 000	短期借款	650 000
应收账款	345 000	应付票据	150 000
预付账款	50 000	应付账款	360 000
其他应收款	4 500	其他应付款	12 600

续表

科目名称	借方余额	科目名称	贷方余额
原材料	102 500	应付职工薪酬	102 000
周转材料	45 000	应交税费	40 800
库存商品	160 000	应付利息	15 000
应收利息	4 800	长期借款	1 750 000
长期股权投资	300 000	其中:一年内到期长期借款	750 000
固定资产	3 240 000	实收资本	5 000 000
在建工程	1 600 000	资本公积	280 400
无形资产	960 000	盈余公积	150 000
长期待摊费用	270 000	利润分配—未分配利润	90 000
合计	9 413 300	合计	9 413 300

（2）H公司2020年年末的相关科目余额表如表8-12所示。其中,"应收账款""预付账款"科目所属的明细科目余额均为借方,"应付账款""预收账款"科目所属明细科目余额为贷方。

表8-12　H公司2020年12月31日相关科目余额表　　　　　　单位:元

科目名称	借方余额	科目名称	贷方余额
库存现金	3 750	坏账准备——应收账款	8 500
银行存款	1 784 350	存货跌价准备	10 600
其他货币资金	122 000	累计折旧	386 500
交易性金融资产	128 000	固定资产减值准备	147 800
应收账款	503 400	累计摊销	96 000
预付账款	35 000	短期借款	800 000
其他应收款	2 500	应付票据	100 000
应收股利	36 000	应付账款	685 000
在途物资	80 000	预收账款	80 000
原材料	123 800	应付职工薪酬	163 000
周转材料	20 000	应付股利	61 400
库存商品	283 600	应交税费	64 350
生产成本	21 300	应付利息	17 550
长期股权投资	246 000	长期借款	1 750 000

科目名称	借方余额	科目名称	贷方余额
固定资产	4 558 000	其中:一年内到期的长期借款	1 000 000
工程物资	142 800	实收资本	5 000 000
在建工程	630 000	资本公积	280 400
无形资产	960 000	盈余公积	160 000
长期待摊费用	270 000	利润分配—未分配利润	139 400
合计	9 950 500	合计	9 950 500

[要求] 编制H公司2020年12月31日的资产负债表。

3. [目的] 掌握利润表的编制方法。

[资料] 博泰有限公司截至2020年12月31日,有关损益类科目的发生额如表8-13所示:

表8-13　博泰公司2020年度有关损益类科目的发生额　　　单位:万元

科目名称	借方发生额	贷方发生额
主营业务收入		3 200
其他业务收入		300
主营业务成本	1 850	
其他业务成本	200	
税金及附加	100	
销售费用	60	
管理费用	150	
财务费用	20	
资产减值损失	15	
投资收益		100
资产处置损益	50	
营业外收入		90
营业外支出	45	
所得税费用	300	

[要求] 根据上述资料,编制博泰有限公司2020年度的利润表。

课外项目

[实训项目] 深入了解财务报告的相关内容

[**项目任务**] 班里每个同学利用网络平台,查找相关资料,完成以下课外任务：

1.在网上搜索一两家上市公司的财务报表,仔细阅读并了解上市公司财务报表的种类以及信息披露的主要内容。

2.登录财政部网站,查找《企业会计准则第30号——财务报表列报》并了解其主要内容。

[**成果展示**] 每个学生将查找到的相关内容进行整理,并由教师随机抽部分学生在课堂上进行汇报分享。

第九章 账务处理程序

学习目标

1.理解账务处理程序的概念、基本原则,掌握账务处理程序的分类及设计要求;

2.知悉各类账务处理程序的特点、核算步骤及适用范围;

3.掌握记账凭证账务处理程序、科目汇总表账务处理程序和汇总记账凭证账务处理程序的基本操作过程。

导入案例

星辰公司于2010年成立,刚成立时是一家小规模的生产型企业,随着公司十多年的逐步发展,现在该公司已经发展为规模较大、业务量较多的大规模企业。随着业务量的不断扩大,该公司的会计总是抱怨工作量太大,即使加班加点有时候也不能按时完成工作任务,在这样的情况下,公司及时增加了会计人员,但并没有从根本上解决问题。于是,公司咨询了天成会计师事务所的注册会计师张某,张会计师在实地了解了星辰公司的会计工作流程后发现,星辰公司的会计核算长期以来都是根据原始凭证填制记账凭证,根据记账凭证登记日记账、明细分类账,并逐笔登记总分类账,月末按要求进行对账、编制会计报表。张会计师指出,这样的账务处理程序在公司规模较小时是完全适用的,但现在公司规模变大、业务量繁多,仍然采用这种账务处理程序,特别是逐笔登记总分类账,必然会导致记账工作繁杂,无法提高工作效率。所以应适当改变公司的账务处理程序,建议每月定期编制科目汇总表,根据科目汇总表登记总分类账。星辰公司采用了张会计师的建议,果然大大减少了会计工作,提高了工作效率。

结合以上资料,你认为什么是账务处理程序? 企业在进行账务处理时,应该如何选择恰当的财务处理程序? 本章将会对相关内容进行分析和讨论。

第一节 账务处理程序概述

一、 账务处理程序的概念

企业发生的经济业务,必须通过设置账户、复式记账、填制和审核会计凭证、登记账簿等一系列会计核算的专门方法进行归类和加工,最后编制出会计报表,全面、综合地反映企业的经济活动情况。这些会计核算方法并不是孤立的,而是有一定的内在联系。为了使企业的会计核算工作有序进行,并确保会计信息的质量,就需要将这些会计核算方法有机地结合起来,形成科学的账务处理程序。

账务处理程序也被称为会计核算组织程序或会计核算程序,是指在会计循环中会计主体把会计凭证、会计账簿、会计报表、记账形式和记账程序有机结合起来的方式。具体来说,就是从原始凭证的整理、汇总,记账凭证的填制、汇总,日记账、明细分类账、总分类账的登记,再到会计报表的编制的步骤和方法。不同的会计凭证、账簿组织、记账程序和记账方法结合在一起,就形成了不同的账务处理程序。

拓展阅读

会计循环与记账程序

会计循环通常是指会计主体在一定的会计期间内,从经济业务发生取得或填制会计凭证起,然后依据会计凭证分别登记各种账簿,到最后根据总分类账和有关明细分类账的本期发生额或期末余额编制会计报表为止的一系列处理程序。

记账程序通常是指在会计循环中,利用不同种类和格式的会计凭证、会计账簿和会计报表对发生的经济业务进行记录和反映的具体做法。

企业的业务性质、规模和业务的繁复性决定了其账务处理程序的类型。不同的账务处理程序对汇总凭证、登记总分类账的依据和办法的要求不同。因此,在实际会计工作中,企业需要根据实际情况,科学地组织会计凭证、会计账簿及会计报表,确定相应的账务处理程序,使会计凭证的填制、账簿的登记、会计报表的编制能够有机结合,提供及时有效的会计信息,确保经济管理活动正常有序地运行。

二、账务处理程序的重要意义

科学地组织账务处理程序,对提高会计的核算质量、会计的工作效率以及充分发挥会计的职能都具有重要意义,具体体现在以下几个方面:

(1)科学、合理地选择账务处理程序可以使会计数据处理在整个业务处理过程的各个环节有条不紊地进行,保证会计信息加工过程的严密性。

(2)科学、合理地选择账务处理程序可以保证会计记录的完整性、正确性,从而增强会计信息的可靠性。

(3)科学、合理地选择账务处理程序可以减少不必要的会计核算环节,避免重复浪费,节约人力、物力和财力,确保会计信息的及时性。

三、账务处理程序的设计原则

由于各行各业经营特点不同,业务性质和规模大小以及管理要求也不相同,选择的会计账务处理程序也有所差异。但是为了保证账务处理程序设计的合理性和科学性,各企业应遵循以下基本原则：

（1）设计的账务处理程序要与本企业的业务性质、规模大小、业务繁复程度、经营管理的要求和特点等相适应。

（2）设计账务处理程序时，要尽可能地根据会计信息使用者的要求选用凭证、账簿、报表和记账程序，确保正确、及时、准确、完整地提供会计信息使用者所需的会计核算资料。

（3）所设计的账务处理程序在保证会计核算工作质量的前提下，要力求简化核算手续，节约记账时间，提高会计核算的工作效率。

会计小故事

　　职场菜鸟小强工作认真细致，但是他发现根据每一张记账凭证登记完日记账和明细账后，还要拿着记账凭证去登记总账，他就急了，不干了！这是要累死的节奏啊！是啊，登这么多账簿，真的不容易，所以说，会计工作好辛苦啊。"不对呀"，小强突然想起来了，"我们学了账务处理程序了呀，怎么忘了呢？"

四、账务处理程序的种类

在实际工作中，我国各经济单位通常采用的账务处理程序主要有记账凭证账务处理程序、汇总记账凭证账务处理程序、科目汇总表账务处理程序、多栏式日记账账务处理程序、日记总账账务处理程序五种，一般单位大多采用前三种账务处理程序。

账务处理程序虽然各有差异，但是基本模式是相同的。不论哪一种账务处理程序都是从原始凭证开始，以会计报表为终点。因此，各类账务处理程序包含的内容是一样的，基本模式如图9-1所示：

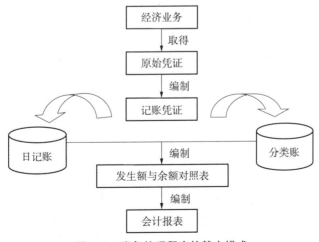

图9-1　账务处理程序的基本模式

📝 **课堂小测试9-1**

（多选题）请判断下列各项中,属于常用的账务处理程序的是(　　　)。

A.记账凭证账务处理程序　　　　B.汇总记账凭证账务处理程序

C.科目汇总表账务处理程序　　　D.多栏式日记账账务处理程序

E.日记总账账务处理程序

第二节　记账凭证账务处理程序

一、记账凭证账务处理程序的概念及特点

记账凭证账务处理程序是指对发生的经济业务事项,都要根据原始凭证或汇总原始凭证编制记账凭证,然后直接根据记账凭证逐笔登记总分类账的一种账务处理程序。其特点是在会计核算中根据记账凭证逐笔登记总分类账,简单明了且易于理解。这种账务处理程序也是最基本的账务处理程序,其他几种账务处理程序都是在其基础上发展起来的。

在记账凭证账务处理程序下,记账凭证可以采用通用记账凭证,也可以采用收款凭证、付款凭证、转账凭证等专用记账凭证。账簿一般设置现金日记账、银行存款日记账、总分类账和明细分类账。现金日记账、银行存款日记账、总分类账均可采用三栏式,明细分类账可以根据需要采用三栏式、多栏式或数量金额式。在这种账务处理程序下,总分类账一般是按户设页。

二、记账凭证账务处理程序的核算步骤

记账凭证账务处理程序是最基础的账务处理程序,其核算流程相对来说比较简单,具体如图9-2所示:

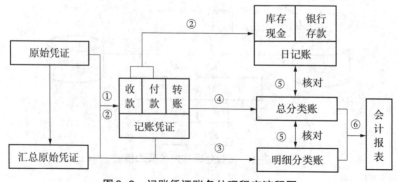

图9-2　记账凭证账务处理程序流程图

根据图9-2,记账凭证账务处理程序具体包括以下步骤:

(1)经济业务发生以后,根据原始凭证或原始凭证汇总表编制记账凭证。采用记账凭证账务处理程序时,应尽量将同类原始凭证进行汇总,编制原始凭证汇总表,然后再根据原始凭证汇总表填制记账凭证,以便减少记账凭证的数量,从而减轻登记总账的工作量。

(2)根据收款凭证、付款凭证逐笔登记现金日记账和银行存款日记账。

(3)根据原始凭证、汇总原始凭证和记账凭证,登记各种明细分类账。

(4)根据各种记账凭证(收款凭证、付款凭证和转账凭证)逐笔登记总分类账。

(5)期末,将现金日记账、银行存款日记账和明细分类账的余额与有关的总分类账余额进行核对相符。

(6)期末,根据核对无误的总分类账和明细分类账的相关资料,编制会计报表。

📖 思考与讨论

乐心咖啡店坐落于某小型商业区,经营各种咖啡、甜点、西餐等,每日客流量较多,店内有1名出纳小张和1名会计小杨。小杨认为记账凭证账务处理程序较为简单,且总账与明细账平行登记,能够很好地起到控制作用,就一直采用记账凭证账务处理程序。

你认为小杨的看法是否正确?该咖啡店采用记账凭证账务处理程序是否合理?

三、记账凭证账务处理程序的优缺点和适用范围

记账凭证账务处理程序的优点是:简单明了,手续简便,易于理解;总分类账可以较详细地反映经济业务的发生情况;对经济业务发生较少的科目,总分类账可以代替明细账。不足之处在于:总分类账登记工作量过大;账页耗用多,预留账页多少难以把握,且不便于会计分工。

记账凭证账务处理程序一般只适用于经营规模较小、经济业务简单、业务量较少且会计凭证不多的单位。

📝 课堂小测试9-2

(多选题)请判断下列各项中,属于记账凭证账务处理程序的适用范围的有(　　　　)。

A.规模较大的单位　　　　　　B.经济业务较少的单位

C.规模较小的单位　　　　　　D.经济业务较多的单位

第三节　汇总记账凭证账务处理程序

一、汇总记账凭证账务处理程序的概念及特点

汇总记账凭证账务处理程序是根据原始凭证或原始凭证汇总表编制记账凭证,定期根据记账凭证分类编制汇总收款凭证、汇总付款凭证和汇总转账凭证,再根据汇总记账凭证登记总分类账的一种账务处理程序。

汇总记账凭证账务处理程序的特点是先定期将记账凭证汇总编制成各种汇总记账凭证,然后再根据各种汇总记账凭证登记总分类账。这种账务处理程序是在记账凭证账务处理程序的基础上发展起来的,它与记账凭证账务处理程序的主要区别是在记账凭证和总分类账之间增加了汇总记账凭证。

在汇总记账凭证账务处理程序下,账簿一般设置现金日记账、银行存款日记账、总分类账和各种明细分类账。记账凭证则采用专用记账凭证,即收款凭证、付款凭证和转账凭证,用以登记明细分类账,并定期编制汇总收款凭证、汇总付款凭证和汇总转账凭证,用以登记总分类账,总分类账的账页格式必须增设"对应账户"栏。

二、汇总记账凭证的编制方法

在汇总记账凭证账务处理程序下,需要定期将收款凭证、付款凭证和转账凭证分别编制为汇总收款凭证、汇总付款凭证和汇总转账凭证,用以登记总分类账。

(一)汇总收款凭证

汇总收款凭证是根据现金、银行存款的收款凭证,分别按"库存现金"和"银行存款"科目设置,定期按贷方科目加以分类汇总,月终时结出合计数,并据以登记总账。汇总收款凭证的格式如表9-1所示:

表9-1　汇总收款凭证

借方科目:　　　　　　　　　　　年　月　　　　　　　　　汇收第　　号

贷方科目	金额				总账页码	
	1—10日 收款凭证共　张	11—20日 收款凭证共　张	21—31日 收款凭证共　张	合计	借方	贷方
合计						

在汇总记账凭证账务处理程序下,收款凭证一般可5天或10天汇总一次,每月编制一

张汇总收款凭证。编制汇总收款凭证的方法是先将需要汇总的收款凭证按其对应的贷方科目进行归类,然后计算出每个贷方科目的发生额合计数,最后填入汇总收款凭证中。月末计算出汇总收款凭证的合计数,据以登记总分类账。登记总分类账时,应根据汇总收款凭证的合计数,分别计入"库存现金"和"银行存款"总分类账户的借方,根据汇总收款凭证上各个科目贷方的合计数分别记入有关总分类账户的贷方。

（二）汇总付款凭证

汇总付款凭证是根据现金、银行存款的付款凭证,分别按现金、银行存款科目设置,定期按借方科目加以分类汇总,月终时结出合计数,并据以登记总账。其格式如表9-2所示。

表9-2　汇总付款凭证

贷方科目：　　　　　　　　　　　年　月　　　　　　　　　　汇付第　号

借方科目	金额				总账页码	
	1—10日 付款凭证共　张	11—20日 付款凭证共　张	21—31日 付款凭证共　张	合计	借方	贷方
合计						

与收款凭证相同,在汇总记账凭证账务处理程序下,付款凭证一般也是5天或10天汇总一次,每月编制一张汇总付款凭证。编制汇总付款凭证的方法是先将需要进行汇总的付款凭证按其对应的借方科目进行归类,然后计算出每一个借方科目发生额合计数,最后填入汇总借款凭证中,月末计算出汇总付款凭证的合计数,据以登记总分类账。登记总分类账时,应根据汇总付款凭证的合计数,分别计入"库存现金"和"银行存款"总分类账户的贷方,根据汇总收款凭证上各个科目借方的合计数分别记入有关总分类账户的借方。

（三）汇总转账凭证

汇总转账凭证是根据转账凭证的贷方科目设置,并按对应的借方科目归类汇总,定期进行填列,月终时结出本科目的合计数,并据以登记总账。其格式如表9-3所示。

表9-3　汇总转账凭证

贷方科目：　　　　　　　　　　　年　月　　　　　　　　　　汇转第　号

借方科目	金额				总账页码	
	1—10日 转账凭证共　张	11—20日 转账凭证　共张	21—31日 转账凭证共　张	合计	借方	贷方
合计						

在汇总记账凭证账务处理程序下,转账凭证一般可5天或10天汇总一次,每月编制一

张汇总转账凭证。汇总转账凭证的编制方法是将需要进行汇总的转账凭证按其对应的借方科目进行归类,计算出每一个借方科目发生额合计数,然后填入汇总转账凭证中。月末计算出每个借方科目发生额合计数,据以登记总分类账。登记总分类账时,应根据汇总转账凭证的合计数,分别记入总分类账户中各个应借账户的借方,以及每一张汇总转账凭证所列的应贷账户的贷方。如果在汇总期内,某一贷方科目的转账凭证为数不多时,也可不填制汇总转账凭证,而直接根据转账凭证记入总分类账。

采用汇总记账凭证账务处理程序,一般情况下只能编制一借一贷或多借一贷的记账凭证,如果对应关系是多借多贷、一借多贷的会计分录,应分解为几个简单的会计分录。

三、汇总记账凭证账务处理程序的核算步骤

汇总记账凭证账务处理程序与记账凭证账务处理程序相似,不同的是在记账凭证和总分类账之间增加了汇总记账凭证,具体流程如图9-3所示。

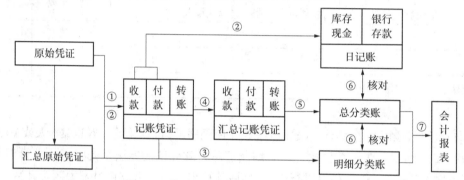

图9-3 汇总记账凭证账务处理程序流程图

根据图9-3,汇总记账凭证账务处理程序的具体步骤如下:

(1)经济业务发生以后,根据原始凭证或汇总原始凭证,编制记账凭证(收款凭证、付款凭证和转账凭证);

(2)根据收款凭证、付款凭证逐笔登记现金日记账和银行存款日记账;

(3)根据原始凭证或汇总原始凭证和记账凭证,登记各种明细分类账;

(4)根据收款凭证、付款凭证、转账凭证定期编制各种汇总记账凭证;

(5)根据汇总记账凭证逐笔登记总分类账;

(6)期末,将现金日记账、银行存款日记账和明细分类账的余额同有关总分类账的余额核对相符;

(7)期末,根据审核无误的总分类账和明细分类账的相关资料,编制会计报表。

四、汇总记账凭证账务处理程序的优缺点和适用范围

汇总记账凭证账务处理程序的优点是可以减轻登记总分类账的工作量,且按照账户对应关系汇总编制记账凭证,便于了解账户之间的对应关系。不足之处在于定期编制汇总记账凭证的工作量过大,在汇总过程中可能存在不易被发现的错误,且不利于会计核算的日常分工。

从适用范围来看,汇总记账凭证账务处理程序一般只适用于规模较大、经济业务较多且会计分工比较细的单位,特别是转账业务较少而收付款业务较多的单位。

课堂小测试9-3

(多选题)请判断下列各项中,属于汇总记账凭证账务处理程序的适用范围的有(   )。

A.规模较大的单位   B.经济业务较少的单位   C.规模较小的单位

D.经济业务较多的单位   E.收付款凭证较多的单位

第四节 科目汇总表账务处理程序

一、科目汇总表账务处理程序的概念及特点

科目汇总表账务处理程序是指根据记账凭证定期编制科目汇总表,然后再根据科目汇总表登记总分类账的一种账务处理程序。科目汇总表又称记账凭证汇总表,是企业定期对全部记账凭证进行汇总后,按照不同的会计科目分别列示各账户借方发生额和贷方发生额的一种汇总凭证。科目汇总表账务处理程序的特点是先定期把全部记账凭证按科目汇总,编制科目汇总表,然后再根据科目汇总表登记总分类账。

在科目汇总表账务处理程序下,账簿设置日记账、明细账、总分类账。记账凭证一般采用收款凭证、付款凭证、转账凭证三种格式。经济业务发生后,根据经济业务的性质分别编制不同的记账凭证。如果经济业务量较多,则采用现金收款凭证和银行存款收款凭证、现金付款凭证和银行存款付款凭证、转账凭证五种格式。

思考与讨论

教师以小组为单位向每个小组发放一张科目汇总表,小组成员仔细观察科目汇总表的格式及具体内容,思考并讨论应当如何编制科目汇总表,然后将本组的观点和其他小组分享。

二、科目汇总表的编制方法

在一些大中型企业,记账凭证往往比较多,如果根据记账凭证逐笔登记总分类账,则过账的工作量会很大。因此,为了简化手续,有必要将记账凭证定期汇总,编制成科目汇总表,然后再登记账簿。在实际工作中,科目汇总表可以根据需要设计并采用不同的格式,但是所有格式的科目汇总表都只反映各总账科目借方和贷方本期的发生额,不反映各个总账科目的对应关系。常见的科目汇总表格式如表9-4和表9-5所示:

表9-4 科目汇总表(一)

年　月　日至　日　　　　　　　　　　　　　　　　　　第　号

会计科目	本期发生额		记账凭证讫号数
	借方	贷方	
合计			

会计主管：　　　　　　会计：　　　　　　复核：　　　　　　制表：

表9-5 科目汇总表(二)

年　月　日至　日　　　　　　　　　　　　　　　　　　第　号

会计科目	总账页数	1—10日		11—20日		21—31日		本月合计	
		借方	贷方	借方	贷方	借方	贷方	借方	贷方
合计									

会计主管：　　　　　　会计：　　　　　　复核：　　　　　　制表：

科目汇总表的编制方法是:先将汇总期内各项经济业务涉及的会计科目填列在科目汇总表的"会计科目"栏内;然后将汇总期内所有记账凭证,按相同的会计科目归类,分别计算各科目的借方发生额和贷方发生额,并填入科目汇总表相应的栏内;其次再进行本期发生额试算平衡;最后试算无误后,据以登记总分类账。

科目汇总表可以每月汇总一次编制一张,也可根据业务量大小每5天或10天汇总一次,每月编制一张。

三、科目汇总表账务处理程序的核算步骤

科目汇总表账务处理程序也是在实际工作中应用比较多的一种账务处理程序,具体账务处理程序如图9-4所示:

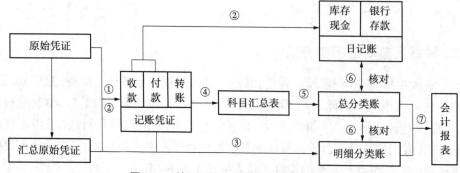

图9-4 科目汇总表账务处理程序流程图

根据图9-4,科目汇总表账务处理程序的具体步骤如下:

(1)经济业务发生以后,根据原始凭证或汇总原始凭证,编制记账凭证(收款凭证、付款凭证和转账凭证);

(2)根据收款凭证、付款凭证逐笔登记现金日记账和银行存款日记账;

(3)根据原始凭证、汇总原始凭证和记账凭证,登记各种明细分类账;

(4)根据记账凭证定期编制科目汇总表;

(5)根据编制的科目汇总表登记总分类账;

(6)期末,将现金日记账、银行存款日记账和明细分类账的余额同有关总分类账的余额核对相符;

(7)期末,根据审核无误的总分类账和明细分类账相关资料,编制财务报表。

四、科目汇总表账务处理程序的优缺点和适用范围

科目汇总表账务处理程序的优点主要体现在两个方面:一是可以大大减轻登记总账的工作量。在科目汇总表账务处理程序下,可根据科目汇总表上有关账户的汇总发生额,在月中定期或月末一次性地登记总分类账,可以使登记总分类账的工作量大为减轻;二是科目汇总表可以发挥试算平衡的作用,保证总分类账登记的正确性。在科目汇总表上的汇总结果体现了一定会计期间所有账户的借方发生额和贷方发生额之间的相等关系,利用这种发生额的相等关系,可以进行全部账户记录的试算平衡。其缺点在于:科目汇总表账务处理程序不能清晰反映各科目的对应关系,因此不便于对经济业务进行分析和检查;此外如果记账凭证较多,根据记账凭证编制科目汇总表本身也是一项很复杂的工作,如果记账凭证较少,运用科目汇总表登记总账又起不到简化登记总账的作用。

鉴于科目汇总表账务处理程序的优点和缺点都非常显著,因此从适用的范围来说,科目汇总表账务处理程序一般只适用于规模相对较大、经济业务量较多的单位。

课堂小测试9-4

(多选题)请判断下列各项中,属于科目汇总表账务处理程序的适用范围的有(　　　)。

A.规模较大的单位　　　　　　B.经济业务较少的单位

C.规模小的单位　　　　　　　D.经济业务较多的单位

第五节　多栏式日记账账务处理程序

一、多栏式日记账账务处理程序的概念和特点

多栏式日记账账务处理程序是指根据多栏式库存现金日记账、多栏式银行存款日记

账和转账凭证登记总分类账的一种账务处理程序。

多栏式日记账账务处理程序的特点是根据收款凭证和付款凭证逐日登记多栏式库存现金日记账和多栏式银行存款日记账,然后根据多栏式库存现金日记账、银行存款日记账登记总分类账。对于转账业务,可以根据转账凭证逐笔登记总账,也可以根据转账凭证定期编制转账汇总表,再根据转账凭证汇总表登记总账。

在多栏式日记账账务处理程序下,所采用的凭证与记账凭证账务处理程序相同,可以采用专用凭证,也可以采用通用凭证。账簿则需设置库存现金日记账和银行存款日记账,各种明细分类账和总分类账。库存现金日记账和银行存款日记账均采用多栏式账页。总分类账一般采用三栏式账页,各种明细分类账可以根据管理需要采用三栏式、数量金额式或多栏式账页。

多栏式的库存现金日记账和银行存款日记账,具有科目汇总表的作用,月终就可根据这些日记账的本月收付发生额和各对应科目的发生额直接登记总分类账。但在运用过程中要注意:现金与银行存款之间的相互划转数额,已经包含在有关日记账的收付和合计数里,因此要避免重复计算;业务较少的单位不需要使用转账凭证科目汇总表,可仍保留转账凭证过账的方法。

二、多栏式日记账的登记方法

多栏式日记账的基本格式与三栏式日记账相似,只是将三栏式日记账中的借方栏和贷方栏分别改为现金流入栏和现金流出栏(本质相同),在现金流入栏和现金流出栏再按现金流量表的具体项目设置专栏,一个项目设一个栏目。为了避免账页过长,经营活动现金流量、投资活动现金流量、筹资活动现金流量可以分页设置、分页登记。一页账页集中登记某一类活动现金流入量和现金流出量。由于现金流量表中的现金流入和流出项目大部分都是银行存款的变动,因此多栏式银行存款日记账项目最多,账页最长。其格式具体如下表所示:

表9-6　多栏式库存现金(银行存款)日记账

年		凭证号	摘要	收入				借方	支出				贷方	余额
月	日			对应账户贷方					对应账户借方					
				预收账款	短期借款	主营业务收入	…		原材料	管理费用	应付账款	…		

多栏式日记账的登记方法与三栏式日记账的登记方法基本相同,须根据收款凭证、付款凭证按经济业务发生的先后顺序序时登记。所不同的是每发生一笔库存现金、银行存

款、其他货币资金收付业务(现金内部转换业务除外)均需按现金流量表具体项目进行归类,并登记到项目的项目栏。

拓展阅读

多栏式银行存款日记账的登记与适用范围

多栏式银行存款日记账是登记银行存款收支业务的一种序时账,在收入和支出中按对应账户设立专栏进行登记。根据银行存款支出日记账,每日将支出合计数过入银行存款收入日记账的支出合计栏内,并结出余额,反映各种银行存款的每日结存数。月末,结出各对应账户栏以及收入和支出的总额(即本月发生额)据以登记总分类账。但其中现金账户栏的本月发生额,因已同时记入现金收入日记账和现金支出日记账,故不需再过总账。

多栏式银行存款日记账,一般是大型企业因收支业务频繁,并须按日编报银行存款收支表的单位采用。设置多栏银行存款日记账,既可作为登记总账依据,又可简化记账工作。

三、多栏式日记账账务处理程序的核算步骤

多栏式日记账账务处理程序与记账凭证账务处理程序类似,不同之处在于日记账采用的是多栏式格式,具体流程如图9-5所示。

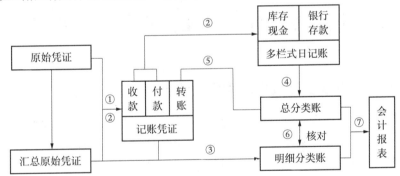

图9-5 多栏式日记账账务处理程序

根据图9-5,多栏式日记账账务处理程序的具体步骤如下:

(1)根据原始凭证或汇总原始凭证,编制收款凭证、付款凭证和转账凭证;

(2)根据收款凭证、付款凭证逐笔登记多栏式现金日记账和多栏式银行存款日记账;

(3)根据原始凭证、汇总原始凭证和记账凭证,登记各种明细分类账;

(4)期末,根据多栏式现金日记账和多栏式银行存款日记账,登记总分类账;

(5)期末,对于没能记入多栏式日记账的转账业务,根据转账凭证登记总分类账,转账业务较多的单位也可以前期编制转账凭证汇总表,然后根据转账凭证汇总表登记总分类账。

(6)期末,按照对账的具体要求将总分类账和明细分类账的余额进行核对;

(7)期末,在核对账证相符的基础上,根据总分类账与明细分类账及其他资料,编制财务报表。

四、多栏式日记账账务处理程序的优缺点和适用范围

多栏式日记账账务处理程序既有优点也有缺点,其优点主要表现在两方面:一是收款凭证、付款凭证通过多栏式日记账进行汇总,再据以登记总分类账,可以减少登记总分类账的工作量;二是可以反映各类经济业务的来龙去脉,便于核对账目。但是,多栏式日记账账务处理程序的缺点也比较明显,如果单位经济业务多,必然会造成日记账栏目过多、账页庞大、容易串行串栏、不便于登记,且多栏式日记账的登记比三栏式日记账的登记更为复杂。

从适用范围来看,多栏式日记账账务处理程序一般适用于生产经营规模大、经济业务量多,但使用会计科目较少的单位。

> **课堂小测试9-5**
>
> (多选题)下列适合采用多栏式日记账账务处理程序的单位是(　　　)。
>
> A.规模较大的单位　　　　　　　B.会计科目较少的单位
>
> C.规模较小的单位　　　　　　　D.经济业务较多的单位

第六节　日记总账账务处理程序

一、日记总账账务处理程序的概念及特点

日记总账账务处理程序是指根据记账凭证逐笔登记日记总账的一种账务处理程序。日记总账的账务处理程序采用的是将日记账和分类账结合在一起的联合账簿,所有账户都集中反映在一张账页上。该账务处理程序的最大特点是预先设置日记总账,然后直接根据记账凭证逐笔登记日记总账。

在日记总账账务处理程序下,需要设置收款凭证、付款凭证和转账凭证。除了必须要开设日记总账外,在日记总账账务处理程序下,还要设置库存现金日记账、银行存款日记账和各种明细分类账。库存现金日记账、银行存款日记账一般采用三栏式账页,各种明细分类账一般根据需要采用多栏式、数量金额式、三栏式等不同的账页。

二、日记总账的登记方法

日记总账是序时账簿与总分类账簿相结合,兼有序时账簿和总分类账簿作用的一种联合账簿,具体格式见表9-7。它将全部总账科目集中在一张账页中,逐日根据记账凭证对全部经济业务进行序时的和总分类的登记,最后按各科目进行汇总,分别计算出借、贷方发生额和期末余额。它既是日记账,又是总分类账,是日记总账核算形式下所采用的一

种主要账簿。

表9-7 日记总账

年		凭证		摘要	××科目		××科目		××科目		××科目	
月	日	字	号		借方	贷方	借方	贷方	借方	贷方	借方	贷方

登记日记总账时,应在同一行将每笔经济业务的借、贷方发生额按应借、应贷账户分别填列到相应账户的借方栏或贷方栏内,同时将这一发生额记入同一行的"发生额"栏内。发生转账业务时,应根据转账凭证逐日、逐笔地登记日记总账。对于收、付款业务,可以根据收、付款凭证逐日汇总登记日记总账,也可以在月末根据多栏式现金日记账、银行存款日记账汇总登记。到了每月月末,应计算出各科目的本期发生额和月末余额。其中,"发生额"一栏的当月合计数应该与全部科目的借方发生额合计数、贷方发生额合计数分别核对相符。

三、日记总账账务处理程序的核算步骤

日记总账账务处理程序与记账凭证账务处理程序类似,不同之处在于总账为日记总账,具体流程如图9-6所示。

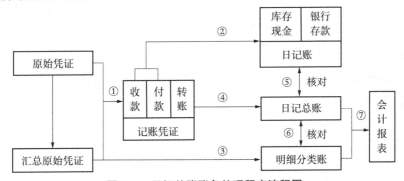

图9-6 日记总账账务处理程序流程图

根据图9-6,日记总账账务处理程序的具体步骤如下:

(1)根据原始凭证或汇总原始凭证,编制收款凭证、付款凭证和转账凭证;

(2)根据收款凭证、付款凭证逐笔登记现金日记账、银行存款日记账;

(3)根据原始凭证、汇总原始凭证和记账凭证,登记各种明细分类账;

(4)根据收款凭证、付款凭证、转账凭证逐日逐笔登记日记总账;

(5)期末,将现金日记账、银行存款日记账的余额和日记总账的余额核对相符;

(6)期末,将各种明细分类账的余额合计数与日记总账中有关科目的余额核对相符;

（7）期末，根据核对无误的日记总账和各种明细分类账及其他资料，编制财务报表。

四、日记总账账务处理程序的优缺点和适用范围

日记总账账务处理程序的优点在于：账务处理程序简便，便于记账和查阅账目；便于了解企业在一定会计期间的全部经济活动；便于编制会计报表。但是缺点也比较明显，如果单位经济业务量大，运用的科目较多，日记总账的账页势必过长，不便于记账和查阅，此外将账户集中在一张账页上，账页太长，也不便于会计人员分工协作。

从适用范围来看，日记总账账务处理程序一般适用于生产经营规模小、经济业务量少、业务简单、使用会计科目较少的单位。

本章小结

本章主要介绍了账务处理程序的概念和种类，以及每一种账务处理程序的核算步骤及适用范围等内容，具体内容如下：

1.账务处理程序包括记账凭证账务处理程序、汇总记账凭证账务处理程序、科目汇总表账务处理程序、多栏式日记账账务处理程序和日记总账账务处理程序。

2.记账凭证账务处理程序、汇总记账凭证账务处理程序、科目汇总表账务处理程序、多栏式日记账账务处理程序和日记总账账务处理程序的概念、核算要求、步骤及优缺点和适用范围各有差异，但是基本模式一致。其中，记账凭证账务处理程序是最基本的账务处理程序。

自我检测

一、单项选择题

1.最基本的账务处理程序是（　　　）。
  A.记账凭证账务处理程序　　　　B.科目汇总表账务处理程序
  C.汇总记账凭证账务处理程序　　D.以上都不对

2.科目汇总表账务处理程序的主要缺点是（　　　）。
  A.不能反映经济业务的全貌　　　B.不能反映会计账户的对应关系
  C.不利于会计分工　　　　　　　D.不能简化总分类账的登记工作

3.汇总记账凭证账务处理的主要缺点是（　　　）。
  A.不能反映经济业务的全貌　　　B.不能反映会计账户的对应关系
  C.不利于会计分工　　　　　　　D.不能简化总分类账的登记工作

4.各种账务处理程序的共同之处是（　　　）。
  A.适用范围相同　　　　　　　　B.登记总分类账的依据相同
  C.会计凭证的组织相同　　　　　D.会计账簿的组织相同

5.各种账务处理程序的主要区别是（　　　）。
  A.使用的记账凭证不同　　　　　B.登记总账的时间不同

C.登记总账的依据不同　　　　　　D.适用范围不同

6.科目汇总表账务处理程序的主要优点是(　　)。

A.详细反映经济业务发生的情况　　B.可以做到试算平衡

C.便于查对账目　　　　　　　　　D.便于了解账户间的对应关系

二、多项选择题

1.我国企业中采用的主要账务处理程序是(　　)。

A.记账凭证账务处理程序　　　　　B.汇总记账凭证账务处理程序

C.科目汇总表账务处理程序　　　　D.计算机账务处理程序

2.关于常见的账务处理程序,正确的说法有(　　)。

A.账务处理程序的根本区别在于总账登记程序和方法不同

B.记账凭证账务处理程序是最基本的账务处理程序

C.会计报表都是根据总分类账和明细分类账编制的

D.账务处理程序的明细账的登记方法是一致的

3.采用汇总记账凭证核算程序,转账凭证的会计分录应为(　　)。

A.一借一贷　　　B.多借一贷　　　C.一借多贷　　　D.多借多贷

4.采用科目汇总表账务处理程序时,月末应将(　　)与总分类账进行核对。

A.汇总记账凭证　　　　　　　　　B.银行存款日记账

C.明细分类账　　　　　　　　　　D.现金日记账

5.在不同的账务处理程序下,下列可以作为登记总分类账依据的有(　　)。

A.记账凭证　　　B.汇总记账凭证　C.科目汇总表　　D.银行存款日记账

6.下列关于科目汇总表账务处理程序说法正确的有(　　)。

A.能清晰反映各科目的对应关系,便于对经济业务进行分析和检查

B.适用于规模较大、经济业务较多的单位

C.发挥着试算平衡的作用,保证总分类账登记的正确性

D.可以大大减轻登记总账的工作量

三、判断题

1.在汇总记账凭证账务处理程序下,记账凭证必须使用收款、付款和转账凭证三种格式便于进行汇总。　　　　　　　　　　　　　　　　　　　　　　　　　　(　　)

2.在所有账务处理程序中,账簿组织是核心,会计凭证的种类、格式、填制方法都要与之相适应。　　　　　　　　　　　　　　　　　　　　　　　　　　　　　(　　)

3.科目汇总表账务处理程序是以科目汇总表作为登记总分类账和明细分类账的依据。　　　　　　　　　　　　　　　　　　　　　　　　　　　　　　　　　　(　　)

4.在科目汇总表账务处理程序下,记账凭证必须使用收款、付款、转账凭证三种格式。　　　　　　　　　　　　　　　　　　　　　　　　　　　　　　　　　　(　　)

5.汇总记账凭证账务处理程序的特点是直接根据每张记账凭证逐笔登记总分类账。　　　　　　　　　　　　　　　　　　　　　　　　　　　　　　　　　　(　　)

6.企业提高会计核算质量、充分发挥会计工作效能的一个重要前提,就是选用适当的账务处理程序。 (   )

🌲职业能力提升

[**目的**]练习科目汇总表的编制

[**资料**]向乐有限公司为增值税一般纳税人,适用13%的增值税税率,所得税税率为25%,采用科目汇总表账务处理程序进行账务处理。2021年5月初,向乐有限公司的会计核算资料如表9-8、表9-9所示。

表9-8　向乐公司2021年5月初各总分类账户余额表　　　单位:元

账户名称	金额	账户名称	金额
库存现金	6 000	累计折旧	50 000
银行存款	50 000	短期借款	50 000
原材料	4 000	长期借款	80 000
生产成本	20 000	实收资本	200 000
库存商品	40 000	盈余公积	23 000
固定资产	300 000	本年利润	17 000
合计	420 000	合计	420 000

表9-9　向乐公司2021年5月初明细分类账户余额表　　　单位:元

明细账户名称	结存数量	结存单价	结存金额
原材料——A材料	500千克	8	4 000
生产成本——甲产品			20 000
库存商品——甲产品	1 600件	25	40 000

向乐有限公司2021年5月发生的经济业务如下(假定除下列经济业务外,该公司未发生其他经济业务事项)。

(1)5月2日,购入A材料2 000千克,取得的增值税专用发票上注明:价款16 000元,增值税税额2 080元。材料已验收入库,货款以银行存款支付。

(2)5月8日,办公室李某出差欲借差旅费5 000元,出纳以现金支付。

(3)5月10日,销售甲产品1 000件,开出的增值税专用发票上注明:单价50元,价款50 000元,增值税税额6 500元。产品已发出,货款已收存银行。

(4)5月15日,用现金支付销售甲产品的搬运、装卸费共计800元。

(5)5月20日,为生产甲产品领用A材料500千克,单价8元,共计40 000元。

(6)5月25日,李某出差归来,报销差旅费4 500元,退回现金500元,结算期预借款。

(7)5月28日,以银行存款支付本月保险费用1 200元。

(8)5月30日,以银行存款支付本月借款利息2 722元。

(9)5月31日,计提本月应交城市维护建设税405元,应交教育费附加500元。

(10)5月31日,结转已售甲产品1 000件,每件25元,共计成本25 000元。

(11)5月31日,将各损益类账户转入"本年利润"科目。

(12)5月31日,计算并结转本月应交所得税。

[要求] 请根据以上资料完成:(1)编制各项经济业务的会计分录;(2)编制科目汇总表。

课外项目

[实训项目] 账务处理程序的应用

[项目任务] 将班里同学按照5~6人为单位,划分为不同的小组,教师向每个小组发放记账凭证、总分类账以及科目汇总表等实训资料,每个小组为某个单位(也可以是一个模拟单位)分别采用记账凭证账务处理程序、汇总记账凭证账务处理程序和科目汇总表账务处理程序对其一个月的经济业务进行账务处理。

[成果展示] 每个小组将完成的资料进行整理打包,小组之间相互传阅,并进行相互点评。

第十章 会计工作组织

学习目标

1. 了解会计工作组织的概念、意义、原则以及组织形式；
2. 熟悉会计机构的设置、会计工作岗位的设置以及会计人员的职责和基本权限；
3. 理解会计档案和会计电算化的相关内容；
4. 了解我国会计法规体系的构成以及企业会计准则体系的具体内容。

导入案例

2021年5月，某市财政局派出检查组对市属某企业的会计工作进行检查，在检查中了解到以下情况：

（1）2020年6月，新厂长黎某上任后，在未报主管单位同意的情况下，决定将原会计科科长詹某调到计划科任科长，提拔会计董某为会计科科长，并将厂长战友的女儿赵某调入该厂会计科担任出纳，并兼管会计档案的保管工作，赵某没有从事会计工作的相关证书。

（2）2020年7月，会计王某申请调离该厂，厂人事部门在其没有办清会计工作交接手续的情况下，即为其办理了调动手续。

结合以上资料，请思考上述情况中，哪些行为不符合国家的相关规定？为什么？本章将会对相关内容进行分析和讨论。

第一节 会计工作组织概述

一、会计工作组织的概念

会计工作通常是指利用会计知识和技能，从事提供会计信息，进行会计管理的一项脑力劳动，是一项严谨细致的综合性经济管理活动。

会计工作组织是指为了保证合理、有效地开展会计工作，对会计机构的设置、会计人员的配备和会计业务的操作等各项工作的统筹安排。会计工作组织的基本内容主要包括：会计机构的设置、会计人员的配备、会计人员职责和权限的设定、会计工作的规范、会计法规制度的制定、会计档案的保管、会计电算化等。

会计是一项复杂、细致的综合性经济管理活动,各单位为了使会计工作正常、高效运行,就必须科学地组织会计工作。正确、科学地组织会计工作,就是要求企业、行政事业单位设置合理的会计机构,配备适当的会计人员,建立并执行各项会计制度,达到加强经营管理的要求。

二、会计工作组织的重要意义

科学地组织会计工作对完成会计职能,实现会计的目标,发挥会计在经济管理中的作用,具有重要意义,具体表现在以下几个方面：

1.有利于提高会计工作的质量和效率

会计工作的全过程包括了一系列程序,需要履行各种手续。由于各程序和手续紧密相连,因此根据会计工作的特点,科学地设置会计机构,配备会计人员,认真、严格地执行会计法律法规、制度等,都有利于提高会计工作质量和效率。

2.有利于会计工作与其他经济管理工作统一协调

会计工作是企业整个经济管理工作中的一个重要组成部分,科学地组织好会计工作,才能处理好会计与其他经济管理工作的关系,使其相互协调、相互配合,全面完成会计工作任务。

3.有利于加强企业内部的经济责任制

经济管理工作中的一个重要手段是实行单位各部门经济责任制,科学地组织好会计工作,才能促使企业各部门管好、用好资金,增收节支,提高企业经营管理水平。

4.有利于会计法规的正确执行

会计工作是一项错综复杂的系统工作,具有较强的政策性和原则性。会计核算必须如实地反映各单位的经济活动和各项财务收支。而科学地组织会计工作,可以促使各单位更好地贯彻执行国家的法律法规及制度、维护财经纪律,为建立良好的社会经济秩序打下基础。

课堂小测试10-1

(多选题)请判断下列各项中,属于会计工作组织基本内容的是(　　　)。

A.会计人员的配备、职责权限　　　B.会计机构的设置

C.会计档案的保管　　　　　　　　D.会计工作的规范、法规制度的制定

E.会计工作的电算化

三、会计工作组织的基本原则

会计工作组织的原则是指提高会计工作质量和效率所应遵循的基本规律。要保证科

学有效地组织和管理好会计工作,应遵循以下基本原则:

1.统一性原则

首先,各个单位必须按照国家对会计工作的统一要求来组织会计工作。具体来说,会计工作组织必须遵守国家的各种法律法规和制度,比如《中华人民共和国会计法》《总会计师条例》《会计基础工作规范》《会计专业职务试行条例》《会计档案管理办法》《会计电算化管理办法》等。会计工作组织首先必须遵守《中华人民共和国会计法》对会计工作的统一要求,按照国家规定的各项法规和制度,进行会计核算,实行会计监督。同时《企业会计准则》是各企业、单位制定会计制度要遵循的准则。

2.适用性原则

各单位可以根据各自生产经营活动及管理的特点组织会计工作。国家对会计工作组织的统一要求只是一般性的原则规定,但是每个会计主体经营活动的特点、规模的大小及经营业务内容的不同使其经营管理对会计信息的具体要求也各不相同。因此,各单位应根据自身生产经营活动及管理的特点,确定本单位的会计制度,并对会计机构的设置和会计人员的配备作出符合实际的安排。

3.效益性原则

在保证会计工作质量的前提下,各单位对所有会计凭证、账簿和报表的设计,对各种手续、程序的规定以及会计人员的配备和会计机构的设置等,都应避免烦琐,尽可能地节省时间和费用,提高工作效率。

四、会计工作的组织形式

由于企业会计工作的组织形式不同,企业会计机构的具体工作范围也有所不同。企业会计工作的组织形式有独立核算和非独立核算、集中核算和非集中核算、专业核算和群众核算几种组织形式。

(一)独立核算和非独立核算

1.独立核算

独立核算是指全面地、系统地对本单位的业务经营过程及其结果进行会计核算。实行独立核算的单位称为独立核算单位,它的特点是具有一定的资金,在银行单独开户,独立经营、计算盈亏,具有完整的账簿系统,定期编制报表。

独立核算单位一般应单独设置会计机构,配备必要的会计人员,如果会计业务较少,也可只设专职会计人员。

2.非独立核算

非独立核算又称报账制,它是由上级拨给一定的备用金和物资,平时进行原始凭证的填制和整理,以及备用金账和实物账的登记,定期将收入、支出向上级报销,由上级汇总。它本身不独立计算盈亏,也不编制报表。实行非独立核算的单位也被称为报账单位。

非独立核算单位一般不设置专门的会计机构,但需要配备专职的会计人员,负责处理日常的会计事务。

（二）集中核算和非集中核算

1.集中核算

集中核算就是将企业的主要会计工作都集中在企业会计机构内进行。企业内部的各部门、各单位一般不进行单独核算，只是对所发生的经济业务进行原始记录，办理原始凭证的取得、填制、审核和汇总工作，并定期将这些资料报送企业会计部门进行总分类核算和明细分类核算。

实行集中核算，可以减少核算层次，精简会计人员，但不利于企业各部门和各单位及时利用核算资料进行日常的考核和分析。

2.非集中核算

非集中核算又称为分散核算，是指企业的内部单位要对本身所发生的经济业务进行比较全面的会计核算。

实行非集中核算，使企业内部各部门、各单位能够及时了解本部门和本单位的经济活动情况，有利于及时分析、解决问题，但这种组织形式会增加核算手续和核算层次。

在工业企业里，车间设置成本明细账，登记本车间发生的生产成本并计算出所完成产品的车间成本，厂部会计部门只根据车间报送的资料进行产品成本的总分类核算。在商业企业里，把库存商品的明细核算和某些费用的核算等，分散在各业务部门进行，至于会计报表的编制以及不宜分散核算的工作，如物资供销、现金收支、银行存款收支、对外往来结算等，仍由企业会计部门集中办理。

（三）专业核算和群众核算

1.专业核算

专业核算是指由专职会计人员进行核算。通过专业核算，可以提供比较全面、系统的有关经济活动或预算执行情况的资料。

2.群众核算

群众核算是由职工群众参与的经济核算，其具体做法是：确定核算单位，制订核算指标，推选群众核算员，定期计算各项经济指标的实绩和得失以及开展劳动竞赛等。

群众核算可以使群众及时了解班组或柜组完成的业绩情况，激发广大职工群众的生产积极性和主动性。如工业企业的班组核算和商业企业的柜组核算都属于群众核算组织形式。

企业确定采用何种会计组织形式时，既要考虑能正确、及时地反映企业的经济活动情况，又要注意简化核算手续，提高工作效率。

思考与讨论

某总公司在江苏，该公司需要招聘高科技研发人员，这类人才聚集在大城市，在大城市容易招聘。此时，该公司在上海招聘到这类员工，这类员工希望留在上海工作且在上海缴纳社会保险，而该总公司在这里既需要将这些员工招募到企业工作，又要满足员工在上海缴纳社保的要求。在这种情况下，企业通常会选择在上海设立一个分公司，它相当于一个总公司内部的一个机构，并没有实际业务，只是单纯为了满足这类人才在上海缴纳社保的要求。请思考：这样的分公司没有对外开展业务，会计工作组织属于独立核算还是非独立核算？

第二节　会计机构和会计人员

一、会计机构

会计机构是指各单位内部直接从事和组织领导会计工作的职能部门。建立和健全会计机构是保证会计工作顺利进行的重要条件。

（一）会计机构的设置

根据《会计法》的规定："各单位应当根据会计业务的需要,设置会计机构,或者在有关机构中设置会计人员并指定会计主管人员;不具备设置条件的,应当委托经批准从事会计代理记账业务的中介机构代理记账。"

会计机构设置主要有三种类型:(1)独立设置会计机构;(2)不设置独立的会计机构,但要配备专职会计人员;(3)不设置独立的会计机构,也不配备专职会计人员。一个单位是否单独设置会计机构,主要由单位规模的大小、经营业务和财务收支的繁简、经营管理的要求等因素决定。

设置会计机构时需要遵循的一定的原则:要与企业管理体制和企业组织结构相适应;要与单位经济业务的性质和规模相适应;要与本单位的会计工作组织形式相适应;要与本单位其他管理机构相协调;要体现精简高效原则。

（二）会计机构的组织形式

为科学地组织会计工作,各单位应根据自身具体情况不同确定会计工作的组织形式。会计机构的会计工作组织形式一般有集中核算组织形式和非集中核算组织形式两种。

1.集中核算组织形式

在集中核算组织形式下,公司会计部门要完成企业经济业务的明细核算、总分类核算、会计报表编制和各有关项目的考核分析等工作,而其他职能部门、车间、仓库的会计组织或会计人员只负责登记原始记录和填制原始凭证。

2.非集中核算组织形式

在非集中核算组织形式下,某些业务的凭证整理、明细核算、适应企业单位日常管理需要的内部报表的编制与分析等分散到各个从事该项业务的车间、部门进行,而公司会计部门集中进行总分类核算和全单位会计报表的编制与分析。

在实际工作中,有的企业往往对某些会计业务采用集中核算,而对另一些业务又采用非集中核算。但无论采用哪种形式,企业对外的现金往来、物资购销、债权债务的结算都应由公司财务会计部门集中办理。

（三）会计工作岗位的设置

会计工作岗位是指一个单位会计机构内部根据业务分工而设置的职能岗位。会计工作岗位一般可分为:会计机构负责人或者会计主管人员、出纳、财产物资核算、工资核算、成本费用核算、财务成果核算、资金核算、往来结算、总账报表、稽核、会计电算化、档案管理等岗位。

在会计机构内部设置会计工作岗位,有利于明确分工和确定岗位职责,建立岗位责任制;有利于会计人员钻研业务,提高工作效率和质量;有利于会计工作的程序化和规范化,加强会计基础工作;还有利于强化会计管理职能、提高会计工作效率的作用;同时,设置会计工作岗位也是合理配备会计人员的客观依据之一。

依据《会计基础工作规范》的规定,各单位应当根据会计业务需要设置会计工作岗位。会计工作岗位可以一人一岗、一人多岗或者一岗多人。为贯彻企业内部牵制制度,出纳人员不得兼管稽核、会计档案保管和收入、费用、债权债务账目的登记工作。此外,会计人员的工作岗位应当有计划地进行轮换,以促进会计人员全面熟悉会计业务,不断提高专业素养。会计人员调动工作或因故离职离岗时,要将其经管的会计账目、款项和未了事项向接办人员移交清楚,并由其上级主管人员负责监督移交。

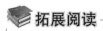 **拓展阅读**

《会计基础工作规范》

《会计基础工作规范》是由财政部根据《会计法》的有关规定制定的,主要包括会计机构的设置、会计人员的配备和聘用、会计岗位的设置、会计核算全过程的基础工作规范(包括审核原始凭证、填制记账凭证、设置会计账簿、记账、算账、对账、结账、查账、编制财务报告)、建立健全内部会计管理制度、办理会计工作交接及会计档案管理规范等。

二、会计人员

会计人员是指具备了会计的专门知识和技能,并从事会计工作的专业技术人员。会计人员按职权划分主要有总会计师、会计机构负责人、会计主管人员、一般会计;按照专业技术职务划分为高级会计师、中级会计师、初级会计师,其中,初级会计职务包括助理会计师和会计员。

(一)会计人员的职责与权限

1.会计人员的职责

会计人员的职责概括起来就是认真贯彻执行和维护国家财经制度和财经纪律,积极参与经营管理,并及时提供真实可靠的会计信息。根据《会计法》的规定,会计人员的职责具体包括以下几个方面:

(1)进行会计核算。会计人员应按照会计法规的规定,以实际发生的经济业务为依据,及时、准确、完整地记账、算账和报账,如实反映企业的财务状况、经营成果和各项经济活动情况,为会计信息使用者及时提供真实可靠的会计信息。

(2)实行会计监督。会计人员需要通过会计工作对本单位的各项经济业务和会计手续的合法性和合理性进行监督。对于不真实、不合理的原始凭证,应不予受理;对于记载不准确、不完整的原始凭证,予以退回,要求更正补充;对于账实不符的情况,应按规定进行处理;对于违反国家统一规定的财政制度和财务制度规定的事项,应不予办理。

(3)拟定本单位办理会计事务的具体办法。各单位需要依据国家的会计法规、财政经济方针、政策和上级的有关规定,并结合本单位的特点和需要,拟定本单位办理会计事务的具体办法,如建立会计人员岗位责任制、内部牵制和稽核制度、财产清查制度、费用开支报销办法等。

(4)参与拟定经济计划、业务计划,考核、分析、预算财务计划的执行情况。会计人员应积极参与制定经济计划和业务计划,并严格执行财务计划、预算、定期检查和分析财务计划与预算的执行情况。此外,会计人员还需要遵守各项收支制度、费用开支范围和开支标准,合理使用资金,考核资金的使用效果等。

(5)办理其他会计事务。会计人员除了需要履行以上基本会计职责外,还需要办理好其他会计事务。比如,协助单位其他管理部门做好基础管理工作,有关部门来本单位检查工作时如实反映情况等。

2.会计人员的权限

《会计法》在明确会计人员职责的同时,也赋予了会计人员相应的权限,具体包括以下几个方面:

(1)会计人员有权要求本单位各有关部门及相关人员认真执行国家、上级主管部门批准的计划和预算。对于弄虚作假、营私舞弊、欺骗上级等违法乱纪行为,会计人员必须坚决拒绝执行,并向本单位领导或上级机关、财政部门报告。对于违反制度、法令的事项,如果会计人员不拒绝,又不向领导和有关部门报告的,应同相关人员负连带责任。

(2)会计人员有权履行其管理职能,并以会计人员特有的专业地位就有关事项提出自己的意见和建议。会计人员需对单位领导和有关部门提出的关于财务开支和经济效益方面的问题和意见进行认真思考,对合理的意见要积极采纳,对于不合理的意见予以拒绝。

(3)会计人员有权监督、检查本单位内部各部门的财物收支、资金使用和财产保管、收发、计量、检验等情况。相关部门要积极配合,提供真实的资料,以便如实反映情况。

思考与讨论

有一个小型的企业,其员工共有8人,请问该企业应当如何设置会计机构?如何实现会计人员的职责分离?

(二)会计人员的职业道德

会计职业道德是指会计人员从事会计工作所应遵循的基本道德规范,是会计人员在职业活动中形成和体现出来的,调整会计人员和社会之间、会计人员个人之间、个人与集体之间职业道德主观意识和客观行为的统一,是体现会计职业特征、调整会计职业关系的职业行为准则和规范。社会主义国家会计人员的职业道德是共产主义道德在财会职业中的具体化,是会计人员在工作中正确处理人与人、人与社会关系的行为规范。

简单来说,会计职业道德是指在会计职业活动中应当遵循的、体现会计职业特征的、调整会计职业关系的各种经济关系的职业行为准则和规范,具体包括爱岗敬业、诚实守信、廉洁自律、客观公正、坚持准则、提高技能、参与管理、强化服务。

1. 爱岗敬业

爱岗就是会计人员热爱本职工作,安心本职岗位,并为做好本职工作尽心尽力、尽职尽责。敬业是指会计人员对其所从事的会计职业的正确认识和恭敬态度,并用这种严肃恭敬的态度,认真地对待本职工作,将身心与本职工作融为一体。

2. 诚实守信

诚实守信要求会计人员谨慎,信誉至上,不为利益所诱惑,不伪造账目,不弄虚作假,如实反映单位经济业务事项。同时,还应当保守本单位的商业秘密,除法律规定和单位领导人同意外,不得私自向外界提供或者泄露本单位的会计信息。

3. 廉洁自律

廉洁自律要求会计人员必须树立正确的人生观和价值观,严格划分公私界限,做到不贪不占,遵纪守法,清正廉洁。要正确处理会计职业权利与职业义务的关系,增强抵制行业不正之风的能力。

4. 客观公正

客观是指会计人员开展会计工作时,要端正态度,依法办事,实事求是,以客观事实为依据,如实地记录和反映实际经济业务事项,会计核算要准确,记录要可靠,凭证要合法。公正是指会计人员在履行会计职能时,要做到公平公正,不偏不倚,保持应有的独立性,以维护会计主体和社会公众的利益。

5. 坚持准则

坚持准则要求会计人员熟悉财经法律、法规和国家统一的会计制度,在处理经济业务过程中,不为主观或他人意志左右,始终坚持按照会计法律、法规和国家统一的会计制度的要求进行会计核算,实施会计监督,确保所提供的会计信息真实、完整,维护国家利益、社会公众利益和正常的经济秩序。

6. 提高技能

提高技能要求会计人员通过学习、培训和实践等途径,不断提高会计理论水平、会计实务能力、职业判断能力、自动更新知识的能力、会计信息能力、沟通交流能力以及丰富职业经验。运用所掌握的知识、技能和经验,开展会计工作,履行会计职责,以适应深化会计改革和会计国际化的需要。

7. 参与管理

参与管理要求会计人员在做好本职工作的同时,树立参与管理的意识,努力钻研相关业务,全面熟悉本单位经营活动和业务流程,主动向领导反映经营管理活动中的情况和存在的问题,主动提出合理化的建议,协助领导决策,参与经营管理活动,做好领导的参谋。

8. 强化服务

强化服务要求会计人员具有强烈的服务意识、文明的服务态度和优良的服务质量。会计人员必须端正服务态度,做到讲文明、讲礼貌、讲信誉、讲诚实,坚持准则,真实、客观地核算单位的经济业务,努力维护和提升会计职业的良好社会形象。

会计小故事

心灵的锁

有位老锁匠技艺高超,修锁无数,收费合理,为人正直,深受人们敬重。老锁匠老了,想把自己的真传传给两个徒弟之一,于是老锁匠决定对他们进行一次考试。

老锁匠准备了两个保险柜,并分别放在两个房子里。老锁匠告诉两个徒弟:"你们谁打开保险柜用的时间最短谁就是胜者。"结果大徒弟只用了不到10分钟就打开了保险柜,而二徒弟则用了20分钟,众人都以为大徒弟必胜无疑。老锁匠问两个徒弟:"保险柜里有什么?"大徒弟抢先说:"师傅,里面放了好多钱,都是百元大票。"师傅看了看二徒弟,二徒弟支吾了半天说:"师傅,您只让我打开锁,我就打开了锁,我没注意里面有什么。"

老锁匠十分高兴,郑重宣布二徒弟为他的接班人。众人不解,老锁匠微微一笑说:"不管干什么行业,都要讲一个'信'字,尤其是我们这一行,必须要做到心中只有锁而无其他,对钱财视而不见,否则心有杂念,稍有贪心,登门入室或打开保险柜取钱易如反掌,最终只能害人害己。"

其实会计人员和锁匠一样,职业道德的底线也是为人的底线,守住了这份底线,就不会为名、为利所动,一心一意地做好自己的事。这样,人生的道路方能走得更远、更稳!

(三)会计人员岗位责任制

会计人员岗位责任制是指在会计机构内部按照会计工作的内容和会计人员的配备情况,将会计机构的工作划分为若干个岗位,并按岗位规定职责进行考核的责任制度。下面主要介绍会计机构负责人和出纳岗位的职责。

1.会计机构负责人工作岗位

会计机构负责人工作岗位的具体职责是:主管本单位的财务会计工作,对工作要有研究、有布置、有检查、有总结、遵守财务纪律和规章制度;组织制定本单位的财务会计制度及核算办法,督促其贯彻执行;组织编制本单位的财务成本费用计划、银行贷款计划、集资计划,为经营和本单位的建设开源节流;进行经常性的核定固定资金和流动资金,加强资金管理,不断提高资金利用率;分析财务成本费用和资金执行情况,总结经验,提出改进的意见;参加有关经营会议、提供信息、参与决策;参加经济合同、协议的拟订和签订工作;组织会计人员学习业务,不断提高财会人员的政治和业务水平;及时准确编制会计、统计报表;拟订流动资金管理与核算办法,核定流动资金定额;办理流动资金盘盈盘亏和毁损手续,并按规定进行处理。

2.出纳工作岗位

出纳工作岗位的具体职责是:按照国家有关现金管理和银行结算制度的规定办理现金收付和结算业务;序时登记现金和银行存款日记账,做到日清日结,随时掌握存款余额,每月做好银行存款调节表,不签发空白支票;严禁现金坐支和现金转移他用等违反财经纪律的行为,保管库存现金和有价证券,遵守保险柜的密码纪律,确保库款安全;保管有关空白收据和支票,做好本单位应收、应发款项工作;对签发支票所用的印章,应实行章票分管;按核定的额度掌握现金库存量,不以"白条"抵充库存现金;认真复核单位凭证,对不符合手续和规定的单据凭证以及借支应拒绝付款,收付的单据一定要加盖"现金"收付讫、银行存款收付讫戳记。

第三节　会计档案

一、会计档案概述

(一)会计档案的概念

会计档案是指会计凭证、会计账簿和财务报告等会计核算专业资料,是记录和反映企事业单位经济业务发生情况的重要史料和证据,属于单位的重要经济档案。

《会计法》规定,各单位对会计凭证、会计账簿、财务会计报告和其他会计资料应建立档案,妥善保管。会计档案也是国家经济档案的重要组成部分,它是对一个单位经济活动的记录和反映,通过会计档案,可以了解每项经济业务的来龙去脉;可以检查一个单位是否遵守财经纪律,在会计资料中有无弄虚作假、违法乱纪等行为;会计档案还可以为国家、单位提供详尽的经济资料,为国家制定宏观经济政策及单位制定经营决策提供参考。

(二)会计档案的内容

会计档案的内容一般指会计凭证、会计账簿、财务报告以及其他会计核算资料等四个部分。

1.会计凭证

会计凭证是记录经济业务,明确经济责任的书面证明。它包括自制原始凭证、外来原始凭证、原始凭证汇总表、记账凭证(收款凭证、付款凭证、转账凭证三种)、记账凭证汇总表、银行存款(借款)对账单、银行存款余额调节表等。

2.会计账簿

会计账簿是由一定格式、相互联结的账页组成,以会计凭证为依据,全面、连续、系统地记录各项经济业务的簿籍。它包括按会计科目设置的总分类账、各类明细分类账、现金日记账、银行存款日记账以及辅助登记备查簿等。

3.财务报告

财务报告是反映企业会计财务状况和经营成果的总结性书面文件,主要包括月度、季度、半年度、年度会计报表,会计报表附注及其他需要披露的会计信息资料。

4.其他会计核算资料

其他会计核算资料是指与会计核算、会计监督紧密相关的、由会计部门负责办理的有关数据资料,属于经济业务范畴。如:经济合同、财务数据统计资料、财务清查汇总资料、核定资金定额的数据资料、会计档案移交清册、会计档案保管清册、会计档案销毁清册等。实行会计电算化单位存贮在磁性介质上的会计数据、程序文件及其他会计核算资料均应视同会计档案一并管理。

二、电子会计档案

(一)电子会计档案的概念

随着计算机技术的不断发展,会计电算化的应用也更加广泛,电子会计档案也成为各个单位重要的档案资料。会计电子档案是指以磁性介质形式储存的会计核算的专业材料,是记录和反映经济业务的重要历史资料和证据,主要包括电子凭证、电子账簿、电子报表以及其他电子会计核算资料等。

(二)电子会计档案的特点

和纸质会计档案资料相比,电子会计档案有自己独有的特点,各单位需要妥善管理好各种电子会计档案。

1.会计电子档案存储数据脆弱

会计电子档案对环境的依赖性强,其使用依赖于计算机的硬件和软件系统,储存对周围环境要求苛刻。如磁性介质不仅要防水、防火,还要防尘、防磁,而且对温度还有一定要求,这些对环境的高要求,增加了数据的脆弱性。

2.会计电子档案缺乏直观可视性

会计电子档案存储在磁性介质上,必须在特定的计算机硬件和软件环境中才能可视。数字化的特征使会计电子档案缺乏视觉的直观性。

3.会计电子档案安全性、保密性低

从电子数据的数据结构来看,电子数据具有数据高度集中的特点,因而非常容易泄密。在网络时代,电子数据是以数字编码的形式存储在各种磁性介质上的,而磁性介质不但体积小而且存储容量大,因此电子数据资料非常容易泄密,安全性低。

4.会计电子档案具有技术性,控制复杂

与会计电子档案的设计和使用密切相关的技术性文档称为技术文档。技术文档分为开发性技术文档和使用性技术文档。使用性技术文档主要是用来指导用户对会计电子档案系统进行操作、利用,由于其存在技术性,因此控制起来比较复杂。

三、会计档案的管理

(一)会计档案的归档与保管

1.会计档案的归档

会计档案的归档范围是会计凭证、会计账簿、财务会计报告、其他会计核算资料。单位可利用计算机、网络通信等信息技术手段管理会计档案;单位的会计机构或会计人员所属机构按照归档范围,负责定期将应归档的会计资料整理立卷,编制会计档案保管清册。

2.会计档案的保管

当年形成的会计档案,在会计年度终了后,可由单位会计管理机构临时保管1年,再移交单位档案管理机构保管。未设立档案机构的企业,应当在会计机构内部指定专人保管。

会计档案的保管期限从会计年度终了后的第一天算起。根据会计档案的特点不同,保管期限可分为永久、定期两类,其中定期保管期限一般分为10年和30年。目前规定的各类会计档案保管期限如表10-1所示。

表10-1　企业和其他会计组织会计档案保管期限表

类别	档案名称	保管期限	备注
会计凭证类	原始凭证	30年	
	记账凭证	30年	
会计账簿类	总账	30年	包括日记总账
	明细账	30年	
	日记账	30年	
	固定资产卡片		固定资产报废清理后保管5年
	其他辅助账簿	30年	
财务报告类	月、季、半年度财务报告	10年	包括文中分析
	年度财务报告	永久	包括文中分析
其他会计核算资料	会计档案移交清册	30年	
	会计档案保管清册	永久	
	会计档案销毁清册	永久	
	会计档案鉴定意见书	永久	
	银行余额调节表	10年	
	银行对账单	10年	
	纳税申报表	10年	

(二)会计档案的移交与借阅

1.会计档案的移交

单位会计管理机构在办理会计档案移交时,应当编制会计档案移交清册,并按照国家档案管理的有关规定办理移交手续。移交本单位档案机构保管的纸质会计档案,原则上应当保持原卷册的封装,移交本单位档案机构保管的电子会计档案时,应当将会计电子档案及其原数据一并移交,且文件格式应当符合国家档案管理的有关规定,特殊格式的电子档案应当与其读取平台一并移交。单位档案管理机构接收电子会计档案时,应当对电子会计档案的准确性、完整性、可用性、安全性进行检测,符合要求的才能接收。

2.会计档案的借阅

单位保存的会计档案一般不得对外借出,确因工作需要且根据国家有关规定必须借出的,应该严格按照规定办理相关手续。会计档案借用单位应当妥善保管和利用借入的会计档案,确保借入会计档案的安全完整,并在规定的时间内归还。

📖 课堂小测试10-2

1.(多选题)按照专业技术职务划分,会计人员的类型有(　　　　)。

A.初级会计师　　　　B.中级会计师　　　　C.会计主管人员　　D.高级会计师

E.出纳员

2.(多选题)会计档案的保管期限有(　　　　)。

A.定期　　　　　　B.15年　　　　　　C.5年　　　　　　D.永久

(三)会计档案的销毁

会计档案的销毁必须严格按照相关的规定执行,任何人不得随意销毁。经鉴定可以销毁的会计档案,应当按照以下程序进行销毁:

(1)单位档案管理机构编制会计档案销毁清册,列明拟销毁会计档案的名称、卷号、册数、起止年度、档案编号、应保管期限、已保管期限和销毁时间等内容。

(2)单位负责人、档案管理机构负责人、会计管理机构负责人、档案管理机构经办人、会计管理机构经办人在会计档案销毁清册上签署意见。

(3)单位档案管理机构负责组织会计档案销毁工作,并与会计管理机构共同派员监销。监销人在会计档案销毁前,应当按照会计档案销毁清册所列内容进行清点核对;在会计档案销毁后,应当在会计档案销毁清册上签名或盖章。

(4)电子会计档案的销毁还应当符合国家有关电子档案的规定,并由单位档案管理机构、会计管理机构和信息系统管理机构共同派员监销。

🖊 思考与讨论

2021年7月某服装厂发生如下事项:(1)7月7日,该厂会计人员于某脱产学习一个星期,会计科科长指定另一名会计人员兼管于某的债权债务账目的登记工作,但未办理会计交接手续;(2)7月10日,该厂档案科同会计科销毁了一批保管期限已满的会计档案,未报经厂领导批准,也未编制会计档案销毁清册,销毁后未履行任何手续。

请思考服装厂发生的以上事项中哪些地方不符合规定,为什么。

第四节　会计电算化

一、会计电算化的概念

会计电算化是用电子计算机代替人工记账、算账和报账,以及部分代替人脑完成对会计信息的分析、预测、决策的过程。会计电算化是把电子计算机和现代数据处理技术应用到会计工作中的简称,其目的是提高企业财会管理水平和经济效益,从而实现会计工作的现代化。

会计电算化极大地减轻了会计人员的劳动强度,提升了会计核算的速度,提高了会计工作的效率和质量,促进了会计职能的转变。随着信息技术的快速发展和管理要求的不断提高,会计电算化会逐步取代会计手工操作。

二、会计电算化的基本内容

会计电算化的内容比较广泛,不同的角度可以有不同的分析内容,从会计电算化的发展阶段来看,主要有以下内容。

(一)会计核算电算化

会计核算电算化的主要内容是完成日常的会计核算业务,包括账务处理、工资核算、固定资产核算、材料核算、成本核算、销售核算、应收应付核算及报表的编制,主要是运用会计核算软件,实现会计数据处理电算化。

(二)会计管理电算化

会计管理电算化是在会计核算电算化的基础上,利用会计核算的数据及其他相关数据,借助会计管理软件,主要进行会计预测、编制财务计划、进行会计控制、开展会计分析等,帮助财务管理人员合理地筹措和运用资金,节约成本和经费开支,提高经济效益。

(三)会计决策电算化

会计决策电算化是由会计辅助决策支持软件来完成决策支持工作,主要是利用软件辅助决策功能,根据会计预测的结果,对产品销售、定价、成本、生产、资金和企业经营方向等内容进行决策。

三、会计电算化的发展趋势

(一)实现管理的综合应用

未来会计电算化将与管理会计系统相结合,建立会计信息处理中心,实现全面的专业化的管理。这种会计信息处理中心,要结合各个相关部门的工作,从全局把握数据分析,实现一体化管理模式。

（二）推动网络会计发展

随着网络经济的发展，会计电算化的发展方向将实现网络财务管理模式，这就促成了会计电算化新的发展领域——网络会计。网络会计是建立在网络环境基础上的会计信息系统，是指在互联网环境下对各种交易和事项进行确认、计量和披露的会计活动。

（三）倡导智能交互发展

会计电算化的管理应该是一种智能化的管理，需要人机交互的良好操作界面，达到实现人机系统统一和协调的目的，要在会计电算化这个庞大的专业技术系统的基础上进行丰富和完善、不断改进和提升。

课堂小测试10-3

（多选题）请判断下列各项中，属于会计电算化的基本内容的有（　　　）。

A.会计核算电算化　　　　　　　B.会计管理电算化

C.会计决策电算化　　　　　　　D.会计核算智能化

第五节　会计准则体系

一、会计法规体系概述

会计法规是国家和地方立法机关以及中央、地方各级政府和行政部门制定颁布的有关会计方面的法律、法规、准则和制度的总称。我国的会计法规体系包括三个层次和内容，具体为会计法律、会计行政法规和会计部门规章。

（一）会计法律

会计法律，是调整我国经济生活中会计关系的法律规范，由全国人民代表大会及其常务委员会制定。会计法律包括：《中华人民共和国会计法》和《中华人民共和国注册会计师法》。其中，《中华人民共和国会计法》是会计法律制度中层次最高的法律规范，是制定其他会计法规的依据，也是指导会计工作的最高准则。

（二）会计行政法规

会计行政法规是调整经济生活中某些方面会计关系的法律规范。会计行政法规由国务院制定发布或者国务院有关部门拟订经国务院批准发布，制定依据是《中华人民共和国会计法》。例如，《总会计师条例》《企业财务会计报告条例》等。会计行政法规通常以条例、办法、规定等具体名称出现。

（三）会计部门规章

会计部门规章是指中华人民共和国财政部以及其他相关部委根据法律和国务院的行政法规、决定、命令，在本部门的权限范围内制定的、调整会计工作中某些方面内容的国家统一的会计准则制度和规范性文件,包括国家统一的会计核算制度、会计监督制度、会计机构和会计人员管理制度以及会计工作管理制度等,如财政部发布的《会计从业资格管理办法》《代理记账管理办法》《企业会计准则》等。

二、企业会计准则

我国企业会计准则体系包括《企业会计准则》(以下简称"基本准则")、具体准则和会计准则应用指南和解释等。基本准则为主导,对企业财务会计的一般要求和主要方面做出原则性的规定,为制定具体准则和会计制度提供依据。

(1)基本准则提纲包括总则、会计信息质量要求、资产、负债、所有者权益、收入、费用、利润、会计计量、财务会计报告、附则十一章内容。

(2)具体准则是指在基本准则的指导下,处理会计具体业务标准的规范,其具体内容可分为一般业务准则、特殊行业和特殊业务准则、财务会计报告准则三大类。一般业务准则是规范普遍适用的一般经济业务的确认、计量要求,如存货、固定资产、无形资产、职工薪酬、所得税等;特殊行业和特殊业务准则是对特殊行业的特定业务的会计问题做出的处理规范,如生物资产、金融资产转移、套期保值、原保险合同、合并会计报表等;财务会计报告准则主要规范各类企业通用的报告类准则,如财务报表列报、现金流量表、合并财务报表、中期财务报告、分部报告等。

(3)会计准则应用指南从不同角度对企业具体准则进行强化,解决实务操作,包括具体准则解释部分、会计科目和财务报表部分。

三、小企业会计准则

中华人民共和国财政部于2011年10月18日以财会〔2011〕17号印发《小企业会计准则》,该《准则》分总则、资产、负债、所有者权益、收入、费用、利润及利润分配、外币业务、财务报表、附则10章90条。

《小企业会计准则》的出台在很大程度上改变了《小企业会计制度》的内容,其在制定方式上借鉴了《企业会计准则》,在核算方法上又兼具小企业自身的特色,尤其在税收规范上,采取了和税法更为趋同的计量规则,大大简化了会计准则与税法的协调。在利税影响因素方面,相对于《企业会计准则》也有了具体的改进。

四、事业单位会计准则

《事业单位会计准则》于2012年12月6日中华人民共和国财政部令第72号公布。该《准则》是在1997年《事业单位会计准则(试行)》的基础上重新修订的,在维持原准则基本框架结构的基础上,对大部分条款做了修改完善,在内容上包括事业单位会计目标,会计基本假设,会计核算基础,会计信息质量要求,会计要素的定义、项目构成及分类、一般确认计量原则,财务报告等基本事项。新的《事业单位会计准则》分总则、会计信息质量要求、资产、负债、净资产、收入、支出或者费用、财务会计报告、附则9章49条。

新的《事业单位会计准则》有利于确保相关财政改革政策的贯彻落实;有利于通过日

常会计核算将对事业单位财务管理新的要求落到实处;有利于财政部强化事业单位财务会计制度建设、落实全国打击发票违法犯罪活动。

本章小结

本章主要介绍了会计工作组织、会计机构和会计人员、会计档案、会计电算化以及会计法规体系等内容,具体如下:

1.本章介绍了会计工作组织的概念、基本原则、会计工作组织的形式及意义。

2.本章分别介绍了会计机构的概念、组织形式、设置原则等;会计人员的职责、任职条件、职业道德等;会计档案的概念、内容、管理及保管期限等。

3.本章简单介绍了会计电算化的概念及发展趋势;会计法规体系,企业会计准则、小企业会计准则、事业单位的会计准则。

自我检测

一、单项选择题

1.会计人员对不真实、不合法的原始凭证的处理方式是( )。
A.不予受理　　　B.予以退回　　　C.更正补充　　　D.无权自行处理

2.有一些规模小、业务简单的单位应该( )。
A.单独设置会计机构　　　　　B.在其他有关机构中设置会计人员
C.不设置会计机构　　　　　D.在单位行政领导机构中设置会计人员

3.会计法( )会计准则。
A.从属于　　　B.受监督于　　　C.统驭　　　D.受控制于

4.年度会计报表的保存期限是( )。
A.15年　　　B.5年　　　C.25年　　　D.永久

5.会计工作的管理体制是( )。
A.统一领导,分级管理　　　　　B.统一领导,统一管理
C.分级领导,分级管理　　　　　D.由单位行政领导人领导、管理

6.会计准则规定了( )。
A.账簿组织　　　　　B.会计凭证的填制和审核
C.会计核算的基本前提　　　　　D.会计科目的设置和核算内容

二、多项选择题

1.下列属于会计档案的是( )。
A.会计凭证　　　B.会计账簿　　　C.经营计划　　　D.会计报表

2.会计人员有权参与本单位的( )。
A.制定定额　　　B.编制计划　　　C.经营决策　　　D.签订经济合同

3.会计专业职务名称定为( )。

A.初级会计师　　　　B.中级会计师　　　C.高级会计师　　　　D.总会计师

4.独立核算单位的会计工作组织的形式,一般分为(　　　)。

A.独立核算　　　　B.非集中核算　　　C.集中核算　　　　D.半独立核算

5.下列属于会计人员的工作岗位的是(　　　)。

A.初级会计师　　　　B.会计主管　　　　C.出纳　　　　D.往来结算

三、判断题

1.会计工作既是一项严密细致的经济管理工作,又是一项综合性的经济管理工作。

(　　　)

2.会计人员的职责就是进行会计核算,记账、算账、报账。　　　　　　　(　　　)

3.集中核算就是把整个单位的会计工作主要集中在会计部门进行。　　　(　　　)

4.企业的全部会计档案均应永久保存,以备查阅。　　　　　　　　　　(　　　)

5.原始凭证和记账凭证的保管期限为15年。　　　　　　　　　　　　　(　　　)

6.会计人员对违反国家统一的财政制度、财务制度规定的收支,可以根据具体的情
况,酌情办理。　　　　　　　　　　　　　　　　　　　　　　　　　　　(　　　)

🌳 职业能力提升

[目的]运用会计法律法规分析实际问题

[资料]1.甲公司为一家国有大型企业,2019年8月,公司会计科负责收入、费用账务
登记的会计王某提出休产假,因会计科科长出差在外,主管财会工作的副经理指定出纳员
兼管王某的工作,并让出纳员与王某自行办理会计工作交接手续。

请回答:

(1)该公司指定出纳员兼管会计王某的工作是否符合法律程序规定? 简要说明理由。

(2)该公司让出纳员与王某自行办理会计工作交接手续是否符合法律程序规定? 简
要说明理由。

2.某县全民有限责任公司(国有企业)詹某自1997年起任总经理,2003年12月,因公
司业绩突出收到组织部门预备提拔考核,准备升任该县某局副局长。在考核中,组织部门
接到举报,举报人说詹某在任职期间有指使和放任财务人员做假账、打击压制坚持原则的
会计人员等问题,随即该县财政、审计、统计方面组成联合调查组对该公司近年特别是詹
某任总经理期间的账目进行了全面检查,结果发现:

(1)该公司设置大、小两套账,大账对外,小账对内;

(2)不按规定进行会计资料保管,致使会计原始资料被毁灭,灭失严重;

(3)3个月前,詹某因不满会计李某多次不听从做违法会计账的指令,尤其不满向上
级主管部门反映真实情况,将其调回车间;

(4)近三年的账面中伪造、变造会计凭证,虚增利润等会计问题系在詹某的强令或授
意下所为。

[要求]请回答:请逐项分析上述哪些行为违反了相关法律的规定?

📖 课外项目

[**实训项目**] 深入认识会计人员岗位设置以及会计法规体系。

[**项目任务**] 每个同学利用图书馆书籍和网络平台,独立完成以下任务:

1.进一步了解除了财务机构负责人和出纳以外,其他会计人员的岗位职责都具有哪些。

2.登录财政部网站,查阅《企业会计准则》及其在2019年修订后的最新变化。

[**成果展示**] 每个学生将搜集到的内容整理成文档分享给其他同学,全班学生进行相互查阅和评价。

参考文献

[1] 葛家澍.会计学导论[M].上海:立信会计出版社,2003.

[2] 温荣辉,黄静秋.幸福会计学[M].北京:化学工业出版社,2008.

[3] 刘峰,潘琰,林斌.会计学基础[M].3版.北京:高等教育出版社,2009.

[4] 孙光国.基础会计[M].大连:大连出版社,2011.

[5] 张劲松,谭旭红.基础会计学[M].2版.北京:科学出版社,2012.

[6] 会计从业资格无纸化考试辅导教材编写组.会计基础[M].北京:中国财政经济出版社,2014.

[7] 王瑾,沈云,邓淑贤.基础会计[M].镇江:江苏大学出版社,2015.

[8] 陈国辉.基础会计[M].5版.大连:东北财经大学出版社,2016.

[9] 康莉,吕翠萍.基础会计[M].北京:清华大学出版社,2016.

[10] 李海波,蒋英.会计学原理——基础会计[M].18版.上海:立信会计出版社,2017.

[11] 焦桂芳,潘云标.中级财务会计[M].北京:高等教育出版社,2017.

[12] 赵忠伟.基础会计学[M].北京:清华大学出版社,2017.

[13] 李爱红,施先旺,马荣贵.会计学基础[M].北京:机械工业出版社,2018.

[14] 朱小平,周华,秦玉熙.初级会计学[M].10版.北京:中国人民大学出版社,2019.

[15] 中华人民共和国财政部.企业会计准则(合订本)[M].北京:经济科学出版社,2018.

[16] 李晖,刁艳华,张程薇.会计学:理论与方法[M].成都:西南交通大学出版社,2018.

[17] 张捷,刘英明.基础会计[M].北京:中国人民大学出版社,2019.

[18] 中华会计网校.初级会计实务[M].北京:高等教育出版社,2019.

[19] 中华会计网校.初级会计实务应试指南[M].北京:北京理工大学出版社,2019.

[20] 赵丽生,常洁,高慧芸.基础会计[M].大连:东北财经大学出版社,2019.

[21] 李迪,赵靖.基础会计学[M].2版.北京:清华大学出版社,2019.

[22] 财政部会计资格评价中心.初级会计实务[M].北京:经济科学出版社,2020.

[23] 平准.会计基础工作规范详解与实务[M].北京:人民邮电出版社,2020.

[24] 吉宏,刘晓霞,刘静.基础会计[M].北京:高等教育出版社,2020.

[25] 李秀莲,贾兴飞.基础会计[M].北京:北京大学出版社,2020.